MOĞOLLAR'IN EFENDİSİ
CENGİZ HAN

İlgi Kültür Sanat

Yayın No: 24
Tarihi-Roman: 04
Cengiz Han / Harold Lamb

Genel Yayın Yönetmeni / Ahmet İzci
Editör / Gaye Yavuzcan
Çeviri / A. Göke Bozkurt
İç Tasarım / Adem Şenel
Halkla İlişkiler / Mesut Aydın
Kapak / Abraxsa
Baskı - Cilt / Milsan

1. Baskı Aralık 2006 / 2.000 Adet
1. Baskı Mart 2007 / 50.000 Adet

İstanbul Aralık 2006
ISBN 9944-978-18-3

© İlgi Kültür Sanat Yayıncılık 2006

İlgi Kültür Sanat Yayıncılık
Çatalçeşme Sokak. No: 27/10
Cağaloğlu / İSTANBUL
Tel: 0212 526 39 75
Fax: 0212 526 39 76
www.ilgikitap.com
www.ilgiyayinevi.com
bilgi@ilgiyayinevi.com

MOĞOLLAR'IN EFENDİSİ
CENGİZ HAN

Harold Lamb

Çeviren: A. Göke Bozkurt

ilgi kültür sanat

Harold Albert Lamb (1892 – 1962)

Amerikalı tarihçi ve yazar, New York'ta, gözleri ve kulakları kusurlu olarak doğdu. Bu durumda ve konuşmasında da bozukluk olarak büyüdü. Kendi anlatımıyla; "yaklaşık yirmi yıl boyunca insanlarla bir araya gelmek onun için sıkıntılıydı ve ilerleyen zamanlarda da, her ne kadar çocukluğundaki noksanları düzelmiş, sağlığına kavuşmuş olsa da, şehirlerde ve kalabalık yerlerde kendisini rahat hissetmiyordu." Böylece boş zamanlarını büyük babasının kütüphanesinde geçirmeye başladı.

Yüksek öğrenimini, Asya tarihine ilgisinin başladığı yer olan Columbia Üniversitesi'nde tamamladı.

1914'ten itibaren çeşitli gazetelerde çalıştı. Bu sırada hikâyeleri A. Sullivan Hoffman'ın editörlüğünde Advanture tarafından basıldı. 1927'de Cengiz Han'ın biyografisini kaleme aldı. Bundan sonra da hayata gözlerini kapadığı 1962 yılına dek çeşitli düz yazılar, biyografiler ve tarihler yazarak başarılarını sürdürdü.

Lamb; Fransızca, Latince, Farsça ve biraz Arapça, Türkçe Ukraynaca'nın da aralarında olduğu çok sayıda dil biliyordu. Asya'ya seyahatlerde bulunmuş ve hakkında yazdığı yerlerin pek çoğunu bizzat ziyaret emişti.

O, "bir adam istediği yere gidebiliyor, en sevdiği konularda yazabiliyor ve diğer insanların onları okumaktan zevk aldığını biliyorsa, hayat her şeye rağmen güzeldir" demiştir...

İÇİNDEKİLER

BAŞLANGIÇ 7
ESRAR 7
ÇÖL 13
HAYAT İÇİN MÜCADELE 19
CENK ARABALARI İLE SAVAŞ 27
TEMUÇİN VE SELLER 33
GUPTA ÜZERİNDE BAYRAK DALGALANINCA 42
JEAN LE PRETRE ÖLÜYOR 49
YASA 56

BİRİNCİ BÖLÜM
KATAY 63

İKİNCİ BÖLÜM
ALTIN İMPARATOR 71

ÜÇÜNCÜ BÖLÜM
MOĞOLLARIN DÖNÜŞÜ 79
KARAKURUM 84

DÖRDÜNCÜ BÖLÜM
İSLÂM'IN KILICI 91

BEŞİNCİ BÖLÜM
BATIYA YÜRÜYÜŞ 99

ALTINCI BÖLÜM
İlk sefer 105

YEDİNCİ BÖLÜM
Buhara 111

SEKİZİNCİ BÖLÜM
Orhonlar 119

DOKUZUNCU BÖLÜM
Cengiz Han Ava Gidiyor 125

ONUNCU BÖLÜM
Tulu'nun Altın Tahtı 131

ON BİRİNCİ BÖLÜM
Moğollar yollar açıyorlar 137

ON İKİNCİ BÖLÜM
Endüs Savaşı 145

ON ÜÇÜNCÜ BÖLÜM
Reisler Divanı 153

ON DÖRDÜNCÜ BÖLÜM
Eserin Taçlanması 157

SON 163

KAYNAKÇA 217

BAŞLANGIÇ

ESRAR

Yedi yüz sene var ki bir adam, neredeyse bütün yeryüzünü zaptetti. Dünyanın yarısına hâkim oldu ve insanlığa, kendisinden sonra birçok nesiller boyunca devam edecek olan bir korku saldı.

Hayatı boyunca birçok lakaplar aldı. Ona, "Büyük Katil" dediler, "Tanrının Bir Cezası" dediler, "Mükemmel Savaşçı" dediler, "Taçların ve Tahtların Hâkimi" dediler.

Fakat onu en çok "Cengiz Han" adıyla tanırız. Kavimlere hükümdar olmuş birçoklarının aksine, bu adam, bütün lakaplarına lâyık olduğunu gösterdi.

Bize medenî insana büyük adamlar listesini, "Makedonyalı İskender'le başlar, Sezarlardan geçer ve Napoléon'da biter." diye öğrettiler. Cengiz Han, Avrupa sahnesinin tanınmış aktörlerinden daha da abideleşmiş bir fatihti.

Gerçekten de bu adam için sıradan ölçüleri kullanmak zordur. Ordusuyla yürüdüğü zaman, kilometreler yerine, ülkeler istilâ ederdi. Yolunun üzerindeki şehirler genellikle yerle bir olur ve nehirler, yataklarından çevrilirdi. Çöller, kaçanlar ve ölenlerle dolar ve o geçtikten sonra, bir zamanlar çok kalabalık olan yerlerde kurtlar ve kargalar, tek canlı yaratıklar olarak kalırlardı.

İnsan hayatının bu imhası, son Avrupa savaşının hatıralarıyla zenginleşmiş olmasına rağmen, zamanımızın hayal gücünü hayrete düşürmekten geri kalmaz. Gobi Çölünden çıkan bu göçebe reis, Cengiz Han, yeryüzünün medenî milletlerine savaş ilân etti ve galip geldi.

Meydana gelen etkiyi anlamak için, on üçüncü yüzyıla dönmemiz gerekir. Müslümanlar, bu dünya işlerinin, doğa üstü bir müdahale olmadan, böyle bir karmaşaya uğrayamayacağına inanmaktaydılar.

"Onlar için dünyanın sonunun yaklaştığı çok açıktı. Bir taraftan Nazareenler'in, bir taraftan Moğolların istilâları arasında parçalanmış olan Müslümanlar, hiç bir zaman böyle bir hâlde kalmamışlardı." Vakanüvis, işte böyle demektedir.

Cengiz Han'ın ölümünden birkaç sene sonra, korku ve dehşet, bütün Hristiyanlığı kapladı. Bu sırada, korkunç Moğol süvarileri, Doğu Avrupa içlerinde at koşturmaya başladılar. Polonyalı Bolesnas ile Macar Bela, savaş meydanlarından kaçıyorlardı. Silezya Dükü Henri, Rusyalı Grandük Georges'in akıbetine uğrayarak, Moğol okları altında ölüyor ve iyi kalpli Kraliçe Blanche de Castille, Saint Louis'ye "Neredesin?" diye haykırıyordu. Soğukkanlı olan Germenyalı II. Frederik, İngiltereli III. Henry'ye gönderdiği mektupta, Tatar istilâsının, günahlarından dolayı Hristiyanlık üzerine gönderilmiş ilâhî bir cezadan başka bir şey olmadığını yazıyor ve "Bizzat Tatarlar, altın ineğe taptıkları için putperestliklerinin cezası olarak Asya steplerine kovulan İsrail'in kaybolmuş on kabilesinin soyundan başka bir şey olamazlar." diye ekliyordu.

Aziz Roger Bakon, Moğolların son ve müthiş hasadı yapmaya gelen, Hristiyanlık karşıtlığının askerleri olduğu fikrini ifade ediyordu. Bu itikat, yanlışlıkla Aziz Jerom'a dayandırılan garip bir kehanetle de kuvvet buluyordu.

Bu kehanet, Hristiyan karşıtlığı zamanında, Türk ırkına mensup, ne şarap, ne tuz, ne buğday kullanmayan bir halkın, Asya dağları ötesinden, Gog ve Magog diyarından çıkacağını ve dünyaya dehşet salacağını haber veriyordu.

Papa bile Moğol dalgasını durdurmak için alınacak tedbirleri aramak üzere Lyon Piskoposu'nu yanına çağırdı ve cesur muhterem Jean de Plan Çarpın, Papalık Makamı'nın temsilcisi olarak Moğollara gönderildi. Çünkü Moğollardan, Tanrı'nın kilisesine çok yakın zamanda ve çok katı bir tehlikenin gelmesinden endişe ediliyordu. Moğolların hışmından kurtulmak için kiliselerde dualar edildi.

Eğer bütün tarihi bu tahrip, imhadan ve bu insanlığın ilerlemesinin duraklamasından ibaret olsaydı, Cengiz Han amaçsız ve serserice dolaşan, korkunç bir maceraperest, ikinci bir Attila veya Alaric'den başka bir şey olmazdı. Fakat afet, aynı zamanda mükemmel bir savaşçı, taçların ve tahtların hâkimiydi.

İşte bu noktadadır ki; Cengiz Han'ı kuşatan esrar perdesiyle karşılaşıyoruz. Bir göçebe, bir avcı ve bir sürü bekçisi, askerî nitelikte üç imparatorluğun ordularının üstüne çıktı. Bir tek şehir görmemiş, yazının cahili bir barbar, 50 millet için bir kanun kitabı düzenledi.

Askerî deha bakımından Napoléon, bütün Avrupalılar arasında en parlak karakter gibi gözükür. Fakat bir orduyu Mısır'da terk ettiğini, başka bir ordunun enkazını Rusya'nın karları içinde bıraktığını ve nihayet gururunun kendisini Waterloo hezimetine sürüklediğini unutmak mümkün değildir. İmparatorluğu yıkıldı, kanunnamesi imha edildi ve oğlu, ölümünden önce, mirasından mahrum edildi. Bütün bu gösterişli hikâye, tiyatro kokmakta ve Napoléon, bir aktör hissi vermektedir.

Cengiz Han ayarında dâhi bir fatih bulabilmek için, gözlerimizi Makedonyalı İskender'e, bu muzaffer gence çevirmek mecburiyetindeyiz. Askerleriyle doğan güneşe doğru yürüyen ve kendisiyle beraber Yunan medeniyetinin nimetlerini götüren genç kumandan, İskender! Her ikisi de zafer ortasında öldüler ve isimleri, kendilerinden sonra bile, Asya efsanelerinin içinde yaşamaya devam ediyor.

Fakat ölümlerinden sonra eserlerinin önemi büyük oranda birbirlerinden ayrıldı. İskender'in generalleri, nihayet oğlunun kaçmaya mecbur kaldığı krallıklar için kendi aralarında kavgaya tutuştular. Cengiz Han ise, Ermenistan'dan Kore'ye, Tibet'ten Volga'ya kadar, nüfuzunu öyle mutlak bir surette sağlamıştı ki, oğlu hiç bir itirazla karşılaşmadan mirasa sahip çıktı ve torunu Kubilay Han da bu sırada dünyanın yarısını idare ediyordu.

Bir barbarın, sihir gibi hiçten ortaya çıkardığı bu imparatorluk, tarihçilerin yoğun ilgisini çekti. O devrin İngiltere'de âlimler tarafından vücuda getirilen en yeni genel tarihi, bunun, açıklanması imkânsız bir hadise olduğunu belirtir.

Saygın bir âlim: "Cengiz Han'ın, Shakespeare'in dehası gibi izahsız kalan olağanüstü şahsiyeti" karşısında hayret içinde kalıyor.

Aslında birçok hâl ve durum, Cengiz Han'ın şahsiyetinin gözümüzden kaçmasında etkin olmuştur. Öncelikle, Moğollar, yazı bilmezler, buna önem de vermezlerdi. Sonuç olarak o zamanın olayları, Uygurların, Çinlilerin ve Acemlerin dağınık el yazılarında mevcuttur. Moğol Ssanan Setzen'in yazıları da ancak son zamanlarda iyi bir surette tercüme edilmiştir. Bu bakımdan, büyük Moğol'un en iyi vakanüvisleri, düşmanlarıydı. Kendisi hakkında bir fikir yürütüleceği zaman bu noktayı özellikle göz önünde tutmak gerekir. Bu adamlar yabancı bir ırktandılar. Ayrıca tıpkı 13.yüzyılın Avrupalıları gibi, dünyanın kendi memleketleri dışındaki kısmına ait bilgileri de gayet bulanıktı.

Bunlar, Moğollar'ın birdenbire karanlıklardan çıktığını görüyorlar, Moğol sürüsünün korkunç vuruşlarını hissediyorlar ve bu topluluğun, başka meçhul memleketlere giderken kendi üzerlerinden geçtiğini gözlemliyorlardı.

Bir Müslüman, Moğollara ait hatıratını şu birkaç kelimeyle, hazin bir şekilde betimliyor: "Geldiler, yıktılar, öldürdüler... Yağmaladılar ve gittiler!"

Bu çeşitli kaynakları okumak ve kıyaslamak zor olmuştur. Bunu yapmayı başaran Doğu âlimleri, doğal olarak, yalnız Moğol fetih hareketinin siyasî ayrıntılarını işaretle yetinmişlerdir.

Bunlar bize Cengiz Han'ı barbar kudretin bir tür temsilcisi, bozulmuş medeniyetleri mahvetmek üzere zaman zaman çölden çıkan bir bela gibi sunarlar.

Ssanang Setzen'in yazıları da esrarı aydınlatmaya yardım etmez. Bu yazılar yalnız Cengiz Han'ın ilâhî ırktan bir "Bogdo" olduğunu söylerler. Bize bir sır yerine bir mucize sunar. Avrupa'nın orta zaman tarihleri, gördüğümüz gibi, Moğollara verilmiş ve Avrupa üzerine saldırılmış bir tür şeytanî güce inanmışlardır. Hele Cengiz Han'ın göçebeleri nihayet kendileri için uzak istilâcılardan başka bir şey olmayan çağdaş tarihçileri, 13. yüzyılın hurafelerini yansıtmaya devam etmiş görmek, oldukça sıkıcı bir durumdur.

Cengiz Han'ı kuşatan esrar üzerine biraz ışık tutmak için basit bir usul vardır. Bu usul şudur: Zamanın akrebini yedi asır geriye almak, Cengiz Han'a zamanının vakanüvisleri tarafından gösterildiği gibi bakmak. Mucizeye, timsale değil, fakat o insanın bizzat kendisine bakmak...

Bundan dolayı, Moğolların ırk olarak meydana getirdikleri siyasî eserle değil, fakat meçhul bir kabileyi, Moğolları, cihanın hâkimleri safına yükselten adamla ilgileneceğiz.

Bu adam hakkında tam bir fikir edinebilmek için, onu gerçekten kendi halkı arasına ve yedi yüz sene önceki yeryüzü üzerine götürmek gerekmektedir. Onu çağdaş medeniyetin ölçüleri içine alamayız. Onu, zihnimizde, avcılarla, sürüleri sevk eden atlı göçebelerin yaşadığı ve çorak bir memleketin dekoru içinde düşünmeliyiz.

Öyle bir memleket ki, insanları hayvan derileriyle örtünür, süt ve etle beslenir, soğuğa ve rutubete karşı kendilerini korumak için vücutlarını yağa bularlar. Öyle insanlar ki, açlıktan veya soğuktan ölmeye, ya da bir düşmanın darbeleri altında can vermeye çok az önem verirler. Bu memlekete giren ilk Avrupalı, Frere Carpm diyor ki:

"Burada ne şehir, ne belde vardır, fakat bir santimetrelik verimli yerleri olmayan kum çölleri vardır. Yalnız nehirlerin suladığı yerler hariç... Fakat nehirler de enderdir... Bu memlekette hemen hemen hiç ağaç yoktur. Fakat buna karşılık otlak olarak kullanılmaya uygun arazisi var. Hatta imparatorun, prenslerin ve diğerlerin, ısınmak ve yemeklerini pişirmek için, gübre ve inek tezeğinden başka bir şeyleri yoktur. Zamanına göre, hatta yaz ortasında bile, iklim çok serttir. Korkunç boralar kopar, gök gürültüleri ve şimşekler birçok insanı öldürür ve hatta bu mevsimde bile kar yağar ve öyle soğuk rüzgâr fırtınaları çıkar ki, at üzerinde güçlükle durulur. Bu fırtınalardan birinde kendimizi attan yere atmaya mecbur kaldık ve müthiş toz dumandan bir şey göremez olduk. Sıklıkla dolu sağanakları çıkar ve müthiş bir soğuğun izlediği ani, insanı güçsüz bırakan sıcaklar olur."

İşte Gobi Çölü Zodyak takviminde "hınzır yılı" diye anılan milâdın 1162 senesi böyleydi.

ÇÖL

Gobi'de hayata çok önem verilmezdi. Rüzgârın süpürdüğü, bulutlara kadar uzanan yüksek yaylalar... Güney taraflarına giden göçmen kuşların ziyaret ettiği, kenarı sazlıklı göller... Bu geniş alanın bütün şeytanları tarafından ziyaret edilen heybetli Baykal Gölü... Kış ortalarının aydınlık gecelerinde, ufkun üzerinde alçalan, yükselen kutup yıldızının ışığı!

Aşağı Gobi'nin bu köşesinde, çocuklar, zahmet ve sıkıntıya karşı yalnız katılaşmış değil, ta doğumlarından itibaren buna adanmışlardı: Ana sütünden keçi sütüne geçer geçmez, çocukları artık kendi kendilerine yetebilir kabiliyette kabul ediyorlardı. Aile çadırlarında, ateşe en yakın yerler, olgun, yaşlı savaşçılara ve misafirlere ayrılırdı.

Bazı zamanlar, kadınlar sol tarafa oturabilirlerdi. Fakat arada bir mesafe kalması gerekmekteydi. Kız veya erkek çocuklara gelince, bunlar nereyi bulurlarsa oraya otururlardı. Yemekte de aynı durum söz konusuydu. Baharda, keçiler ve inekler bol süt vermeye başlayınca, her şey yolunda giderdi. Koyunlar semizler, av daha bol olur ve kabilenin avcıları tilki, sansar gibi kürklü, zarif hayvanlar yerine bir ayı, bir geyik getirirlerdi. Her şey kazana atılır, her şey yenirdi.

Önce güçlü, kuvvetli erkekler yemeği alırlar, sonra yaşlılarla kadınlar tencereyi önlerine çekerler, çocuklar da kemiklerle sinirleri birbirlerinden kapmak için yarışırlardı.

Kışın hayvanlar zayıf olunca, çocuklar beslenemezdi. Süt yalnız kımız hâlinde mevcuttu. Kımız, tulumlara doldurulan, dövülen ve suyu çektirilen süttür. Bu besleyici gıda - eğer dilenip biraz ele geçirebilirlerse - üç dört yaşındaki çocuklar için biraz baş döndürücüydü. Et olmayınca kaynamış mercimek, açlığı bastırmaya hizmet ederdi.

Kış sonu, gençler için özellikle ıstıraplı bir zamandı. Sürüyü zayıf düşürmemek için artık hayvan öldürülemezdi. Bu sırada savaşçılar, başka bir kabilenin yedeklerindeki yiyeceklerini yağma etmeyi, hayvanlarını ve atlarını alıp götürmeyi alışkanlık edinmişlerdi. Karşı koyma, Cengiz Han'ın miras aldığı ilk huy oldu.

Asıl ismi Temuçin'di. (Temuçin, en ince çelik demekti.) Doğduğu zaman babası orada değildi. Kabilenin Temuçin isimli bir düşmanına karşı bir yağma seferini idare ediyordu. Gerek çadırda, gerek savaş meydanında, her şey yolunda gitti. Düşman esir edildi ve baba döndüğü zaman, oğluna esirin adını verdi.

Yeri, yontulmuş çubuklardan oluşan bir düzen üzerine serilmiş yün bir çadırdı. Çadırın tepesinde dumanın çıkması için bir mahreç vardı. Kireçle sıvanmış ve resimlerle süslenmişti. "Yurt" ismi verilen bu acayip çadır, on iki öküzün çektiği bir araba üzerine oturtulmuş, çayırlar arasında, serseri gibi dolaşıyordu. Pratikti, çünkü kubbeyi andıran şekli, rüzgârın etkisini kesiyor ve gerektiğinde sökülebiliyordu. Reislerin – Temuçin'in babası da reisti – karılarının hepsinin ayrı ayrı süslü çadırları vardı. Çocukları bu çadırlarda yaşarlardı. Kızların görevi "Yurt"a bakmak ve dumanın çıktığı mahrecin altında, ocak taşında, ateş yakmaktı. Kabile yer değiştirirken, Temuçin'in kız kardeşlerinden biri, arabanın tahta zemini üzerinde, giriş kapısı önünde, ayağa kalkarak, öküzleri sürer ve bir arabanın boyunduruğu diğerinin arkasına bağlı, genellikle bir tek ağaca, en küçük bir tümseğe rastlanmayan dümdüz çayırlardan böylece gıcırdayarak, yuvarlanarak giderlerdi.

Ailenin hazineleri yurtta muhafaza edilirdi: Hiç şüphesiz kervanlardan alınmış Buhara ve Kabil halıları, kadın mücevherleriyle dolu sandıklar, herhangi bir usta Arap tacirinden satın alınmış ipekli elbiseler, işlenmiş gümüş ve daha değerli eşya olarak duvarlara asılı silahlar, Türklerin kısa hançerleri, mızraklar, fildişi ve bambu ağacından çeşitli uzunluk ve ağırlıkta oklar ve cilalanmış, parlatılmış tabaklanmış deriden bir kaç kalkan... Silahlar da, ya yağmada elde edilmiş veya satın alınmıştı ve savaşın tesadüflerine bağlı olarak, elden ele geçiyordu.

Temuçin'in (gelecekte Cengiz Han) çeşitli görevleri vardı. Kabile yaylaklardan kışlaklara geçeceği zaman, aile çocukları, derelerde balık tutmakla yükümlüydü. At sürüleri onların sorumluluğuna verilirdi. Kaybolan atların peşinden koşmaya ve yeni otlakları aramaya mecburlardı. Yağmacıların geldiklerini görmek için, ufku gözlerler ve çoğu geceyi, ateşsiz, karda geçirirlerdi. Arka arkaya birkaç gün at üzerinde kalmayı, üç dört gün pişmiş yemekten ve hatta her tür gıdadan yoksun olmayı öğrenmek zorundaydılar.

Koyun veya at eti bol olunca, yoksunluk günlerini düşünerek inanılmaz miktarda gıda biriktirirler, kaybolan zamanı telâfi etmeye çalışırlardı.

Eğlence olarak çayır üzerinde 20 kilometre gitmek ve sonra dönmekten ibaret at koşuları ve neşe içinde birbirlerinin kemiklerini kırdıkları pehlivan güreşleri yaparlardı.

Temuçin, gerek fiziksel kuvveti, gerekse zekâ ve kabiliyetleriyle kendini göstermekteydi. Kuru ve zayıf olmasına rağmen pehlivanların başı oldu. Ok atmakta dikkate değer bir ustalığa sahipti. "Kemankeş" lakabını alan kardeşi Kassar'ın ustalık derecesine ulaşmış olmamasına rağmen, Kassar, Temuçin'den korkmaktaydı.

Kassar ve Temuçin, üvey kardeşlerine karşı ittifak yaptılar ve Temuçin'e atfedilen ilk olay, bir balığını çalmış olan üvey kardeşlerinden birini öldürmesi oldu. Öyle anlaşılıyor ki, merhamet, bu genç göçebeler arasında pek değer verilmeyen bir şeydi; aksine intikam ise, bir yükümlülük olarak yerine getirilmeliydi.

Temuçin, bu çocuk kavgalarından daha ağır kinlerle tanıştı. Annesi Ulun çok güzeldi ve gelin olarak kocasının çadırına giderken, Temuçin'in babası tarafından komşu bir kabileden kaçırılmıştı. Ulun, aynı zamanda akıllı ve kuvvetliydi. Bir süre ağladıktan sonra, içinde bulunduğu durumdan en iyi şekilde yararlanma yoluna gitti. Fakat Yurt'ta herkes, onun kabilesinin adamlarının er geç intikam almaya geleceğini biliyordu.

Gece, parlak tezek ışığının yanında, Temuçin saz şairlerinin anlattığı hikâyeleri dinlerdi. Bu ihtiyarlar çadır çadır gezerler, bir ellerinde telli sazlar, tekdüze bir sesle, ataların ve kabile kahramanlarının hikâyelerini dile getirirlerdi.

Temuçin, kuvvetinin ve reislik hakkının bilincindeydi. Kırk bin çadır hâkimi Yakaların veya büyük Moğolların Han'ı, Bahadır Yesukai'nin ilk oğlu değil miydi!

Saz şairlerinin masalları, ona, meşhur bir ırktan, Burçukinler'den, çakır gözlü adamlardan geldiğini öğretiyordu. Katay İmparatoru'nun sakalını çektiği için zehirletilerek öldürülen atası Kabul Han'ın macerasını dinliyordu. Babasının kan kardeşinin Gobi göçebelerinin en kuvvetlisi olan Kerait kabilesinden Toğrul Han olduğunu öğreniyordu. Bu Toğrul Han'dır ki, Avrupa'da "Jean le pretre" masallarının doğmasına sebep olmuştur... Fakat o zamanlar Temuçin'in ufku, kabilesinin otlaklarıyla sınırlıydı...

"Katay'ın yüzde biri kadar bile değiliz." Akıllı bir müşavir, çocuklara böyle diyordu. "Ve buna rağmen Katay'la boy ölçüşebiliyorsak sebebi şudur ki, hepimiz göçebeyiz, bütün varlığımızı beraberimizde götürüyoruz ve askerî eğitimlerimiz tam... İmkân olursa, yağma yaparız. Aksi hâlde, kendimizi gizleriz. Eğer eski âdetlerimizi değiştirmeye ve şehirler kurmaya başlarsak, bundan hiçbir fayda göremeyiz. Aslında tapınaklar ve mabetler karakteri yumuşatır ve yalnız kuvvetli olanlar ve savaşçılardır ki, dünyaya hâkim olurlar."

Genç çoban çömezlik devresini bitirince, Yesukai'nin yanında at koşturmasına izin verildi. Tanıkların belirttiğine göre, Temuçin gösterişli bir adamdı, fakat çizgilerinin güzelliğinden çok, vücudunun kuvveti ve sade, açık hâliyle, tavrıyla dikkati çekmekteydi. Öyle anlaşılıyor ki uzun boylu, geniş omuzlu ve sarımsı esmer, soluk benizliydi... Geriye doğru bir alnın altında, gözleri birbirinden çok ayrıktı ve dikine bakıyordu.

Gözlerinin rengi yeşil veya yeşilimsi mavi, göz bebekleri ise simsiyahtı. Koyu kızıla çalan uzun saçları, örgüler hâlinde arkasına düşüyordu. Az ve ancak ne söyleyeceğini iyice düşündükten sonra konuşuyordu. Geçimsiz bir yaradılışı vardı ve ani dostluklar uyandıran bir kabiliyete sahipti. Eş seçimi konusunda onun da kararı babasınınki gibi ani oldu.

Yabancı bir savaşçının çadırında bulundukları bir gece, savaşçının kızı Temuçin'in dikkatini çekti. Yesukai'den, hemen bu kızı eş olarak almak için izin istedi. Kızın babası, "Küçüktür" diyerek itiraz etti. Temuçin, "Biraz büyüyünce çok iyi bir eş olur" cevabını verdi.

Yesukai, küçük kızı süzdü. Dokuz yaşlarındaydı ve güzel bir kadın olacağı belliydi. İsmi Bourta'ydı ve bu isim, kabilenin efsanevî atasını, çakır gözlü adamı çağrıştırmaktaydı. Moğolların gösterdiği ilgiden içten içe gurur duyan kızın babası:

"Küçüktür, ama buna rağmen bakılmaya değer!" dedi ve Temuçin için de şöyle dedi:

"Oğlunun aydınlık bir yüzü ve parlak gözleri var!"

Ertesi gün pazarlık yapılmış ve Moğol Hanı, Temuçin'i müstakbel karısı ve müstakbel kayınbabasıyla tanışmak üzere orada bırakarak atına binip gitmişti.

Fakat bir kaç gün sonra bir Moğol dörtnala gelerek düşmanlarının çadırında bir gece geçiren Yesukai'nin zehirlendiğini, ölüm hâlinde yattığını ve Temuçin'i istediğini haber verdi.

On üç yaşındaki çocuk atını Ordu'ya, yani kabilenin çadırlar şehrine kadar, bütün hızıyla sürdü. Fakat babasını ölü buldu. Üstelik onun yokluğunda başka olaylar da yaşanmıştı. Kabilenin başlıca reisleri toplanmışlar ve içlerinden üçte ikisi Han'ın bayrağını bırakarak başka koruyucular aramak üzere yola koyulmuşlardı. Kendilerini aileleri ve sürüleriyle beraber tecrübesiz bir çocuğun korumasına bırakmaktan korkuyorlardı.

"Çok sular aktı," diyorlardı, "sağlam taş kırıldı, bir kadın ve onun çocuklarıyla ne yapacağız?"

Akıllı, cesur Ulun, kabilenin parçalanmasına engel olmak için elinden geleni yaptı. Yakkaların dokuz yırtmaçlı bayrağını eline alarak kaçanları atla kovaladı, kendileriyle konuştu ve bazı aileleri, sürüleri ve arabalarıyla dönmeye ikna etti.

Bundan sonra Temuçin, Moğol Hanı olarak atın beyaz derisi üzerinde oturdu, fakat etrafında bir kabile enkazından ve ufukta Moğollara düşman bütün kabilelerin, intikamlarını oğlundan almak üzere Yesukai'nin ölümünden yararlanma arzularından başka bir şey görmüyordu.

HAYAT İÇİN MÜCADELE

Temuçin'in büyükbabası Kabul Han ve babası Yesukai, zamanında, Moğol Yakkaları, Güney Gobi'de bir çeşit üstünlüğe sahip bulunuyorlardı. Moğol ırkından olmaktan faydalanarak Baykal Gölü'nün doğusuyla bugünkü Mançuri sınırı üzerinde Khingan diye anılan dağ sıraları arasındaki en iyi otlakları kendilerine mülk edinmişlerdi.

Bu otlaklar Gobi'nin yoğun kum yığınlarının kuzeyinde, Kerulen ve Onon derelerinin iki bereketli vadisinin arasındaydı. Tepeler çamlarla örtülmüş, av hayvanı çok ve geç eriyen karlar sayesinde su boldu.

Bütün bu ayrıntılar, daha önce Moğolların hâkimiyeti altında bulunan ve şimdiyse on üç yaşındaki genç Temuçin'in sahip olduklarını ele geçirmeye hazırlanan kabilelerce çok iyi bilinmekteydi.

Bu arazilerin göçebeler için ölçülmez bir değeri vardı: Kışın soğuğun şiddetli olmadığı bereketli çayırlar, yaşamak için bütün ihtiyaçlarını temin eden sürüler, yün örmek için kıl ve yurtları bağlamak için ip, okların ucu için kemik, eyerler için meşin, kımız torbaları ve heybeler.

Temuçin'in kaçması daha akla yatkın bir ihtimaldi. Kendisini tehdit eden darbeyi karşılaması mümkün görünmüyordu. Ona haraç vermesi gerekenler kararsızdılar. Han'a mahsus hayvan vergisini bir çocuğa vermeye pek istekli değillerdi. Aslında bütün tepelere kademe kademe yayılmışlar, kendi sürülerini kurtlara ve ilkbahar başlangıçlarında sakınmanın mümkün olmadığı yağmacılara karşı bizzat koruyorlardı.

Temuçin kaçmadı. Vakanüvisin naklettiğine göre, bir an, yurdunda yalnız başına ağladı.

Sonra reislik sorumluluğunu üzerine aldı, beslenecek küçük kardeşleri, kız kardeşleri ve kendisine tam anlamıyla sıkı sıksıya bağlı bir üvey kardeşi, hepsinden önemlisi annesi vardı. Ulon'a gelince, o, ilk oğlunu tehdit eden önüne geçilmez felâketi çok net görüyordu. Önüne geçilmez... Çünkü Targutai adlı, o da Burçukinler'den, çakır gözlü adamlardan gelen bir savaşçı, artık Güney Gobi'nin hâkimi olduğunu ilân ediyordu.

Targutai, Moğollara düşman bir kabilenin, Taicikutlar'ın reisiydi. Bu adam, Temuçin'in taraftarlarının çoğunu kendi bayrağı altında toplamaya ikna etmiş ve ihtiyar bir kurdun sürünün başına geçmeğe hazırlanan bir yavruyu öldürmek üzere kovalaması gibi, genç Moğol Hanı'nı gözlemekten başka yapacak işi kalmamıştı.

Av, hiçbir haber verilmeden başladı. Süvari kıtaları, dörtnala Ordu'ya, Moğolların çadırlar şehrine geldiler ve bazıları, otlayan sürüleri dağıtmak üzere, etrafa yayıldılar. Targutai ise bayrağın dalgalandığı çadıra doğru yöneldi.

Temuçin ve kardeşleri, savaşçıların bu saldırısı karşısında kaçtılar. Kuvvetli kemankeş Kassar, ara sıra atını durduruyor ve düşmanlara bir kaç ok fırlatıyordu. Ulon güvendeydi, Targutai, Temuçin'i arıyordu. Av böylece başladı. Taicutlar, çocukları yakından sıkıştırıyorlardı. Avcılar hiç acele etmiyorlardı. Toprak taze ve aydınlıktı ve bu göçebeler, bir atın izini bir kaç gün takip etmeye alışkındı.

Temuçin'in yedek hayvanı olmadığı için onu yakalayacaklarından emindiler. Çocuklar, düşünmeksizin, koruyucu duvarların gerisinde kendilerine bir sığınak arz eden boğazlara doğru gidiyorlardı. Ara sıra atlarından iniyorlar ve avcıları durdurmak için, ağaçları dar yolun üzerine yıkıp deviriyorlardı. Akşam olunca birbirlerinden ayrıldılar, küçük erkek ve kız kardeşler bir mağarada saklandılar, Kassar dizginleri çevirdi ve Temuçin, gizlenme imkânı olan bir dağa doğru yoluna devam etti.

Orada birçok günler, açlığın kendisini Taicutların hatlarını geçmeye teşebbüse mecbur edeceği zamana kadar kaldı. Onu gördüler, yakaladılar ve boynuna, omuzları üzerine konan, iki ucu esirlerin bileklerini sıkıştıran "Kang" denilen tahta boyunduruk vurulmasını emreden Targutai'nin huzuruna götürdüler. Timuçin bu hâlde sevk edildi. Savaşçılar, önlerine kattıkları ganimet hayvanlarını sürerek, kendi otlaklarına gidiyorlardı. Diğer savaşçılar eğlenmeye gidip de onu bir muhafızla yalnız bırakıncaya kadar, Temuçin bu durumda kaldı.

Karargâhın üzerine karanlık çöküyordu ve genç Moğol kaçmak için bu fırsatı kaçıracak değildi. Çadırın gölgesi içinde muhafızın başına kangın ucuyla vurdu. Adam darbenin tesiriyle kendinden geçerek yuvarlandı. Çadırdan kaçan Temuçin, ayın yükselmiş ve karargâhın kurulduğu ormanın üzerine yarı aydınlığın yayılmış olduğunu gördü. Çalılar arasından hızla koşarak bir gün önce geçtikleri bir dereye doğru geldi. Arkasından gelenlerin gürültüsünü duyunca suya girdi ve yalnız başı dışarıda kalacak surette, bütün vücuduyla kenardaki sazların içine gömüldü.

Bu durumda kalarak, Taicut süvarilerinin kendisini bulmak için sahili arayıp taramalarını seyretti ve kendisini gören bir savaşçının tereddütle durduğunu, sonra onu ele vermeden gittiğini fark etti.

Temuçin, boyunduruğun altında, kaçmadan önceki kadar acizdi ve bu şekilde hareket edebilmesi için, hem sezgilerine uyması, hem de cesur olması gerekti. Dereden çıktı, karargâha kadar süvarilerin peşinden gitti ve kendisini sazlar arasında gördüğü hâlde ele vermeyen savaşçının yurduna girdi.

Bu adam, o sırada kabilenin avcılarıyla beraber bulunan bir yabancıydı. Sırılsıklam çocuğu gören adam, Temuçin'den daha fazla korktu. Esire acıdı ve şüphe yok ki yapılacak en iyi şeyin çocuğu savmak olduğunu düşündü. Boyunduruğu parçaladı, parçalarını yaktı ve bu sırada da Temuçin'i yün dolu bir arabada sakladı.

Yumuşak yünün içi çok sıcaktı ve hele Taicut savaşçıları gelip çadırı aradıklarında, mızraklarını yün arabasına batırdıkları zaman, bu sığınak daha da az hoş bir yer hâlini aldı.

"Seni bulsalardı, ocağımın dumanı ve ateşim ebediyen sönecekti!"

Adam, kaçağa, vahşi bir tavırla böyle söyledi ve bunu dedikten sonra ona yiyecek, süt ve iki okla bir yay vererek:

"Şimdi git, kardeşlerinle ananı bul!" dedi.

Temuçin iğreti bir ata binerek kendi arazisine geldi. Burası yabancının kendi olası kaderi hakkında söylediğinden daha iyi bir hâlde değildi: Karargâhının yeri yangın külleriyle örtülüydü, sürüleri gitmişti, annesi ve kardeşleri kaybolmuştu. Onların izlerini sürdü ve saklandıkları yerde, açlıktan kıvranan ailesini buldu. Erdemli Ulon oradaydı, bahadır Kassar ve kendisine yürekten bağlı olan üvey kardeşi Belgutai oradaydılar.

Geceleri herhangi bir taraftarın uzak karargâhına doğru seyahat ederek, iyi kötü yaşadılar. Kafilelerinin dizisi, sekiz attan ibaretti. Avların en sefillerini vuruyorlar ve koyun yerine balıkla nefislerini köreltiyorlardı.

Temuçin, pusulara düşmemek ve kendini gözleyen düşman hatlarını geçmek sanatını öğrendi, geliştirdi. Gerçekten kendisi gözleniyordu ve senelerle birlikte mahareti de arttı, çünkü öyle anlaşılıyor ki, ikinci bir defa daha ele geçmedi.

O sırada bile, atalarının otlaklarından kaçması mümkündü. Fakat genç Han, hiç de mirasını düşmanlarına bırakmak niyetinde değildi. Kabilesinin dağılan karargâhlarını dolaştı ve annesinin ihtiyaçlarını görmek üzere, sert bir tavırla, hanlık vergisini, dört hayvanı istedi: Bir deve, bir öküz, bir at, bir koyun...

Şunu belirtmek gerekir ki, Temuçin iki şeyi yapmaktan sakındı. Çakır gözlü Burta, onun gelip kendisini çadırından almasını bekliyordu ve Burta'nın babası, güçlü bir kabile reisiydi: Emri altında birçok mızraklıları vardı. Fakat Temuçin bu işe yönelmedi.

Diğer yandan nüfuzu büyük olan ve Yesukai ile dostluk için karşılıklı ant içen Kerait Türklerinin reisine, ihtiyar Toğrul'a da müracaatta bulunmadı. Bu anlaşma, iki tarafın evlâtlarına, gerektiği takdirde kendi babasına gider gibi diğerine müracaat etmek hakkını veriyordu. Şüphe yok ki, bir ata binerek çayırlar etrafından Keraitler'e kadar gitmek de gayet kolaydı. Bunlar, etrafı duvarla çevrilmiş kasabalarda oturuyorlar ve gerçek hazinelere sahip bulunuyorlardı; mücevherleri, kumaşları, güzel silahları, hatta sırma çadırları vardı.

"Bir dilenci gibi, elleri boş gitmek," Temuçin böyle diyordu, "bir dostluk değil, hor görülmeye sebep olur!"

Temuçin bu kararına bağlı kaldı. Bu sahte bir alçakgönüllülük değil, bir Moğol yakkasının sıradan düşünüş tarzıydı. "Jean le pretre" ona yardım etmekle yükümlüydü. Yukarı Asya'da ant içilmiş bir dostluk, bir kralın sözünden daha bağlayıcıdır. Fakat Temuçin, onun karşısına bir kaçak olarak değil, bir müttefik olarak çıkabilecek duruma gelinceye kadar bu şehirlerin ve güzelliklerin sahibinden fayda beklemek istemiyordu.

Bu sıralarda Temuçin'in sekiz atını birden çaldılar. Vakanüvise bakılırsa bu iş baştanbaşa hikâye edilmeye değer. Bazı Taicut çapulcularının bu hırsızlığı yaptıkları esnada, Belgutai dokuzuncu bir at üzerinde, Targutai'nin pençesinden kurtulan Temuçin'i getiren kısrağa binmiş, marmutları avlamakla meşguldü. Dönüşünde, genç Han yanına yaklaştı:

"Atları çaldılar" dedi.

Sorun endişe vericiydi, çünkü biri dışında bütün kardeşler binek hayvanından mahrum, gelecek ilk yağmacının keyfine tabî idiler. Belgutai gidip atları aramayı teklif etti. Kassar:

"Onları ne takip edebilirsin, ne de bulabilirsin, ben giderim" diye itiraz etti.

Temuçin,

"Bulamazsın, bulsan da getiremezsin, ben giderim" dedi ve aslında yorgun olan doru kısrağa binerek gitti.

Kaçakların ve atların izlerini araya araya üç gün onları takip etti. Yanına biraz kurutulmuş et almış, eti yumuşatmak ve sıcak tutmak için bunu eğerle hayvanın sırtı arasına koymuştu.

Epeydir bitkin bir hâldeydi ve Temuçin için çok daha can sıkıcı olan şey, kısrağın zahmet çekerek, kendisini zor sürüklemesiydi. Yedek atları olan Taicutlar iyice uzaklaşmışlardı.Güneşin dördüncü doğuşundan sonra, genç Moğol, yol kenarında bir ineği sağmakla meşgul, kendi yaşlarında bir savaşçıya rastladı.

"Birkaç kişinin götürdüğü sekiz at gördün mü?" diye sordu.

"Evet, şafaktan önce sekiz atlı bir kafile yanımdan geçti. Gittikleri yolu sana göstereyim."

Genç yabancı, Moğol'a ikinci kez göz attıktan sonra, süt torbasının ağzını iyice bağlayarak onu yüksek otların arasına sakladı.

"Yorgun ve düşüncelisin," dedi. "Adım Borhu'dur, seninle beraber atların peşinden geleceğim."

Doru kısrak çayıra salıverildi, Borhu, baktığı sürüden beyaz bir at ayırdı, dizginlerini ve eğerini taktı, Temuçin'e verdi. İzleri takibe koyuldular ve üç gün sonra Taicutlar'ın karargâhlarının önüne geldiler.

Çalınan atlar o civarda otluyorlardı. İki çocuk hayvanları yakaladılar ve birtaraftan savaşçılar tarafından takip edildikleri hâlde, atları önlerine katıp kovalamaya başladılar. Takip edenlerden birisi, beyaz bir ata binmiş, bir okla silahlanmış, gittikçe aradaki mesafeyi kapatıyordu. Borhu, Temuçin'e dönerek onun okunu alıp Taicutlara karşı koymak üzere geri dönmeyi teklif etti, fakat Temuçin, hiç bir suretle bu fikri kabul etmedi. Böylece gece oluncaya kadar önlerine kattıkları atları kovalamaya devam ettiler. Beyaz ata binen savaşçı okunu kullanabilecek kadar onlara yaklaşmıştı. Genç Moğol yeni arkadaşına:

"Bu adamlar bizi yaralayabilirler, yayımı kullanacağım," dedi ve atın gerisine doğru sarkarak yaya bir ok koydu, Taicut'a attı. Adam atından düştü, arkadaşları onun yanına gelerek durdular.

İki çocuk geceleyin yollarına devam ettiler, atlarıyla ve maceralarının hikâyesiyle, sağ ve salim Borhu'nun babasının karargâhına geldiler. Borhu, babasının hiddetini sakinleştirmek için alelacele gidip sakladığı süt tulumunu aradı ve "onu yorgun ve endişeli görünce ben de beraber gittim" diye açıkladı.

Büyük bir sürüye sahip olan baba, içten içe memnuniyetle dinledi, çünkü Temuçin'in maceralarının hikâyesi çayırlar üzerindeki çadırların birinden öbürüne dolaşmaktaydı.

Baba:

"Gençsiniz, dost olunuz ve dostluğunuza sadık kalınız!" dedi.

Genç Han'a yiyecek verdiler, bir torbasını kısrak sütü ile doldurdular ve Temuçin yola koyuldu. Borhu onu yakından takip ediyor sevgi duyduğu genç Han ile ailesine hediye olarak siyah bir kürk götürüyordu.

Temuçin, Borhu'yu karşılayarak:

"Sen olmasaydın ne bu atları bulabilir, ne de onları geri getirebilirdim. Bu yüzden atların yarısı senindir!" dedi.

Fakat Borhu bunu kabul etmedi:

"Sana ait olanı senden alırsam, bana nasıl dost diyebilirsin?" cevabını verdi.

Ne Temuçin, ne onun genç ve cesur yoldaşları tamahkâr değildiler. İyilikseverlik, sözünde sağlamlık genç Han'ın ruhuna kök salmıştı ve kendisine hizmet edenlerin hatırası silinmez bir surette içinde yaşardı. Kendisine karşı savaşanlara gelince, bunlar sayıca çoktular ve onun içindir ki, kendi küçük grubunun dışında kalan herkes, olası bir düşmandı.

"Bir tüccar kazanç ümidini nasıl kumaşlarından beklerse, bir Moğol da iyi talihin yegâne ümidini mertliğinden bekler."

Onda, başka bir göçebe kavmin, Arapların faziletleri ve aynı zamanda vahşetleri de göze çarpıyordu. Zayıf karakterlileri hiç sevmiyordu ve kabilesi dışında her şeye şüpheyle yaklaşıyordu.

Düşmanlarının hilelerine karşı, o da onları aldatmacayla mağlûp etmeği öğrenmişti. Fakat taraftarlarından herhangi birine söz verdiğinde, bu söze her zaman sadık kalırdı.

"Bir reis için sözünde durmamak iğrenç bir şeydir" diyordu.

Babasının ardından gitmiş savaşçıların dönüşü sayesinde önemi artan kabilesinde bile, nüfuzu, onun, düşmanlarından kaçınabilmek hüneri ve taraftarları için büyük bir öneme sahip olan otlakları korumadaki ustalığı gibi sağlam bir temele dayanıyordu. Kabilelerin âdeti üzere, hayvanlar ve silahlar, Han'a değil, kendilerine aitti. Yesukai'nin oğlu kabilesinden ancak onları koruyabildiği ölçüde sadakat bekleyebilirdi.

Gelenek, kabilelerin kanunu, kabilenin adamlarına, eğer Temuçin, göçebe memleketlerin bitmek tükenmek bilmez ve amansız mücadele hayatında beceriksizlik gösterirse, kendilerine başka bir reis seçmeleri iznini veriyordu. Temuçin'i bu konudaki ustalığı kurtardı ve gittikçe kıvraklaşan zekâsı sayesinde, etrafında bir kabilenin özünü muhafaza edebildi. Maddî kudret ve canlılık... O, buna sahipti.

Kerulen ile onun arasındaki bereketli havada yağmaya girişen reisler, çok defa onu tepelerden aşağıya, yaylaya atabiliyorlardı, fakat yine de onu yenmeyi başaramıyorlardı. "Temuçin ve kardeşleri gittikçe kuvvetleniyorlar" diyorlardı. Fakat Temuçin'in ruhunda sarsılmaz bir kararın kıvılcımları parlıyordu. O, gerçek mirasının hâkimi olmak istiyordu. 17 yaşında olduğu bu sıralarda Burta'yı aramaya gitti ve ilk karısını kaçırmaya kalktı.

CENK ARABALARI İLE SAVAŞ

Kuzey barbarları arasında, yani eski Çinlilerin tabiriyle "Ok ve yay" adamları, uzun günler ve beyaz dağlar memleketinin sakinleri arasında, güler yüzlülüğe ve kahkahaya meyillilik göze çarpardı. Çünkü bu insanlar için hayat aralıksız bir didişme, tabiatın şiddetlerine ve ıstırap hâline tâbi, sefaletin biraz hafiflemesine sevinmek için bir fırsat teşkil ediyordu.

Temuçin ve onun Moğol tâbilerini görmek, şakadan aldıkları zevke hükmetmek için yeterliydi. Hatta güler yüzlülükleri bile gaddarlıkları gibi aşırı haddeydi. Şenlikleri çok taşkın, coşkun olurdu. Düğün ve cenaze törenleri, sevinç için birer büyük fırsattı.

O amansız mücadele hayatına bu şekilde bir mola verilmesi, Temuçin'in Burta'nın babasının çadırlar şehrine vardığı zamanda gerçekleşti. Temuçin, hepsi silahlı, koyun postlarına, geniş deri ceketlere, kaba resimli zırhlara bürünmüş bir kaç yüz gençle, atının üzerinde, aniden ortaya çıkıverdi. Yüksek eyerlerinin boynuzlarına su tulumları asılmış, omuzlarına mızraklar takılmıştı. Baştan aşağı, kemikli yüzlerini soğuğa ve rüzgâra karşı korumak için sürdükleri yağ tabakasının üzerine kadar, toza bulanmışlardı.

Burta'nın babası, genç adamı kabul ettiğinde:

"Seni nasıl bir kinin kovaladığını öğrenince, bir daha canlı göremeyeceğimizi zannettik." dedi.

Ne müthiş bir kahkaha ve yeme içme sahnesi! Uşaklar, koyunları ve atları öldürüp kazana atmakta yarışıyorlardı. Moğol savaşçıları silahlarını yurtların kapılarına bırakmışlar, her çadırın en yaşlısının sağına oturmuşlar, içiyorlar ve ellerini çırpıyorlardı.

Her meclisten önce bir âşık alelacele çıkıp dört tarafa kutsal su serpiyor ve çalgıcılar tek telli sazlarını çalıyorlardı. Bu yayla süvarileri, gırtlaklarını açarak, sanki kımızı ve pirinç şarabını daha iyi indirmek istiyorlarmış gibi, birbirlerinin kulaklarını çekiyorlar ve sırtlan derisinden ağır çizmeleriyle acemice oynuyorlar.

Reisin çadırında üçüncü gün, başka bir levha: Burta, beyaz bir elbise giyerek sağa oturmuş. Saçlarının örgüleri gümüş paralar ve küçük heykellerle ağırlaşmış. Başına, üzeri kıymetli ipeklilerle örtülü kabuktan bir külah koymuş ve bu külahını saçının lüleleriyle kulaklarına tutturmuştu. Terbiyeli suskunluğunu koruyordu. Fakat kaçırılacağı an geldiğinde âdet olduğu üzere çadırların etrafında çılgınca bir kaçışa başlıyor ve Temuçin onu kolları arasına alıp atına kadar götürmeden önce onu kovalıyor, kız kardeşleriyle, hizmetçileriyle güya kavga ediyordu.

Küçük burunlu güzelin kısa süren düğünü böyle gerçekleşti ve Temuçin'in atlarından birine binerek, kendi şehrini terk etti. Onun gelmesini dört sene beklemişti ve bugün artık on üç yaşındaydı. Beli ve göğsü mavi kemerlerle çevrili olarak gitti. Hizmetçileri Temuçin'in annesine hediye olarak götürülen Samur kürkü taşıyorlardı. Burta şimdi, Han'ın karısı olarak yurda bakacak, gerektiğinde hayvanları sağacak, erkekler savaştayken sürülerle uğraşacak, çadırlar için yün örecek, kesilen sinirlerle elbiseleri dikecek ve erkeklere çarıkla çorap yapacaktı.

Görevleri bunlardı ve aslında o diğer kadınlarınkine üstün bir kader için seçilmişti. Tarih onu Burta Ficen, İmparatoriçe, daha sonraları ise Roma İmparatorluğundan daha büyük bir imparatorluğu idare eden üç oğlun anası olarak tanıyor. Samur kürkün de kendine ait bir hikâyesi vardır:

Temuçin, Toğrul'u, Keraitlerin reisini ziyaret için zamanın uygun olduğuna hükmetti. Genç kahramanlarını yanına aldı ve bu kürkü hediye olarak götürdü.

Anlaşıldığına göre, Toğrul Han, dürüst ve barışsever bir adamdı. Kendisi Hristiyan olmamakla birlikte, kabilesinin büyük bir bölümü, ilk havarilerden Saint Andre ve Saint Thomas'tan iman dersleri almış Nesturî Hristiyanlarından oluşmuştu. Bunlar bugün Urga şehrinin bulunduğu sulak arazide oturuyorlardı. Aslen Türk ırkından oldukları için, ticaretle ve ondan ileri gelen kazançlarla, Moğollardan daha fazla ilgileniyorlardı.

Temuçin, babalığı denebilecek olan adamın sarayına bu ilk ziyaretinde, kudretli Kerait'in yardımını istemedi. Toğrul, Temuçin'in dönüş yoluna çıkmasından önce, onunla aralarındaki bağı Temuçin'e hatırlattı.

Fakat çok geçmeden Temuçin, Büyük Han'ın dostluğuna müracaatta bulundu. Beklenmedik bir anda, tehlikeli bir kabile kuzey yaylasından indi ve Moğol ordugâhını yağmaladı. Bu yağmacılar, Tondra havalisinin ilk tabakasından inen, insanların köpekler veya sırtlanlar tarafından çekilen arabalarda seyahat ettiği "donmuş beyaz memleket"in halkı, hakikî barbarlar, Merkitler'di. Bu çetin savaşçıların tâbi oldukları, on sekiz sene önce Temuçin'in babası tarafından, Ulun'un elinden alındığı aynı adamdı. Büyük olasılıkla eski kinlerini unutmamışlardı. Alev saçan meşalelerle geceleyin geldiler ve genç Han'ın ordugâhını ateşe verdiler.

Temuçin, bir at bulmayı ve oklarıyla kendisine yol açarak kaçmayı başardı, fakat Burta, yağmacıların eline düştü. Yağmacılar, kabile geleneklerine uygun olarak kadını, Ulun'u kaybeden adamın akrabalarından birine verdiler.

Bununla birlikte kuzeyli savaşçı, Moğol'un karısından uzun müddet zevk alamadı. Merkitler'e hücum etmek için yeterli adamı olmayan Temuçin, gidip babalığı Toğrul'u buldu ve Keraitlerin yardımını istedi. İsteği derhal kabul edildi ve Moğollarla Keraitler, mehtaplı bir gecede yağmacıların şehirleri üzerine çullandılar.

Vakanüvis sahneyi şöyle tasvir ediyor: Temuçin, kaçırılan karısının ismini bağırarak atını perişan çadırların etrafında koşturuyor. Burta, onun sesini duyunca koşarak kendini dışarı atıyor ve kendini tanıtmak için atının dizginini yakalıyor. Genç

Moğol yere atlıyor ve arkadaşlarına "aradığımı buldum!" diye bağırıyor.

Temuçin hiçbir zaman, Burta'nın ilk çocuğunun kendi oğlu olup olmadığını kesin olarak anlayamadı. Bununla birlikte karısına bağlılığı açıktı ve bu çocukla Burta'nın doğurduğu diğer evlâtları arasında hiç bir fark gözetmedi. Başka kadınlardan çocukları olmakla birlikte Burta'nın doğurdukları en sevdiği arkadaşları oldu. Diğer kadınlar ve onların çocukları, vakanüvis tarafından belirsiz isimler suretinde kaydolunmaktadır.

Kaç defa Burta'nın sezgi kabiliyeti Temuçin'in hayatına yönelik suikastların önüne geçti ve onu şafak vakti kocasının yatağı başında diz çökmüş, ağlarken gördük.

"Düşmanların çınar ağaçları gibi muhteşem kahramanlarını telef ederlerse, küçük, zayıf çocuklarının hâli ne olur?"

Çölün kabileleri arasındaki savaşlar sürüyordu. Moğollar'ı Çin Seddi'nin ilerisindeki tenhalıklarda serserice dolaşan göçebe kabilelere karşı korudu, fakat diğer taraftan Bunyar gölünün Taicutlarıyla Tatarları[1], gelenekselleşmiş bir kinin bütün acılığıyla ona tuzaklar kurmaktaydılar. Sadece olağanüstü kuvvetli bir vücut ve tehlikeyi sezmek için bir kurdun koku alma duyusuna sahip oluşudur ki, genç Han'ı kurtardı.

Bir gün, karların arasında, bir okla boğazından yaralanmış hâlde, öldü zannedilerek bırakıldı. Arkadaşlarından ikisi onu buldular, yaralarının kanını emdiler ve yaralarını yıkamak için bir çanakta kar erittiler. Bu savaşçıların özverileri içtendi.

O, hasta yatarken bunlar kendisi için gidip yabancı bir karargâhtan yiyecek bile getirdiler ve yaylanın üzerinde kar fırtınasının yükseldiğini görünce o uyurken onu korumak için üzerine deriden bir elbise çektiler.

Bir gün de güya dost bir Han'ın yurdunu ziyaret ederken, üzerine oturmaya davet ettikleri manzaralı bir halının altında, bir çukurun kazılmış olduğunu keşfetti. Temuçin, çok geçmeden bütün kabilesini yanlış bir adım atmaktan kurtardı.

---

1 Tatarlar ayrı bir topluluktu. Avrupalılar önce, yanlış olarak, Tatar ve Moğol Hanlarının topraklarına da Tataristan diyorlardı.

Sayıları şimdi 13.000 savaşçıya varan Moğollar, yaylalardan kışlalara doğru yola koyulmuş bulunuyorlardı. Uzun bir vadinin derinliklerine dağılmış idiler. Üzeri örtülü seyyar atları ve çadırlarını taşıyan arabaları, ağır yürüyen sürüler arasında yuvarlanıp gidiyordu. Birden Han'a ufukta hızla üzerlerine ilerleyen bir düşman sürüsünün göründüğünü haber verdiler. Avrupa veliahtlarından hiç biri, hiçbir zaman böyle bir durumla karşı karşıya kalmamıştır.

Düşman, Targutai'nin idaresinde otuz bin Taicut'tan oluşuyordu. Kaçmak, kadınları, hayvanları ve kabilenin bütün varını yoğunu feda etmek demekti. Savaş kıtasını toplayıp Taicutlar'a karşı yürümeye gelince bu da, kaçınılmaz bir biçimde daha önemli kuvvetler tarafından çevrilmek, adamlarının biçilmesini veya dağılmasını görmek demekti.

Göçebe hayatının, karargâhın mahvolması tehlikesine maruz kaldığı zorlu anlarından biriydi ve durum Han'ın derhal karar vermesi ve harekete geçmesini gerektiriyordu. Temuçin, hemen tehlikeye karşı koydu. Bütün savaşçıları toplu bir hâlde ve çeşitli bayraklar altında atlarına bindiler.

Hepsini taburlar hâlinde sıraladı. Kanatlardan birini bir orman koruyordu. Arabalara öyle bir vaziyet aldırdı ki, diğer kanat üzerinde geniş bir boşluk oluşturdu. Hayvanları bu dairenin içine sürdü ve kadınlarla çocukları da arabalara doldurdu. Bunlar yaylarla donatılmışlardı.

Bundan sonra, vadiyi geçen otuz bin kişinin hamlesine karşı koymak için hazırlandı. Bunlar açılma hâlinde ve beş yüzlük taburlar şeklinde sıralanmıştılar. Bu taburların her safında yüz kişi vardı, yani beş saf derinliğindeydiler.

İlk iki safları zırhlıydı. Bu zırhlar, delikleri olan ve birbirine bağlı ağır demir levhalardan, üstlerine at yelesinden tuğlar takılmış demir veya sert deri maskelerden oluşmuştu. Hayvanları da zırhlıydı. Boyunları, göğüsleri ve yanları derilerle örtülmüştü. Bunların süvarileri küçük, yuvarlak kalkanlar ve uçlarında at saçından örgüler bulunan mızraklar taşıyorlardı.

Fakat bu zırhlı süvariler, ihtiyat kuvvetlerinin safları arasından geçmeleri için durdular. Bunlar yalnız deri giymişlerdi, mızrak ve okla silahlanmışlardı. Seri atlar üzerinde, Moğolların önlerine geldiler. Bu kuvvetler oklarıyla ağır süvari kıtalarının ilerleyişini koruyorlardı.

Aynı şekilde silahlı ve donanımlı olan Temuçin'in adamları, saldırıya, boynuzlarla takviye edilmiş güçlü yaylarıyla attıkları oklarla karşılık verdiler. Çarpışma çabucak durdu. Taicutların hafif süvarileri, zırhlı hatların gerisindeki mevzilerine çekildiler ve toplu bir hâlde duran taburlar dörtnala ilerlediler.

Bunun üzerine Temuçin taarruza karşı koymak için Moğollarla mesafeyi açtırdı. Adamlarını çift taburlar hâlinde, 10 saf derinliğinde ve her saf 1.000 kişi olmak üzere sıralanmıştı. Her ne kadar onun ancak 13 ve Taicutların 60 kısım kuvveti vardıysa da daha derin bir şekilde yerleştirilmiş kıtaların bu dar cepheye yüklenmesi, Taicutların ilerleyişini darmadağınık etti.

Temuçin bunun üzerine ağır kütlelerini düşmanın daha hafif taburları üzerine sürme olanağı buldu. Birbirlerinden ayrılan ve dokuz yırtmaçlı bayraklarının arkasından kasırga hâlinde ilerleyen Moğollar, her tarafa ok yağdırıyorlardı.

Bu durum karşısında bozkırların o müthiş muharebelerinden biri yaşanmaya başlandı. Atlı sürüler öfkeli naralar atarak ok yağmuru altında göğüs göğse çarpışıyorlar, uçlarına çengeller takılı bir tür mızraklarla, düşmanlarını atlarının eyerleri üzerinden alaşağı ediyorlardı.

Her tabur ayrı bir ordu gibi dövüşüyor ve savaş vadinin bir başından öbür başına kadar yayılıyor, bir taarruzla dağılan savaşçılar tekrar toplanıyor ve hücuma kalkıyorlardı. Savaş gece oluncaya kadar devam etti. Temuçin kesin bir zafer kazanmıştı, beş altı bin düşman ölmüştü, kılıçları ve kalkanları boyunlarına asılmış yetmiş reis huzuruna getirildi.

Bazı vakanüvisler Han'ın, bu yetmiş reisin hepsinin derhal kazanlara atılıp diri diri kaynatılmasını emrettiğini söylerler. Bu vahşet hikâyesinin gerçek olma ihtimali çok zayıftır. Genç Han merhametli değildi, fakat kuvvetli esirlerin kendisine yapabilecekleri hizmetleri bilmediği de söylenemezdi.

TEMUÇİN VE SELLER

Moğolların kızıl saçlı Han'ı ilk düzenli savaşını yapmış ve kazanmıştı. Artık bir kumandanın, adamların reisinin taşımaya hakkı olan başı sivri ve fildişi asayı gururla taşıyabilirdi ve Han, hizmetinde adamlar olması için, şiddetli bir ateş hissetmekteydi.

Şüphe yok ki bu ateşin kaynağı yoklukla geçen senelerinin sefaletinde, Borhu'nun kendisine karşı merhamet duyduğu ve sert kafalı kemankeş Kassar'ın oklarının hayatını kurtardığı zamanlardaydı. Fakat Temuçin için kuvvet kavramı, o zamana kadar pek düşünmediği siyasî güç ifade eden kelimelerle, ya da kendisine fazla bir yarar sağlamayan zenginlikle tarif edilmezdi. Bir Moğol olarak yalnız ihtiyacı olan şeye sahip olmayı arzu ediyordu. Kuvvet anlayışı tamamen maddiydi. Kuvvet, onun için, insanın madde üzerindeki gücüydü.

Kahramanlarını methettiği zaman, sert taşı kuma çevirdikleri, kayaları devirdikleri ve büyük suların cereyanlarını durdurdukları için methederdi. Her şeyin üzerinde, mertlik arardı. Kabile adamlarından birinin ihanet etmesi affedilmez bir cinayetti. Bir hain, bütün bir çadır şehrinin yıkılmasına yol açabilir veya bütün bir aşireti olduğu gibi götürüp, tuzağa düşürebilirdi. Kabilenin mertliği, Han'a karşı mertliği, kesinlikle istenirdi. Şafak zamanı vaat ettiğini gün batarken unutan adam için ne denirdi?

İnsan yönetme işinin zorluğunun yansıması, Tanrı'ya yalvarmalarından birinde, kendini gösterir. Moğol, Tanrının, hortumları, yıldırımları, sonsuz gökyüzünün bütün korkunç olaylarını doğuran göksel ruhların mekânı zannettiği çıplak bir dağın tepesine gitmek alışkanlığındaydı. Kemerini omzuna atar, gökyüzünün dört tarafına dönerek dua ederdi:

"Ey sınırsız gök! Yakarılarımı kabul et! Bana göklerin ruhlarını gönder, bana yardım etsinler! Yeryüzünde de yardımcı insanlar gönder!" Ve insanlar, Yakanın dokuz yırtmaçlı bayrağı altına, aile aile ve onar onar değil, fakat yüzlerce ve yüzlerce olarak koşmaya başladılar.

Eski Hanına karşı savaşan serseri bir kabile, Moğol Temuçin'in hüner ve erdemlerini ciddî şekilde tartışıyordu. "Avcıya, büyük avlarda vurduğu bütün avını alıkoyması için izin veriyor. Bir savaştan sonra, her adam, kendisine ait ganimet hissesini ayırıyor. Ceketini çıkardı ve başkasına hediye etti. Atından indi ve onu ihtiyacı olana verdi."

Hiç bir toplayıcı, ele geçirdiği en nadir şeyi bile, Temuçin'in bu serserilerin gelişini selâmlamakta gösterdiği acelecilikle karşılamıştır. Bu yolla etrafına, protokolsüz, danışmansız, savaşçı ruhlardan meydana gelen bir saray halkı topladı. İlk silah kardeşleri Borhu ve Kassar da tabii ki, bunların arasındaydılar. Birçok savaşların izlerini taşıyan çalgıcı Arhun ve baş yay ustası Su da oradaydılar.

Öyle anlaşılıyor ki, Arhun neşeli bir yaradılışa sahipti, hatta belki saz şairiydi. Onu, geçici olarak Han'dan aldığı ve kaybolan altın saz olayında olduğu gibi görüyoruz. Moğol, müthiş bir şekilde hiddetlendi ve adamlarından ikisini Arhun'u öldürmeye gönderdi. Bunlar suçluyu yakaladılar ve onu öldürecek yerde kendisine iki testi şarap içirttiler, ardından da onu gizlediler. Ertesi gün, onu daldığı uyuşukluktan uyandırarak şafak vakti Han'ın yurdunun girişine götürdüler ve bağırdılar: "Ey Han! Ordunda[2] ışık parlıyor! Kapını aç ve merhametini göster!"

Arhun, bunu takip eden sessizlik anından yararlanarak, Han'ı metheden ve "ben hırsız değilim!" tarzında bir kıta seslendirdi. Her ne kadar hırsızlık cezası kesin olarak ölüm idiyse de, Arhun affedildi ve altın sazın akıbeti bugüne kadar meçhul kaldı. Han'ın yakınları, arkadaşları, bütün Gobi'de "Kiyat" veya

---

[2] Ordu; kabilenin merkezi, çadırlar şehri demektir.

"kudurmuş seller" adıyla bilinirlerdi. Bunlardan o sırada çocuk olan ikisinin adı daha sonra gitgide yayıldı. Birinin ismi Cebe Noyan, ok üstadı ve diğeri Bahadır Subotai idi.

Cebe Noyan sahneye çıktığı zaman, düşman kabileye mensup genç bir adamdı. Bir savaştan sonra takip edile edile, nihayet etrafını Temuçin'in idare ettiği Moğollarla çevrilmiş buldu. Atı yoktu ve Moğollardan her kim istenirse onunla boğuşmak üzere bir at istedi. Temuçin onun istediğini kabul etti ve genç Cebe'ye burun delikleri beyaz bir at verdi. Cebe, bir kere ata binince, bir yolunu bulup Moğollar'ın teşkil ettikleri hattı yardı ve kaçtı. Daha sonra döndü ve Han'a hizmet etmek arzusunda olduğunu söyledi.

Epeyce sonra Cebe Noyan, siyah Katayo'nun Kuçlugu'nun peşinden Tiyan-Şan yaylasını geçiyordu. Beyaz burunlu bin atlık bir sürü topladı ve hayatını borçlu olduğu olayı unutmamış olduğunu göstermek için Han'a gönderdi.

Uryanki kabilesinden Subotai, genç Cebe'den daha az cüretkâr, fakat daha akıllıydı. Onda Temuçin'in zalim inadından bir şey vardı. Tatarlarla bir savaşa girmeden önce, Han, ilk saldırıda bulunmak üzere bir atlı istedi.

Subotai ilerledi, Han kendisini tebrik etti ve ona yüz kişilik bir muhafız kıtası seçmesini emretti. Subotai, kendisine refakat için kimseye ihtiyacı olmadığı ve ordunun önünde yalnız başına gitmek istediği cevabını verdi. Temuçin sonuçtan şüpheli olmasına rağmen, onun yalnız gitmesine izin verdi ve Subotai, atının üzerinde Tatar karargâhına girerek Han'ı terk ettiğini ve onların kabilesine katılmak istediğini söyledi.

Moğolların civarda olmadığına onları ikna etti. Böylece Moğollar, Tatarları tam anlamıyla gafil avlayarak, onların üzerlerine çullandılar ve Tatarları darmadağınık ettiler.

"Yün, insanı rüzgâra karşı nasıl muhafaza ederse, ben de, düşmanlarının darbelerine öylece perde olacağım. İşte senin için yapacağım budur!" Subotai, genç Han'a bunu vaat ediyordu.

"Güzel kadınlar ve harikulade binek atları elde ettiğimiz zaman - savaşçıları bu yolla temin ediyorlardı - hepsini sana getireceğiz. Emirlerinin dışına çıkarsak ya da sana karşı yanlış bir şey yaparsak, bırak, vahşi çöllerde ölelim!"

Temuçin kahramanlarına:

"Siz bana geldiğiniz zaman, ben bitmiş bir adamdım. Keder içine gömülmüştüm. Siz, beni ayağa kaldırdınız" cevabını veriyordu.

Onu Moğol yakalarının Han'ı olarak selâmlıyorlardı ve o gerçekten de öyleydi. Herkesin yapısını, karakterini ayrı ayrı dikkate alarak, yanındaki adamlarına iltifat ve şeref dağıtıyordu.

Borhu, Kurultayda en yakınında oturacaktı ve Han'ın yay ve zırhını taşımak hakkına sahip bulunanlardan olacaktı, Han böyle emrediyordu. Diğerleri yiyecek temini ve sürülere bakmakla görevli olacaklardı. Bir diğerleri arabalara ve hizmetçilere bakacaktı. Beden kuvvetine sahip, fakat muhakemesi biraz kıt olan Kassar ise, kın taşıyıcı tayin edildi.

Temuçin silahlı sürü için askerlerini, kumandanlarını anlayış kabiliyeti bakımından seçkin kimselerden belirlemeye dikkat ederdi. Hiddetine gem vurmasını bilir, hilenin değerini tanır ve darbeyi indirmek için uygun anı beklemesini bilirdi. Aslında Moğol karakterinin özü, sabırdır.

Cesur ve düşünceli insanlara iaşe ve yurt işlerini, sürülerin idaresini ahmaklara bırakırdı. Kumandanlarından biri için şöyle diyordu: "Hiç kimse Yesukai kadar cesur değildir, hiç kimse onun kadar sıra dışı kabiliyetlere sahip değildir. Fakat uzun yürüyüşler kendisini yormadığı, kendisi açlığı ve susuzluğu hissetmediği için, zabitlerinin ve askerlerinin de kendisi gibi bu şeylerden sıkıntı çekmediğini zanneder. Bunun içindir ki o, yüksek bir kumandan yapılmış değildir. Bir kumandan açlığı ve susuzluğu düşünmelidir. Emri altında bulunanların ıstıraplarını bu suretle anlayabilir. Adamlarının kuvvetlerini de dikkatle kullanmalıdır."

Bu zırhlı savaşçılardan oluşmuş maiyeti üzerinde nüfuzunu korumak için genç Han, zalim bir iradeye ve iyi ölçülüp tartılmış bir adalet hissine muhtaçtı. Onun bayrağı etrafında toplanan reisler Vikingler kadar hararetliydi. Vakanüvis, Burta'nın babasının maiyeti ve Han'a takdim için getirdiği güçlü kuvvetli yedi oğlu ile gelişini şöyle nakleder:

Karşılıklı hediyeler verildi ve yedi evlat Moğollar arasına oturarak, bunlardan özellikle Tebtengri isimli ve sihirbaz olan biri, sonu gelmez sıkıntılara, baş ağrılarına sebebiyet verdi. Bu adam sihirbaz olduğu için güya istediği zaman vücudunu terk eder ve ruhlar âlemine girerdi. Korkunç derecede hırslıydı. Bir kaç gün reislerin çadırlarında dolaştıktan sonra, kendisi ve kardeşleri Kassar'ın üzerine atıldılar ve onu yumruk ve sopayla dövdüler. Kassar, onları Temuçin Han'a şikâyet etti. Temuçin:

"Kuvvet ve maharette kimsenin sana denk olamayacağıyla gururlanırdın, niçin bu adamların seni dövmelerine izin verdin?"dedi.

Bu sözden büyük üzüntü duyan Kassar, çadırına çekildi ve Temuçin'den uzak durdu.

Bu sırada Tebtengri gelip Han'ı buldu:

"Ruhuma öbür dünyadan ilham geldi," dedi. "Ve aydınlık gök, bizzat, bana şu gerçeği bildirdi: Temuçin bir süre için kendi halkı üzerinde hükümran olacak, fakat sonra Kassar saltanat sürecek. Eğer Kassar'ı yok etmezsen, saltanatın uzun sürmeyecektir."

Sihirbaz rakibin hilesi, bu güya kehaneti bir türlü unutamayan Han üzerinde etkisini gösterdi. Aynı akşam atına bindi ve savaşçılardan oluşan küçük bir maiyetle Kassar'ı ele geçirmeye gitti. Bu haber, annesi Ulon'un kulağına ulaştı. Hizmetçilerine hızlı bir devenin çekeceği bir araba hazırlamalarını emretti ve Han'a ulaşmak için acele etti. Kassar'ın çadırlarına varınca, etrafını saran savaşçıların arasından geçti ve reisin yurduna girdi. Kassar'ı karşısında buldu. Kassar diz çökmüş, başlığı ve kemeri üzerinden alınmıştı. Han hiddet içindeydi. Ölüm korkusu genç kardeşinin, kemankeşin ruhunu sarmıştı.

Kararlı bir kadın olan Ulon, Kassar'n bağlarını çözdü, başlığını ve kemerini alıp kendisine verdi ve Temuçin'e şu sözlerle hitap etti:

"İkiniz de aynı göğüsten süt emdiniz. Temuçin, senin birçok hasletlerin var, fakat yalnız Kassar'dır ki, isabetli surette ok atmak ustalık ve kuvvetine sahiptir. Adamlar sana karşı ayaklandıkları zaman, onları oklarıyla mağlup eden odur!"

Genç Han, annesinin hiddetinin dinmesini ümit ederek, sessizlik içinde onu dinledi. Ardından şunları söyleyerek yurttan çıktı:

"Böyle hareket ettiğin zamanlar korkuyordum. Şimdiyse utanıyorum."

Tebtengri, çadırları dolaşarak karışıklıklar çıkarmaya devam etti. Suikastlarını saklamak için kendisine doğaüstü ilhamlar geldiğini söyleyen bu adam, Han için sürekli bir sıkıntı ve üzüntü kaynağıydı. Peşine bütün bir maiyet taktı ve hırslı bir ruha sahip olduğu için kendisini, içten içe, genç savaşçının nüfuzunu kırabilecek güçte zannetti.

Temuçin ile doğrudan doğruya anlaşmazlık içine girmekten korkan Teptengri ve yoldaşları, Han'ın en küçük kardeşi Temugu'yu buldular ve onu karşılarında diz çökmeye mecbur ettiler.

Gelenek, Moğollar arasındaki anlaşmazlıkların silahla hallini men ediyordu. Fakat sihirbazın bu hareketinden sonra Temuçin birkaç adamını gönderip Temugu'yu arattırdı ve ona:

"Tebtengri bugün benim yurduma gelecek, ona istediğin gibi davran." dedi.

Temuçin'in konumunda olmak kolay değildi. Bir kabile reisi olan Burta'nın babası Munlik, birçok savaşta ona yardım etmiş ve bundan dolayı şereflere ve iltifatlara nail olmuştu. Teptengri'ye gelince, o; bir sihirbaz, bir kâhindi. Temuçin Han, kavgalarda kendi arzularını dinlemek değil, hâkim vazifesi görmek zorundaydı.

Munlik yedi oğluyla içeriye girdiği zaman, Temuçin çadırında yalnızdı ve ateşin yanında oturuyordu. Onları selamladı. Gelenler, Temuçin'in sağına oturdular, Bu sırada Temugu içeriye girdi. Tabii ki bütün silahlar girişte, yurdun dışında bırakılmıştı. Genç adam Teptengri'yi omuzlarından yakaladı ve:

"Dün senin karşında diz çökmeğe mecbur oldum. Fakat bugün boy ölçüşeceğiz!" dedi.

Bir süre boğuştular. Munlik'in diğer oğulları ayağa kalktılar. Temuçin iki düşmana:

"Burada boğuşmayın," diye bağırdı; "dışarı çıkın!"

Yurdun yanında Han'dan veya Temugu'dan talimat almış kuvvetli dövüşçüler bu anı bekliyorlardı. Bunlar, tam dışarı çıktığı anda Teptengri'yi yakaladılar, omurgasını kırdılar ve adamı bir tarafa attılar. Teptengri hareketsiz, bir arabanın tekerleği yanında yatıyordu...

Temugu, kardeşi Han'a bağırarak:

"Teptengri dün beni diz çökmeğe mecbur etti. Şimdi ben kendisiyle boy ölçüşmek istediğim zaman, yere yatmış, kalkmak istemiyor!" dedi.

Munlik ve oğulları çadırın kapısına geldiler, dışarıya baktılar ve sihirbazın cesedini gördüler. Bu manzara karşısında, acı, ihtiyar reisin ruhunu altüst etti ve Temuçin'e dönerek "Ey Han! Bugüne kadar sana hizmet ettim!" diye bağırdı.

Sözlerinin anlamı açıktı ve altı oğlu birden Moğol'un üzerine çullanmaya hazırlandılar. Temuçin ayağa kalktı. Silahı yoktu ve ancak yurdun tek girişinden dışarı çıkabilirdi. Yardım çağıracak yerde, kızgın savaşçılara:

"Çekilin," diye bağırdı, "çıkacağım!"

Bu ani emir karşısında şaşırarak hepsi çekildiler.

Temuçin çadırdan çıktı ve savaşçılarının karakol yerine vardı. Buraya kadar mesele, kırmızı saçlı Han'ın başı etrafında çalkalanan bitmek tükenmek bilmez kavgalar hadisesinden ibaretti. O, mümkün olduğu kadar, Munlik kabilesiyle kanlı bir düşmanlıktan kaçınmak istiyordu. Sihirbazın cesedine bir an bakması, Teptengri'nin öldüğüne kanaat getirmesini sağladı. Yurdunun yerinin cesedi göstermeyecek şekilde değiştirilmesini ve giriş perdesinin sımsıkı kapatılmasını emretti. Ertesi gece, çadırın tepesindeki baca deliğinden sihirbaz rahibin cesedinin çıkarılıp alınması için adamlarından ikisini gönderdi.

Kâhinin akıbeti hakkında ordu adamları arasında merak uyanmaya başlayınca Temuçin, giriş perdesini açtı ve onları şöyle aydınlattı:

"Tebtengri, kardeşlerim aleyhinde suikastta bulundu ve onları vurdu. Şimdi, göklerin ruhları da onun hem ruhunu, hem de bedenini ortadan kaldırdılar."

Fakat Munlik'le yalnız kaldıkları zaman, ona çok ağır konuştu:

"Çocuklarına itaat öğretmemişsin, hâlbuki buna çok ihtiyaçları vardı. Bu adam kendisini benimle bir tutmaya kalkıştı ve sonuçta, başkalarına karşı yaptığım gibi onun da vücudunu ortadan kaldırdım. Sana gelince, herhangi bir durumda seni korumaya söz verdim. Bu yüzden, bu konu kapansın!"

Durup dinlenmeden birbirlerini kovalayan, ezen büyük boyların vahşî boğuşması, Gobi kabilelerinin savaşları, sonsuzdu. Moğollar hâlâ en zayıf halklardan biriydiler. Buna rağmen Han'ın bayrağını şimdi yüz bin çadır takip ediyordu.

Ustalığı kendisini koruyor, mağrur cesareti savaşçılarına coşkunluk veriyordu ve geceleri, rahat uyuyabiliyordu. Hanlık vergisiyle büyüyen sürüleri, memnuniyet verici surette artıyordu. Otuzu geçmiş, kuvvetinin tam olarak meydana çıktığı devrindeydi ve eskiden kendisinin Yesukai'nin yanında gittiği gibi, şimdi, evlâtları da, kendilerine bir kadın seçmeyi düşünerek, onun yanında atlarını koşturuyorlardı. Mirasını, yavaş yavaş düşmanlarının elinden almıştı ve onu muhafaza etmek istiyordu. Bununla birlikte zihninde başka bir şey, yarı yarıya belirginleşmiş bir plân, ifadesini tam olarak bulamamış bir arzu vardı.

Bir gün mecliste dedi ki:

"Büyüklerimiz bize daima, ayrı kalp ve fikirlerin bir vücut teşkil edemeyeceklerini söylediler. Fakat ben bunu gerçekleştireceğim. Nüfuzum, komşularımı da kaplayacak."

Zehirli savaşçılarını bir kabile konfederasyonu hâline getirmek, kabilenin düşmanlarını da tebaası hâline koymak... Düşüncesi buydu ve sonsuz bir sabırla bunu gerçekleştirmeye koyuldu.

GUPTA ÜZERİNDE BAYRAK DALGALANINCA

Göçebe gruplarının savaşları dur durak bilmezdi: Tatarlar ve Moğollar, Merkitler ve Keraitler, Naymanlar ve Uygurlar, Katay Çin Seddi'nden Batıdaki Orta Asya dağlarına kadar, yüksek çayırlar üzerinden geçiyor, geçiyorlardı. Fakat bu savaşlar bizi alâkadar etmez. 12. yüzyıl sonuna geliyor ve Temuçin, seleflerinin olanaksız dediği şeyi gerçekleştirmeye uğraşıyordu: Kabile konfederasyonu.

Bunda başarılı olmanın tek yolu, bir kabilenin diğerleri üzerine üstünlüğünü sağlamaktı.

Keraitler, Katay'ın güney kapıları ile batı arasındaki kervan yolu üzerinde bulunan kendi şehirlerinde, iktidar dengesi denebilecek olan şeyi ellerinde tutuyorlardı. Temuçin, ittifak yapmak üzere gidip Ertoğrul'u, meşhur Jean le Pretre'i buldu.

Moğollar şimdi ona böyle bir girişimde bulunmayı yerinde gösterecek derece kuvvetlenmiş bulunuyordu.

"Ey babam, senin yardımın olmadan, hırpalanmaksızın kendimi koruyamıyorum. Sana gelince, sen de benim dostluğum ve fedakârlığım olmadan yaşayamazsın. Sahte kardeşlerin ve akrabaların, memleketini istila ederler ve otlaklarını paylaşırlar. Oğlun bunu şimdiden anlayacak kadar akıllı değildir, fakat düşmanların galip gelirse iktidar da, hayat da onun elinden alınır. Hâkimiyetimizi ve kendimizi korumanın tek yolu, hiç bir şeyin kıramayacağı bir dostlukla birbirimize bağlanmamızdır. Eğer ben de senin oğlun olsaydım, her ikimiz de güvende bulunurduk."

Temuçin, eski Han'ın evlâtlığını istemek hakkına sahipti ve Jan le pretre, bu öneriye uydu. Aslında yaşlanmıştı ve genç Moğol'a karşı da sevgisi vardı.

Temuçin, bu ahde sadık kaldı. Keraitler, büyük bir kısmı Müslüman ve putperest olan bir kısmı da Hristiyan, Şamanist olan Keraitlere karşı şiddetli bir kin duyan batı kabileleri tarafından topraklarından ve şehirlerinden atılınca, Moğol, perişan olan reisin imdadına kudurmuş sellerini gönderdi ve ihtiyar Kerait'in müttefiki olarak da, siyasî bir girişimde bulundu.

Onun düşüncesine göre, fırsat mükemmeldi. Çin seddinin gerisinde, Katay'ın altın imparatorunun uykusu kaçıyor ve Buyar Gölü Tatarlarının sınırlarını endişeye düşürdüklerini hatırlıyordu. Suçlu kabileleri cezalandırmak için bir elçilik heyetini bizzat idare edeceğini ilân etti ve bu haber tebaasını telaşlandırdı. Nihayet Tatarlara karşı, Katay'ın büyük bir ordusu ile üst rütbeli bir asker gönderildi, fakat Tatarlar âdetleri üzere sağ salim ve ceza görmeden çekildiler. Esası piyadelerden oluşan Katay ordusunun göçebelere yetişmesi imkânsızdı.

Bu haberler, çabucak harekete geçen Temuçin'e ulaştı. İyi kırbaçlanan posta atları, onun talimatını yaylalara ulaştırdılar. Taraftarlarını topladı ve eski müttefiki Jean le preire'e haber göndererek Tatarların babasını öldüren kabile olduğunu söyledi.

Keraitler onun müracaatını kabul ettiler ve müttefik kuvvetler Tatarların üzerine çullandılar. Bunlar geri de çekilemezlerdi, çünkü Katay Ordusu arkalarındaydı.

Bunu takip eden savaş, Tatarların kuvvetini kırdı, muzaffer kabilelere birçok esir kazandırdı ve Katay ordusu subayına da işin bütün şerefini istemesi için fırsat verdi ki, o da bunu yapmakta gecikmedi.

Jean le pretre, "Wang Han" yani krallar kralı unvanını almak suretiyle mükâfatlandırıldı ve Temuçin'e "Asilere karşı kumandan!" ayrıcalığı verildi ki üzeri sırmayla örtülü bir beşik dolusu gümüşten ibaret olan bu ücret, Katay için pek pahalı bir şey değildi. Unvan ve hediyenin çetin Moğol savaşçılarının fazlasıyla hayretine sebep olduğu anlaşılmaktadır. Herhalde, bu çöllerde ilk defa görülen beşik, Hanın çadırında, göze çarpacak bir yere kondu.

Yeni savaşçılar gelip, kudurmuş sellerin saflarını kalabalıklaştırdılar. Temuçin, oğullarının Cebe Noyan, Ok Hükümdarı ile ilerleyişlerini izleyebiliyordu. Cebe Noyan'ın serseri bir Kataylıdan çaldığı samur çizmelere karşı zaafı vardı. O, mutluluğu ancak, arkasında dörtnala koşan bir gürühla tarlalarda dolaştığı zaman duyardı. Han'ın büyük oğlu Cüci, iyi bir valiydi. Bir yıldız altında doğan Cüci, keyfine düşkün, hücumu seven, Han'ın hoşuna gidecek kadar cüretkâr bir ruha sahipti.

13. yüzyılın son senesiydi. Temuçin, ahbaplarını, Keraitler memleketinin nehirleri civarında avlanmaya götürmüştü.

Geniş bir daire hâlinde yayılan süvariler, birçok antilop, bir kaç sırtlanı, diğer bazı avlar ve son canlı mahlûku da kayaların arasına serinceye kadar, bükülmüş yaylarıyla oynadılar. Bir Moğol avının eğlence tertibiyle hiç bir alâkası yoktu.

Üzerleri örtülü kibitkalar ve deve koşulmuş arabalar, çayırın bir tarafında, avcıları bekliyorlardı ve bunlar döndükleri zaman, öküzlerin boyunduruklarını kaldırıyorlardı. Yurtların üzerlerine dayandıkları kamış direkler takılıyor ve bu hafif kalafatın üzerine çekilen örtüler iyice geriliyordu. Daha sonra her tarafta ışıklar yanıyordu.

Bu sefer vurulan avın büyük bir kısmı, şimdi Wang Han lakabını alan ihtiyar Togrul'a hediye edilmek üzere alıkonulacaktı. Keraitler, Moğollara karşı küstahça hareket etmekteydiler. Temuçin'in adamlarının hakkı olan ganimet, Wang Han'ın adamları tarafından alınmış ve Moğol, buna tahammül etmişti.

Keraitlerin memleketinde, Burçukinlerden inen birçok düşmanları vardı ki, onun üzerinden hem Hanlık unvanını, hem de Kerait hükümdarının beğenisini almak istiyorlardı. Bundan dolayı gidip babalığına müracaat etti. Şayet bir anlaşmazlık çıkarsa, biri diğerinin aleyhine hareket etmeden önce, işi açıklığa kavuşturmak için toplanmak için aralarında kararlaştırmışlardı.

Temuçin, yaşadıklarından, tecrübelerinden çok şey öğrenmişti. Biliyordu ki Wang Han ölünce savaş yeniden alevlenecekti. Fakat Keraitler içinde Temuçin'e taraftar olan savaşçı grupları da vardı. Düşmanları tarafından Moğol'u yakalamaları için baskı yapılan Wang Han'ın muhafızları, bunu reddetmekle kalmamış, daha sonra Moğollara evlilik teklifleri bile gönderilmişti.

Keraitler, reislerinden birinin kızını Cuci'ye nişanlamak istiyorlardı. Fakat Temuçin tedbirli davrandı. Adamlarını yolun güvenli olup olmadığını anlamak üzere gönderdiği zaman, kendisi Kerait ordularından oldukça uzaktaki karargâhında kaldı. Temuçin'in süvarileri geri dönmediler, fakat gecenin bir yarısı iki at bekçisi dörtnala gelerek Keraitler'den can sıkıcı haberler getirdiler.

Temuçin'in Batıdaki düşmanları şunlardı: Hilekâr Şamuk, zorlu Merkitlerin reisi olan Tugta Bey, Wang Han'ın oğlu ve Temuçin'in amcaları. Bunlar, Temuçin'i öldürmeye azmetmişlerdi. Camuka'yı baş olarak seçtiler ve ihtiyar olduğunu söyleyerek kararsızlık gösteren Wang Han'ı da kuvvetlerini kendilerininkine katmaya ikna ettiler.

Temuçin'in içinde kısmen şüphe duyduğu gibi, evlilik teklifleri, hileden başka bir şey değildi.

Siyasî teşebbüsleri sonuçsuz kalmıştı. Öyle anlaşılıyor ki, kendisi doğu tarafında gitgide kuvvetlenirken, Keraitleri, batı havalisindeki Türk kabileleriyle savaş hâlinde tutmaya çalışmıştı. Doğudaki kabileler Keraitlere karşı koyabilecek derecede kuvvetli, onlara denk hâle gelinceye kadar Wang Han'ın müttefiki kalmaya çalışmıştı. Politikası gayet iyi düşünülmüştü, fakat harekâtı önce bir hile ve daha sonra da bir ihanet sonucunda başarısızlığa uğradı.

İki sürü bekçisinin söylediklerine göre, Keraitler gece vakti saldırmak ve Han'ı çadırında oklarla öldürmek amacıyla yaklaşıyorlardı.

Durum neredeyse ümitsizdi. Keraitler, Temuçin'in kuvvetlerinden sayıca üstün oldukları gibi, Temuçin, savaşçılarının ailelerini de korumak zorundaydı.

Temuçin'in altı bin silahlı adamı vardı. Bazı rivayetlere göre ise Temuçin 3.000'den daha az adama sahipti. Haberi alınca, hiç zaman kaybetmeden harekete geçti. Uyuyanları uyandırmak, reisleri haberdar etmek ve mümkün olduğu kadar şafaktan önce uzaklaştırılıp dağıtılmaları gereken çobanlarla sürülerini kaçırtmak için, kendi yurdunun adamlarını gönderdi. Onları kurtarmak için bundan daha güvenli bir yol yoktu. Ordu adamları alelacele atlarına bindiler. Zaten atları daima ellerinin altındaydı. Sandıklarla kadınları develerin çektiği hafif arabalara yerleştirdiler. Kadınlar itirazsız, şikâyetsiz yola koyuldular.

Temuçin, yurtları ve büyük öküz arabalarını olduğu gibi bıraktı ve iyi birkaç atla adamlarından birkaçını, meşaleler yanar hâlde olmak üzere orada bıraktı. Kurmaylarını ve en sadık yandaşlarını alarak yavaş yavaş ve geri çekildiğini belli etmeden hareket etti. Karanlıkların içinden yaklaşan kasırgadan kurtulabilmek için hiç bir ümit yoktu.

Dağılmaya mecbur kaldıkları takdirde sığınak olabilecek tepelere doğru, sekiz-dokuz mil kadar geri gittiler. Bir dereyi geçtikten sonra, Temuçin, daha atlar yorulmadan, süvarilerini bir boğazda durdurttu.

Bu sırada Keraitler, şafaktan önce terk edilmiş karargâha saldırıp muhitin sessizliğini, sürülerin ve bayrağın yokluğunu fark etmeden önce, Han'ın beyaz çadırını oklarla delik deşik etmişlerdi. Durumu anlayınca bir anlık şaşkınlık geçirdiler ve sonra aralarında tartışmaya başladılar. Yanan meşalelerden dolayı Moğolların henüz yurtlarında olduklarını zannetmişlerdi. Çadırların, halıların, hatta yedek eyerlere ve süt tulumlarına varıncaya kadar her şeyin alınıp götürülerek karargâhın terkedilmiş olduğunu anlayınca, kendilerinin yaklaşması üzerine Moğolların korku ve bozguna uğrayarak kaçtıklarına hükmettiler.

Zifiri karanlık doğu yönünde çizilmiş olan taze izleri örtmüyordu ve Keraitler hemen Moğolların peşlerine düştüler. Dörtnala hareket ettiler ve şafaktan biraz sonra arkalarından tozu dumana katarak tepelerin eteklerine geldiler.

Temuçin onların yaklaşmalarını seyrediyor ve süratle yürüyüşleri sırasında birbirlerinden çok açıldıklarını görüyordu. En iyi atlar öne geçtikleri için kabile dağılmış hâldeydi.

Temuçin, boğazda daha fazla beklemeye gerek duymadan savaşçılarını sıkı savaş düzeninde ortaya çıkardı. Atlar adam akıllı dinlenmişti. Dereyi geçtiler, Keraitlerin ön saflarını dağıttılar ve ordunun geri çekilme hattını kesecek bir engel teşkil eden çayırın etrafında sıralandılar. Wang Han ve askerleri geliyorlardı. Keraitler sıraya dizildiler ve ümitsiz bir imha savaşı başladı.

Temuçin, hiç bir zaman bu kadar kötü bir durumda kalmamıştı. Bu zorlu anda, kudurmuş sellerinin bütün kişisel kabiliyetlerine, kendisine akraba ve yakın olan göçebelerin, ağır silahlarla donanmış, kendisine daima hizmet etmiş Urut ve Manhut süvarilerinin karşı koyuşuna çok muhtaçtı.

Adamlarının sayısı cepheden bir hücumda bulunmasına müsait değildi ve bir Moğol için artık son hadde gelip dayanmak demek olan arazinin uygunluğundan yararlanma yoluyla yetinmek zorunda kalıyordu. Gün batıyor ve önüne geçilmez bozgunu da beraberinde getiriyordu. Temuçin, ant kardeşlerinden Gildar'ı çağırdı. Bu ordunun bayraktarı ve Manhutların serdarıydı. Temuçin ona Keraitlerii arkadan çevirmesini ve düşmanın gerisinde olan Gupta tepesini zapt etmesini emretti.

Savaşmaktan yorgun olan bu savaşçı, emri yerine getirmek üzere hareket etmeden önce Temuçin'e şöyle söyledi:

"Ey kardeşim olan Han! En iyi atımın üzerine binerek, bütün engelleri yıkıp devirerek gideceğim. Senin yırtmaçlı bayrağını Gupta'ya dikeceğim. Sana değerimi göstereceğim. Eğer ölürsem, evlâtlarımı sen besle, büyüt! Bana gelince, ölüm benim için hiçtir!"

Bu çevirme hareketi Moğolların Tulugma ismini verdikleri ve çokça kullandıkları manevralarından biriydi. Strateji, düşmanı yanlarından çevirip arkadan hücum etmekten ibaretti.

Göçebeleri dağılmış Keraitler hatlarına saldırırken gece oluyordu. Temuçin'in yaptığı, ümitsiz bir çabadan, bir meydan okumadan başka bir şey değildi. Fakat Bahadır Guyldar, tepeyi tutmayı, bayrağı dikmeyi ve burada tutunmayı başardı. Keraitler, Wang Han'ın oğlu bir okla yüzünden yaralandığı için, hücumlarını durdurmak zorunda kaldılar.

Güneş batarken, biraz geri çekilenler Moğollar değil, Keraitler olmuştu. Temuçin, Guyldar'ın geri çekilişini seyrederek, ana kütleye yetişmek için çoğu yağma edilen atlara ikişer ikişer binen yaralılarını ve bu arada iki oğlunu toplamaya yetecek kadar bekledi. Ardından doğuya doğru kaçtı.

Ertesi gün Keraitler Temuçin'i takibe koyuldular. Bu savaş Temuçin'in giriştiği bütün savaşlar içinde en ümitsizi oldu. Fakat bozguna uğramış olmasına rağmen taraftarlarının özünü sağ ve salim korumayı başardı. Kendisi yaşıyordu ve ordu korunmuştu.

Wang Han:

"Hiç bir zaman mücadele etmememiz gereken bir adama karşı savaşa girdik!" diyordu.

Moğol efsanelerinde bugün bile, Guyldar'ın nasıl bayrağı götürüp Gupta'ya diktiğinin hikâyesi anlatılmaktadır.

Fakat uzun süren geri çekilme sırasında çöl hayatının zorlukları baş gösterdi. Savaşçılar, bitkin atlarının üzerinde yaralarını emerek antilop, sırtlan ve oklarının vurabileceği her şeyi vurabilmek için av dairelerini açmağa mecbur oldular. Onları buna sevk eden av aşkı değil, fakat ordu için yiyecek bulmak mecburiyetiydi.

JEAN LE PRETRE ÖLÜYOR

Keraitlerin zaferinin sonucu, Temuçin aleyhindeki ittifakı kuvvetlendirmek oldu. Göçebe reisler büyüyen bir kuvvete katılmakta güvenilir bir koruma ve zenginleşmek ümidi görmekteydiler.

Hiddetlenen Moğol, Wang Han'a serzenişlerde bulundu:

"Ey babam olan Han!" diyordu, "düşmanların tarafından takip edildiğin zaman dört kahramanımı senin yardımına göndermedim mi? Sen bana kör bir at üzerinde, elbiselerin lime lime, vücudun yalnız bir koyundan gıda almış olarak geldin. Hem koyunları, hem atları sana bol bol vermedim mi?

Vaktiyle senin adamların benim hakkım olan ganimetleri alıkoydular. Sonra, bütün bunları bıraktın, düşmanlar aldı. Kahramanlarım onları tekrar sana iade ettiler. Ve kara nehrin yanında, bizi ayırmak isteyenlerin kötü sözlerine kulak asmamaya ve anlaşmazlıklarımızı aramızda görüşerek halletmeye ant içtik. 'Mükâfat azdır, çoğunu isterim!' demedim.

Bir öküz arabasının tekerleği kırılınca öküzler ilerleyemezler. Ben senin kibitkanın bir tekerleği değil miyim? Bana karşı neden kızgınsın? Neden şimdi bana hücum ediyorsun?"

Bu sözlerde bir küçük görme edası fark edilir. Serzeniş, özellikle ne istediğini bilmeyen, kararsız adama, kör bir atın üzerine binmiş Jean le Pretre'e yöneltilmiştir.

Temuçin, kesin bir kararlılıkla mevcut durumdan en iyi şekilde yararlanma yoluna koyuldu. Etraftaki kabilelere postacılar gönderdi ve çok geçmeden kendi arazisinin Hanları ile komşuları, Moğol reisinin beyaz atının iki tarafında diz çökmeye başladılar.

Âdet olduğu üzere süslü kemerlerle çevrilmiş uzun elbiseler giymişler, tabanları üzerine oturuyorlardı.

Yurdun tüten dumanı arasında, bunların çizgili ve bakır renkli yüzleri görünüyordu. Bu, "Hanlar Meclisi" idi.

Birçokları Temuçin tarafından mağlûp edilmiş olan bu çakır gözlü adamlar, sırayla konuşuyorlardı. Bazıları kuvvetli Keraitlere boyun eğmek ve Jean le Pretre ile oğluna tâbi olmak istiyorlardı. Daha mücadeleci olanlar, savaş isteğinde bulunuyorlar ve kumandanlık asasını Temuçin'e sunuyorlardı. Nihayet bu fikir galip geldi.

Temuçin asayı kabul ederken emirlerine bütün kabileler tarafından itaat edilmesi gerektiğini ve suçlu gördüklerini cezalandırma hakkına sahip olacağını beyan etti.

"Daha en başta, üç nehir arasındaki arazinin tek bir hâkimi olması gerektiğini size söyledim. O zaman bunu anlamak istemediniz.

Şimdi, Wang Han'ın, size karşı da, bana karşı yaptığı gibi hareket etmesinden korkuyorsunuz ve beni reis olarak seçiyorsunuz. Sizlere esirler, kadınlar, yurtlar ve hayvan sürüleri verdim. Şimdiyse topraklarınızı ve atalarınızın âdetlerini muhafaza edeceğim."

Baykal Gölü'nün doğusundaki halk, bütün bir kış boyunca doğu konfederasyonuna karşı silahlanarak, Gobi, iki düşman ordugâha bölündü. Bu kez Temuçin, daha kar yaylalardan kalkmadan, ilk olarak savaşa girdi.

Yeni müttefikleriyle beraber, hiç haber vermeden, Wang Han'ın ordugâhına doğru ilerlemeye başladı.

Tarih, göçebelerin hilekârlığı hakkında, bize eğlenceli bir özet sunuyor. Temuçin adamlarından birini düşman hatlarına gönderdi. Bu adam, kötü muamele gördüğünden şikâyet ettikten sonra, Moğol sürüsünün ordugâhtan henüz uzakta olduğunu söyledi. Elbette ona hemen inanacak kadar saf olmayan Keraitler, bu adamın yanına, iyi atlara binmiş bir kaç süvari katarak söylediklerinin doğru olup olmadığını anlamak için adamın geldiği yola çıkardılar.

Gözü tetikte olan Moğol, Keraitlerin ordugâhından biraz ileride, yanındakilerle beraber bir sırtı çıkarken, sırtın arkasında Temuçin kabilesinin bayrağını gördü. Keraitlerin iyi atlar üzerinde olduğunu ve bayrağı görürlerse dörtnala kaçacaklarını biliyordu. Bu yüzden atından indi ve hayvanıyla meşgul olmaya başladı. Ne yaptığını sordukları zaman:

"Atımın nalına bir taş saplanmış!" cevabını verdi.

Hilekâr Moğol'un atının ayağındaki hayalî taşı çıkarmak için harcadığı zaman zarfında, Temuçin'in ileri kolu yetişerek Keraitleri esir etti. Wang Han'ın ordugâhına hücum edildi ve müthiş bir boğuşma başladı. Gece olduğu zaman, Keraitler bozguna uğramış hâldeydiler. Wang Han ve oğlu yaralanmış, kaçıyorlardı. Temuçin, at üzerinde zaptettiği ordugâha girdi. Keraitlerin servetlerini, kırmızı yumuşak deri ve renkli ipeklerle örtülü eğerleri, iyi bilenmiş kılıçları, gümüş takımlarını adamlarına dağıttı. Bunlar onun işine yaramazdı. Wang Han'ın sırma işlemeli çadırı, olduğu gibi, ilk gece, Gupta yakınında Keraitlerin yaklaştıklarını Temuçin'e haber veren iki sürü bekçisine verildi.

Keraitlerin ordusunun merkezini takip ederek savaşçılarıyla onu kuşattı ve teslim oldukları takdirde hayatlarını kendilerine bağışlayacağını bildirdi.

"Efendileri için sizin gibi savaşan adamlar, kahramandırlar. Benim adamlarımdan olunuz ve bana hizmet ediniz!"

Kerait ordusundan arda kalanlar onun bayrağının altına sıralandılar.

Bundan sonra onların çöldeki şehirlerine, Karakurum'a kadar ilerlediler. Bir süre sonra, Temuçin'in halazadesi hilekâr Camuka esir edildi ve huzuruna getirildi.

Temucin ona:

"Ne akıbet bekliyorsun?" diye sordu.

Camuka, hiç tereddüt etmeden:

"Seni yakalamış olsaydım sana çektireceğimin aynını!" cevabını verdi.

Camuka, birinci gün küçük parmakların eklemlerini ve devam eden günlerde bütün uzuvları kesmekten ibaret olan Çin işkencesini kastetmekteydi.

Görüldüğü üzere, Burçukinlerin torunlarında gözü peklik eksik değildi. Bununla birlikte Temuçin, yüksek sınıfa mensup bir reisin kanını akıtmayı meneden kendi halkının ananesine sadık kalarak Camuka'yı yay kirişi ile boğulmaya mahkûm etti.

İstemeyerek savaşa giren Jean le Pretre ise kendi topraklarının ötesinde alabildiğine kaçıyordu. O da bir Türk kabilesinin iki savaşçısı tarafından ele geçirilerek öldürüldü. Tarihin anlattığına göre gümüşle kaplatılan kafatası, reisin çadırında, bir takdis eşyası hâlini aldı. Oğlu da tamamen aynı şekilde ortadan kaldırıldı.

Bir göçebe reisinden böyle bir zaferin onuru ve getirileriyle yetinmesi beklenir. Bir göçebe fethinin sonuçları daima aynı şeyler olmuştur: Ganimet toplanır, işsiz ya da heyecan içinde yaşanır, sonra savaşlar olur ve maceraperestlerin tesadüfî saltanatları parçalanmaya uğrar. Oysa Temuçin kendisini bambaşka vasıflarda gösterdi.

Keraitlerin memleketinde şimdi bir saltanatın özüne sahip bulunuyordu. Gerçekten bunlar toprağı ekmişler, kerpiçten de olsa daimî şehirler kurmuşlardı. Temuçin, bütün kuvvetini Keraitleri barış ve sükûnet içinde bulundurmak için kullanarak, bir an olsun durup dinlenmeden, sürülerini yeni fetih hareketlerine sevk etti.

Oğullarına şöyle diyordu:

"Bir hareketin başarılı olabilmesi ancak tamamen olgunlaşmasıyladır."

Gobi üzerinde hâkimiyet kurmasını sağlayan zaferi takip eden üç sene zarfında tecrübeli savaşçılarını Batı Türklerinin, daha yüksek bir medeniyete sahip bulunan Naymanların ve Uygurların yaylalarına doğru, çok ilerlere saldırdı.

Jean le Pretre'in eski düşmanları olan bunlar, Temuçin'e karşı koymak için birleşebilirlerdi, Fakat Temuçin, kendilerini hangi akıbetin beklediğini birbirlerine sorabilmeleri için onlara zaman bırakmadı. Kuzey dağlarının beyaz silsilesinden, bütün Çin Seddi boyunca ve kadim "Hanbalık" ve "Hoten" şehirleri etrafına kadar, askerleri dörtnala dolaşmaktaydılar.

Marev Dolo, bu vesileyle Temuçin hakkında bize şunu söylüyor:

"Bir yeri zaptettiği zaman, oranın halkına ve onların mallarına zarar vermekten kaçınırdı. Yalnız adamlarından birkaçını orada yerleştirir ve sürüsünün kalanını alıp başka yerlerin fethine giderdi.

Bu suretle fethettiği yerlerin halkı da kendilerinin onun koruması altında başkalarına karşı güvende ve onun tarafından da hiçbir zarara maruz kalmamış görünce, ne asil bir prens olduğunu anlayınca, bütün canları ve kalpleriyle ona bağlanıyorlar ve Temuçin'in en fedakâr taraftarları oluyorlardı."

Ve bu suretle dünyayı kaplayacak yoğunlukta bir halk kalabalığı topladıktan sonradır ki, dünyanın büyük bir kısmını istilâ etmek düşüncesini beslemeye başladı.

Eski düşmanları bu kadar imrenilecek bir durumda değillerdi. Moğol, düşman bir kabilenin ordusunu bir kere mahvedince, hanedanın bütün üyelerini takip ediyor ve onları öldürtüyordu. Kabile adamlarına gelince, onları da, daha güvenilir adamlarının arasına dağıtıyordu. En güzel kadınlar savaşçılarına eş, diğerleri ise esir oluyorlardı. Terk edilmiş çocukları Moğol kadınlar evlât ediniyorlar ve bozguna uğrayan kabilenin otlakları ve sürüleri yeni sahiplerin eline geçiyordu.

Temuçin'in hayatı bu zamana kadar düşmanlarının hareketlerine göre şekillenmişti. Düşmanlarının sayesindedir ki, kendisine en uygun hareketi doğal bir yönlenme hâlinde yaptırır gibi görünen o beden kuvvetini ve kurt aklını kazanmıştı.

Temuçin artık kendi adına fetihlere girişebilmek için yeteri derece kuvvetli bulunuyordu ve kendisine silahla karşı koyan adamları ezdikten sonra, hoşgörülü bir hükümdar olarak kendini gösterdi. O sırada da dünyanın önemli kervan yolları üzerindeki yeni havalisine, Orta Asya'nın en eski şehirlerine giriyor ve kendisinde büyük bir merak uyanıyordu.

Esirler arasında bulunan zengin bir şekilde giyinmiş, mağrur tavırlı bazı kimseler dikkatini çekti. Bunlar savaşçı değildi. Temuçin bunların âlimler, yıldızları tanıyan müneccimler, otların kullanım tarzını ve kadın hastalıklarını bilen hekimler olduğunu öğrendi.

Temuçin'in mağlup ettiği reislerden birine hizmet etmiş olan bir Uygur, elinde acayip bir şekle sahip küçük altın bir şeyle huzuruna getirildi.

Temuçin ona:

"Niçin bunu elinden bırakmıyorsun?" diye sordu.

Sadık hizmetkâr:

"Onu, bana emanet eden adamın ölümüne kadar itinayla korumak istiyorum" cevabını verdi.

Han:

"Sen mert bir adamsın," dedi, "fakat efendin öldü ve onun bütün malı, mülkü şimdi benimdir. Söyle bakalım, bu neye yarar?"

"Efendim para veya buğday toplamak istediği zaman tebaasından birine vekâlet verirdi ve emirlerinin gerçekten hükümdar emirleri olduğunun anlaşılması için, altlarının bunlarla mühürlenmesi gerekirdi."

Temuçin bunu öğrendikten sonra derhal kendisi için bir mühür kazılmasını emretti ve bir damga imal ettiler. Esir Uygur'u affetti ve ona sarayda çocuklara Uygur yazısını öğretme görevini verdi.

Serdarlarına, zorlu anlarda Han'a yardım edenlere mahsus olan en yüksek mükâfatı bahşediyordu. Bunlar Tar-Han lâkabını alarak bütün diğerlerinin üstünde bir mevkiye yükseltilmişlerdi.

Herhangi bir saatte ve hiçbir âdete uymaya mecbur kalmadan Han'ın çadırına girmek hakkına sahip bulunuyorlardı.

Kendi ganimet hisselerini herkesten önce ayırabilirlerdi ve her tür vergiden muaftılar. Üstelik suç işleyemez kabul edilmişlerdi. Haklarındaki idam cezaları, dokuz defa ertelenirdi. Yağmaladıkları bütün topraklar kendilerine verilir ve bu imtiyazlar, dokuz nesle kadar ardıllarına intikal ederdi.

Temuçin'in göçebelerinin zihninde hiçbir şey, bu Tar-Hanlar arasında olabilmek fikrinden daha büyük bir şiddetle arzu olunamazdı. Zaferle, üç seneden beri yeni arazi etrafındaki çılgınca harekâtlarla ateşli bir hâlde ve şimdilik Han korkusuyla hürmetkâr bir durumdaydılar.

Bütün Asya'nın en kızgın ve vahşî kişilikleri, Temuçin'in şahsı etrafında toplanmış bulunuyordu.

Denizden, Kuçluğ'un biraz sonra hâkim olacağı Kara Kıt'ın da dâhil olduğu Tiyan-Şan'a kadar Türk - Moğol savaşçıları görünüyordu.

Şimdilik kabile kinleri unutulmuştu. Şamanist veya papaz, Muhammedî veya Nesturî Hristiyan, gelişen olaylar üzerine herkes kardeş gibi, beraber oturmuştu.

Her şey olabilirdi.

Bir olay yaşandı: Moğol Hanı, atalarının durduğu sınırları geçti. Bütün yukarı Asya milletlerini idare edecek bir tek adam, bir imparator seçmek üzere Hanlar Meclisini, Kurultayı topladı.

Onlara diğerleri üzerinde nüfuz sahibi olmak üzere içlerinden birini seçeceklerini anlattı. Son üç senenin olaylarından sonra doğal olarak, Kurultay Temuçin'i seçti.

Meclis, Temuçin'in üstlendiği göreve uygun bir de unvana sahibi olması gerektiğine karar verdi.

Bunun üzerine mecliste bulunan bir kâhin ilerledi ve Temuçin'in yeni isminin "Cengiz Han" yani hükümdarların en büyüğü, bütün insanların imparatoru olacağını söyledi.

Meclis bu teklten hoşnut kaldı ve Hanların ortak ısrarları üzerine Temuçin, yeni unvanını kabul etti.

YASA

Kurultay 1206'da toplanmıştı. Aynı yıl, Katay'ın bir memuru Çin Seddi manevrasında barbarları gözlemek, denetim altında tutmak ve onlardan vergi toplamakla görevli Batı kuvvetleri kumandanı, sunduğu raporda, "Uzak malikânelerde tam bir sükûnet hâkimdir." şeklinde bilgi veriyordu.

Cengiz Han'ı kendilerine lider olarak seçtikten sonra, Türk-Moğol kabileleri, asırlardan beri ilk defa olarak kendilerini birleşmiş buldular.

Heyecanlarının humması içinde, şimdi Cengiz Han olan Temuçin'in, gerçekten bir boğdo, göksel güçlerle donatılmış bir ilâhî bir önder olduğuna inanıyorlardı. Fakat bu disiplinsiz sürüleri, hiçbir heyecan durduramazdı. Çok uzun zamandır kabile âdetleri içinde yaşıyorlardı ve örf ise, insanların huy ve karakterleri gibi değişir.

Bunları itaat altında tutmak için, Cengiz Han, Moğollarını askerî bir nizama koymuştu. Aslında bunlardan geneli kıdemli savaşçılarıydı. Cengiz Han, kendilerini idare etmek için bir Yasa düzenlediğini bildirdi. Yasa onun kanunları, kabilenin en önemli âdetleriyle kendi arzusunun karışımından meydana gelen bir düzenlemeydi.

Yasada, hırsızlık ve zinanın ölümle cezalandırılması, bu suçlardan özellikle nefret ettiğini gayet açıkça gösteriyordu. Çalınan bir at için verilen ceza ölümdü. Cengiz Han bazı şeylerin özellikle gazabını çekeceğini söylüyordu. Örneğin bir evladın ana babasına, küçük kardeşin büyük kardeşe itaat etmemesi, bir kocanın karısına karşı güvensizliği ve yahut kadının kocasına itaatte kusur göstermesi, bir zenginin bir fakirin yardımına gelmeyi reddetmesi, bir astın üstüne karşı hürmetsizliği gibi...

Moğolların zayıf noktası olan sarhoşluk hakkında diyordu ki:

"Sarhoş olan insan, kafasına bir yumruk yemiş adam gibidir. Zekâsı ve ustalığı, hiçbir şeye yaramaz. Ayda en çok üç defa sarhoş olunuz. Hiç sarhoş olmamak herhalde daha iyidir. Fakat kim nefsini bundan tamamen men edebilir?"

Moğolların diğer bir zaafları da, gök gürlemesinden korkmalarıydı.

Gobi'nin şiddetli fırtınaları esnasında, bu korku onları o derece sarıyordu ki, bazen göğün hışmından kurtulabilmek için, kendilerini göllere ve nehirlere atıyorlardı. Değerli seyyah Frere Rubriqus, bunu böyle nakletmektedir: "Yasa, banyo yapmayı veya fırtına sırasında suya dokunmayı da menetmekteydi."

Üstün bir zekâya sahip bir adam olan Cengiz Han, tebaasını, en çok sevdikleri şey olan şiddetten alıkoyuyordu. Yasa, Moğollar arasında kavgayı men ediyordu. Diğer bir hususa göre, Han eşsizdi. Başka bir Cengiz Han olamayacaktı. Kendisinin ve oğullarının isimleri ya altın harflerle yazılır ya da hiç yazılmazdı. Yeni imparatorun tâbileri, Han'ın ismini saygısızca telâffuz etmemek emrini almışlardı.

Kanunnamesinde dinî konuları hoşgörüyle ele alıyordu. Başka mezheplerin önderleri, mutaassıplar, cami müezzinleri, amme hizmetlerinden muaf tutulmuşlardı ve aslında, Moğol ordugâhlarının gerisinde, alacalı bulacalı bir ruhban alayı sürükleniyordu. Sarı ve kırmızı abalar, ellerindeki dua değirmenlerini sallayarak dolaşıyorlardı.

İçlerinden bazıları, üzerine "hakikî Hristiyan şeytanının resimleri" yapılmış cübbeler taşıyorlardı. Frere Rubruqus, böyle naklediyor.

Marco Polo diyor ki:

"Bir savaştan önce, Cengiz Han, müneccimlere, kehanette bulunmalarını emretti. Sarasin kâhinleri, esaslı bir kehanette bulunamadılar. Fakat Nesturî Hristiyanları, bir taraftan dua kitaplarının bazı fıkralarını okurken, diğer taraftan, üzerlerine iki düşman reisin isimleri yazılı iki saz yaprağını birbirinin üzerine düşürtmek suretiyle, daha fazla başarı gösterdiler. Cengiz Han'ın bazen kâhinlerin sözlerini dinlemiş olması mümkündür ve daha sonraları, bir Katay münecciminin uyarılarını da dikkate aldı. Bununla birlikte, müneccimlere, kehanetlere kulak vererek herhangi bir teşebbüsünden vazgeçmiş olduğu da görülmüş değildir."

Yasa; casusları, zina işleyenleri, yalancı şahitleri ve kara sihirbazları gayet basit bir tarzda muameleye tâbi tutuyordu: Bunlar idam ediliyordu.

Yasanın birinci kanunu oldukça dikkat çekicidir:

"Bütün insanlara, yeri ve göğü yaratan, zenginlik ve fakirliği dilediğine veren, hayatı ve ölümü yegâne dağıtan ve her şey üzerinde kudreti mutlak olan bir Allah'a itikat etmeleri emir olunur."

Burada Nesturî düşüncesinin bir yansıması görülür. Fakat bu kanun hiçbir zaman alenî surette beyan edilmezdi. Cengiz Han tebaası arasında hiçbir şekilde ikilik oluşmasını, yahut külleri karıştırarak mezhep anlaşmazlıkları kıvılcımının tekrar ateşlenmesini arzu etmiyordu.

Yasanın üç şeyi hedeflediği söylenebilir:

- Cengiz Han'a itaat
- Göçebe kabilelerin birleşmesi
- Suç işleyenlerin merhametsiz bir surette cezalandırılması

Yasa mal ve mülk ile değil, insanlarla meşgul oluyordu ve bir adam, kendisi itiraf etmedikçe, ancak suçüstünde yakalanması hâlinde suçlu kabul ediliyordu. Şunu da hatırda tutmak gerekmektedir ki, okuma yazması olmayan bir halk olan Moğollarda, bir adamın sözü, kutsal sayılırdı.

Genel durumlarda, itham edilen bir göçebe, suçlu ise, kabahatini kabul ediyordu. Cezalandırılmak üzere gelip Han'a müracaat eden insanlardan örnekler mevcuttur.

Sonuçta, Han'a itaat, mutlak bir hâl aldı. Saraydan 1.600 kilometre uzakta kurulmuş bir takımın komutanı, sıradan bir postacının getirdiği emir üzerine, kumanda görevinden alınmayı ve idam edilmeyi kabulleniyordu.

Rahip Garpin diyor ki:

"Onlar büyüklerine diğer bütün kavimlerden fazla itaat ederler, büyüklerine karşı sonsuz bir hürmet beslerler, onları ne sözlü, ne de fiili olarak kesinlikle aldatmazlar. Aralarında nadiren kavga ederler, kavgalar, dövüşler, katiller neredeyse hiç olmaz. Hırsızlara hemen hiçbir yerde tesadüf edilmez; o kadar ki bütün mallarının, hazinelerinin durduğu evler, arabalar kesinlikle kilitli bulunmaz.

Sürülerinden bir hayvan kaybolacak olursa, onu bulan kimse ya hayvanı kendi hâline terk eder ya da kaybolmuş hayvanları korumakla görevlendirilmiş askerlere getirip teslim ederler.

Birbirlerine karşı nezaketle davranır, yiyecek kıt olmakla birlikte bulduklarını aralarında cömertçe paylaşırlar. Mahrumiyet karşısında çok sabırlıdırlar, hatta bir iki gün aç kaldıkları zaman bile şarkı söyleyip eğlenirler. Seyahatte soğuğa, sıcağa hiç şikâyet etmeden katlanırlar. Hiç kızmazlar, sıklıkla sarhoş oldukları hâlde sofra başında katiyen kavga etmezler (Avrupa'dan gelen seyyahlar özellikle bu duruma çok hayret ederlerdi).

Sarhoşluk aralarında şeref sayılırdı. Biri fazla içip kustu mu, tekrar içmeye başlar. Yabancılara karşı gayet mağrur ve küstahtırlar, başkalarını, ne kadar asil olursa olsunlar, mutlaka hor görürlerdi. İmparatorun sarayında, Gürcistan Kralı'nın oğlu, Rusya Grandükü ile birçok sultanlara ve diğer büyük adamlara hürmet ve itibar edilmediğine şahit olduk. Hatta kişizade esirleri muhafaza etmekle görevli olan Tatarlar bile, vaziyet bakımından çok aşağı olmalarına rağmen, bu asil esirlerden yüksek kabul edilirler, daima onların üstüne, onlara göre üstün mevkilere geçerlerdi.

Yabancılara karşı aşağılamayla, hor görmeyle muamele ederler.

Bir kötülük yapacakları zaman niyetlerini o kadar iyi saklarlar ki, kimsenin bu niyete karşı bir tedbir almasına fırsat vermezler. Bir yabancıyı öldürmek, onların gözünde öldürmek sayılmaz."

Birbirine yardım etmek ve başkalarını öldürmek yasanın bir yansıması hükmündedir.

Bu adamlar savaş konusunda hırslıydılar. Eski kinlerin acısını daima içlerinde duyuyorlardı. Yalnız ortak bir düşmana karşı durma çabası onları birleştirebilirdi.

Kendi hâllerine terkedilmiş olsalar, eskiden olduğu gibi birbirini doğramağa, ganimeti ve meraları paylaşırken aralarında dövüşüp boğuşmaya koyulurlardı. Kızıl saçlı Han, geçtiği yerlere rüzgâr ekmişti, şimdi de fırtına biçiyordu.

O bunu anladı, hareket tarzı bunu anladığını gösteriyordu. Kendisi göçebeler arasında büyümüştü, bu adamların aralarında boğuşmalarına engel olmak için tek çarenin, onları başka taraflarda savaşa sevk etmek olduğunu biliyordu. Onun için fırtınayı zapt edip, onu Gobi dışına yönlendirdi.

Vakayinameler onun, uzun kurultay şenliklerinden önceki hâlini bize az çok tanıtıyorlar. Doğduğu memleketi idaresi altına alan Cengiz, Budak Dağı eteğinde, üç beyaz kuyruklu bayrağı altında, ayakta durmuş, kendisine karşı sadakat yemini etmiş olan Burçukinlere ve reislere şu sözleri söylemişti:

"Gelecekte talihin lütuf ve sitemlerini benimle paylaşacak olan bu adamlar, dostluk ve sadakatleri kaya billuru gibi olan bu adamlar, isterim ki kendilerine Moğol ismini versinler. Yeryüzünde yaşayan bütün mahlûkatın üstünde bir kuvvetle yükselsinler."

Cengiz, bu disiplinsiz zihniyetler karışımını tek birlik hâlinde toplanmış görmek istemeye yeterli bir düşünce gücüne sahipti. Akıllı ve esrarengiz Uygurlar, er Keraitler, cesur Moğol yakaları, vahşi Tatarlar, sakin ve sabırlı, karlı ovalar sakinleri olan inatçı Merkitler, avcılar, yukarı Asya'nın bütün atlıları, hepsi bir araya toplanmıştı ve kendisi de onların reisiydi!

İstediği de buydu.

Bunlar bir zamanlar, kendilerini içeri girmekten meneden Çin Seddi'nin inşasına kadar Katay'ı örseleyen, Hiyung-Nun isimli hükümdarların idaresi altında (Hunların hâkimiyetinde) kısa bir süre için birleşmişlerdi.

Cengiz Han bunların derin heyecanlarını harekete getirebilecek hitap kabiliyetine sahipti ve kendisinin onları idare etme yeterliliğinden de hiçbir zaman şüphe etmedi.

Onların gözleri önünde meçhul memleketlerde yapılacak fetih manzaraları parlıyor ve Cengiz, bütün kuvvetiyle yeni topluluğunu seferber hâle koymaya uğraşıyordu. Yasayı da bu amaçla oluşturmuştu.

Ordunun her savaşçısına, arkadaşlarını, yani 10'luğunun adamlarını terk etmek ve 10'luğun her üyesine de gerilerinde bir yaralı bırakmak yasaklanmıştı. Yine ordunun her neferine, bayrak savaş meydanından çekilmedikçe, kaçmak ya da komuta eden subay tarafından izin verilmeden yağmaya başlamak yasaktı.

Bu adamların bulduğu her fırsatta çapulculuk etme arzusu, eline geçirdiğini üst rütbelilere rağmen muhafaza edebileceğine dair olan bir kanun ile tatmin edilmiş oluyordu.

Frere Carpın, kendi gözlemleriyle tanıklık ediyor ki, Cengiz Han yasanın bu kısmının uygulanmasını sağladı. Çünkü Moğolları bize "Bayrak dalgalandığı müddetçe savaş meydanını terk etmeyen, mağlûp oldukları zaman bir şey istemeyen ve hiçbir zaman canlı bir düşmanı korumayan insanlar" şeklinde tasvir etmektedir.

Ordu, tesadüfen toplanmış kabilelerden oluşmuş değildi. Tıpkı Roma ordusu gibi, daimî teşkilâtı, 10'dan 10.000'e kadar olan kısımları, bir fırka oluşturan Tümen'i vardı. Bu fırkanın süvari fırkası olduğunu söylemeye gerek yoktur. Orduların başında Orhonlar, Hanın generalleri olan bükülmez Subotai, ihtiyar ve tecrübe ile mahmul Muhuli ve kızgın Cebe Noyan da vardı. Bunlar on bir kişiydi.

Silahlar, yani oklar, ağır zırhlar ve ordunun kalkanları, onlara bakmak ve temizlemekle özel olarak görevlendirilmiş subaylar tarafından, tersanelerde muhafaza ediliyordu.

Savaşçılar sefere çıkmak üzere toplanmaya davet edildikleri zaman silahlar kendilerine dağıtılır, resmi geçit yapılır ve asker, Gur-Hanlar tarafından teftiş olunurdu. Akıllı Moğol, bir buçuk milyon kilometrekarelik bir dağ ve ova sahasına dağılan yüz binlerce kişiyi serbest olarak silahlı bulundurmak istemiyordu.

Ordunun kuvvetlerinden faydalanmak için yasa, kışın, yani büyük karlarla ilk yeşilliklerin peyda olduğu zaman arasında, ordunun antilop ve sırtlanlara karşı büyük av seferlerinde görev almasını emrediyordu.

Cengiz Han, meclislerin baharda toplanacağını ve üst rütbelilerin bu meclislerde hazır bulunmaları gerektiğini bildirdi:

"Onlar ki, talimatımı almak için bana gelecek yerde, kendi bulundukları yerde kalarak ortada görünmezler, derin suya atılmış bir taşın veya sazlara saplanmış bir okun akıbetine uğrayacaklardır; kaybolacaklardır!"

Hiç şüphe yok ki, Cengiz Han, atalarının geleneklerinden ilham alıyor ve mevcut alışkanlıklardan faydalanma yoluna gidiyordu. Fakat ordunun sürekli bir askerî teşkilât hâlinde teşkilatlandırılması, onun kendi eseridir.

Yasa, bu topluluğu idare ediyordu ve itiraz edilemez nüfuzun korkusu da aradaki bağı oluşturmaktaydı.

Cengiz Han'ın elleri arasında yeni bir askerî kuvvet, her türlü havalide seri şekilde yer değiştirmeye kabiliyetli, disiplinli ağır bir süvari kütlesi vardı. Ondan önce, eski zamanlarda, Acemler ve Persler de belki bu kadar çok atlıya sahip olmuşlardı. Ancak onlar, Moğolların yay kullanmaktaki öldürücü ustalıklarından ve vahşi cesaretlerinden yoksunlardı.

Cengiz Han'ın ordusu, iyi kullanılmak şartıyla, olağanüstü öldürücü bir silah olabilirdi ve o bunu Katay'a, Çin Seddi'nin gerisinde oturan o durağan, ihtiyar imparatorluğa karşı kullanmaya kesin olarak azmetmişti.

BİRİNCİ BÖLÜM

KATAY

Çin Seddi'nin arkasında yukarı Asya aşiretlerinin hayatından farklı bir hayat vardı. Otuz asırlık kitabelere sahip bir kaç beş bin sene önceki medeniyet içinde ömürlerini geçiren bu insanlar, ya zevke dalarak ya da mücadele içinde yaşarlardı.

Eskiden bu adamların ataları göçebelerdi. Yay kullanmasını çok iyi bilen süvarilerdendiler. Fakat üç bin senedir oradan oraya göç ederken, nihayet durdular ve şehirler yaptılar. Üç bin sene içinde de hayli şeyler yapabilecek kadar zaman vardır. Bu süre zarfında büyük ölçüde çoğaldılar ve insanların çoğalıp birleştikleri zamanlarda olduğu gibi setler inşa ettiler, çeşitli sosyal sınıflara ayrıldılar.

Gobi çölündekilerin tam tersine, Çin Seddi'nin arkasındaki insanlar arasında esirler ve köylüler vardı; âlimler vardı, askerler veya dilenciler vardı. Mandarenler, dük veya prensler vardı. İmparator, yani Gök'ün oğlu denilen Tiyen Tsi ve bir de Gök'ün bulutçukları denilen saray mensupları...

1210 senesinde tahtı, "Çen" yani "Altın" hanedanı işgal ediyordu. Saray Yenkin'de, şimdiki Pekin şehrinin mahalline yakın bir yerdeydi.

Katay, uzun uzadıya aranılıp da neden sonra seçilen bir kaftana bürünmüş, düşünceli, etrafını saran çocuklara aldırış etmeyen ihtiyar bir kadına benziyordu. Kalktığı ve yattığı saatler belirliydi. Refakatinde hizmetçileri olduğu hâlde alay arabasına binerek çıkar ve ölü kitabelerinin önünde duaya giderdi.

Üstündeki kaftan, her rengin karıştığı ince ipekten yapılmış bir kaftandı. Fakat böyle ipekler içinde olması, hizmetçilerinin pamuk libaslar içinde yalın ayak koşmalarına da mâni değildi.

Maiyetindeki büyük memurların başları üzerinde şemsiye taşınırdı. İkametgâhının avlularında kötü ruhların girmesine engel olmak için yapılmış paravanalar vardı.

Barbarlar kuzeyden indiler. Yani bizzat Kataylılar ve onlardan bir asır önce de "Çen"ler... Bunlar, büyük Çin Seddi'nin arkasında yaşayan büyük insan kütlesi tarafından zapt edildiler.

Zamanla Kataylıların medeniyetleri benimsendi, gelenekleri yerleşti. Katay şehirlerinde artık eğlence için yapılmış göller vardı. Bu göllerde pirinç şarabı içen yahut bir kadın elinin çaldığı küçük gümüş zillerin çıkardığı nağmeleri dinleyen insanların bindikleri kayıklar süzülür giderlerdi.

Bu kayıklarla bazen kırmızı kiremitli mabetlere kadar giderler, mabedin, ibadete çağıran davulunu dinlerlerdi. Bu adamlar kim bilir hangi unutulmuş zamanlardan kalma el yazısı bambudan kitapları incelerler, uzun ziyafetler süresince T'ang'ın altın devrinin hatıralarını yaşatırlardı. Bunlar, Çen'in hanedan taraftarı ve hükümdar hizmetkârı adamlardı. Bunları idare eden gelenekti ve bu gelenek kendilerine, ilk vazifelerinin ancak hanedana karşı olan vazifeden başka bir şey olamayacağını öğretirdi.

Bununla birlikte İmparator, yanında bir saray kadınıyla arabasına kurulmuş, önünde memleketin âlim ve düşünürleri olduğu hâlde muhteşem bir alayla sokaklardan geçerken, bu gelenekçiler Atong'ın zamanında olduğu gibi, nefislerine hâkim olamayarak:

"Kötülük önden, erdem arkadan gidiyor" derlerdi.

Serseri bir şair, dereye yansıyan ay ışığının bayıltıcı güzelliğini seyrederken dalgınlıkla suya düşer ve boğulursa, buna önem bile vermezlerdi. Onlar için şair boğulsa da yine şairdi.

Olgunluğu arayıp bulmak güç bir iştir. Fakat olgunluğu arayıp bulmak için geçecek zamanın da Katay'da hükmü yoktu. Zaman, önemsiz bir kavramdı.

Bir ressam ipeğe şöylece dokunur, meselâ dal üstünde bir kuş, ya da tepesi karla örtülü bir dağ çizerdi. Eğer detayları kusursuz bir şey yaparsa, başarılı sayılırdı. Çatısının tepesine çıkmış bir müneccim, sadece tunç kürelerin arasında bir yıldızın hareketlerini işaret etmekle yetinirdi.

Savaş şairi bile bu ruh hâli içindeydi.

"Sessiz duvarlardan şimdi hiç bir kuş sesi gelmiyor. Yalnız uzun gecenin ölü hayaletleri dolaşan karanlıkları içinde rüzgâr uğulduyor. Solgun bir ay yağan karın üstünde titriyor. Seddin çukurları donmuş, oralarda sakalları buzdan katılaşmış cesetler ve kan pıhtıları var. Bütün oklar kullanılmış, yayların kirişleri parçalanmış.. İşte düşman elindeki Hanarlı şehrinin manzarası..."

Görüyorsunuz ki, ölümde bile bir tablo gören savaş şairi, Katay'dan miras kalan bu tevekkülden sıyrılamıyor.

Bunların savaş makineleri de vardı. Atların sürüklediği yirmi kadar savaş arabası, taş atan kementler, on adamın harekete geçiremediği ağır ok yayları, iki yüz topçunun kalın kirişlerini geremediği mancınıklar, "uçan ateş" dedikleri bir tür savaş kundakları, bambu kamışlarında patlattıkları bombalar vardı.

Katay'da askerî tabiye bir sanat olmuştu. Alayların ve savaş arabalarının Asya çöllerinde manevra yaptıkları ve başkumandanın rahatsız olmadan düşünmesi için kendisine mabet kurulduğu zamandan kalma bir sanat olmuştu. Savaş Tanrısı Kvant'ın rahipleri eksik değildi. Katay'ın kuvveti, iyi eğitim görmüş kütlelerinin terbiye ve düzeni ile kalabalık bir insan mahşerinin toplandığı depodan ileri geliyordu. Zayıf tarafına gelince, Kataylı bir general on yedi asır önce, hiç de hayra işaret olmayan şu satırları yazmıştı:

"Bir hükümdar, hangi durum karşısında ve hangi şartlar içinde bulunduğunu bilmediği ordusunu bir krallık gibi idareye kalkarsa, ordunun mahvına sebep olabilir. Bu, ordunun ayağına kement vurmağa benzer. Asker bunu hissettiği dakikada orduda nifak başlamış demektir. Ordu bir kere nifaka düşüp de, artık güvenlik kalmadı mı, anarşi yürür ve savaşta yenilgi kaçınılmazdır."

Kataylıların zayıf yönü, imparatorun Yec-King'de kalarak, ordusunun kumandasını generallerine bırakmasındaydı. Oysa göçebelerin kuvveti, bizzat ordusunu idare eden hanlarının askerî dehalarındaydı.

Cengiz Han'ın durumu, İtalya'daki Hanibal'e çok benzer. Onun da asker sayısı sınırlıydı. Cengiz Han, kesin bir yenilginin bütün göçebeleri pekala çölden atabileceğini de biliyordu. Bu yüzden şüpheli bir zaferin de faydası yoktu. Fazla kayba uğranmadan, kesin bir galibiyet şarttı. Bu sebeple Cengiz'e, askerî tekniklerde usta kumandanların idare ettikleri ordulara karşı, bölüklerinin manevrasını isabetle yaptırmaktan başka kurtuluş çaresi kalmıyordu.

Cengiz, Karakurum'da, hâlâ altın imparatorunun tebaası ve "asilerin başı" sayılıyordu. Daha önceleri Katay hâkimiyeti gücünün doruğundayken, İmparatorlar Çin Seddi'nin ötesinde yaşayan göçebelerden haraç almak istemişlerdi. Katay hanedanları zayıf zamanlarında ise bu göçebelere para, ince ipek, işlenmiş deri, yeşim taşından heykeller, şarap ve hububat yüklü kervanlar göndererek, onların tecavüz ve taarruzlarının önüne geçerlerdi. Kuvvetini göstermek, daha doğrusu en azından dışarıdan kuvvetli görünmek için Katay hanedanları bütün bu gönderdikleri eşyaya "hediye" ismini vermişlerdi. Kudretli zamanlarında ise göçebe hanlarından istedikleri haraca, "vergi" derlerdi.

Yağmacı aşiretler ne bu güzel hediyeleri, ne Katay memurlarının can sıkıcı baskılarını ne de kendilerine gönderilen "şapkalı ve kemerli" elçilik heyetlerini unutmuş değillerdi.

Doğu Gobi'deki milletler, bu zamanlarda ismen altın imparatorun tebaasından sayılıyorlardı. Teoride gayri mevcut valiler tarafından idare edilirlerdi. Cengiz Han da "asilerin başı" sıfatıyla bu valiler sınıfına dâhil olmuştu. Çok geçmeden Yen – King'in tahsildarları at ve otlak vergilerini toplamak için ona memurlar gönderdiler. Cengiz, bu vergileri ödemedi.

Durum dikkat çekici bir özellik alıyordu. Cengiz'in bu son tavrı şu iki kelimeyle özetlenebilirdi: Gözlemek ve tetikte olmak!

Gobi'deki savaşları sırasında, Çin Seddi'nin karşısına geldiği zaman, kapılarının üstü kuleli ve tepesinde altı süvarinin yan yana dörtnala koşabileceği bu taş ve tuğladan muazzam suru dikkatle tetkik etmişti.

Daha sonra seddin merkeze en yakın yerlerindeki kapılarının önünde bayrağını dolaştırdı. Bu, bir tür isyan bayrağıyken, güya sur dışındaki topraklardan sorumlu olan, bunun için de kendisine "Batı Bölgeleri Valisi" şeklinde bir unvan veren zat kadar, bizzat Altın İmparator da, büyük seddin kapıları önünde dolaştırılan bu bayrağa aldırış etmedi. Fakat seddin gölgesindeki tarafsız bölgede yaşayan ve Katay hükümdarına avlanmaya çıktığı zamanlar hizmet eden sınır boyları, bu cesarete şahit olunca, Altın İmparator'un göçebe reisinden korktuğu sonucuna vardılar.

Oysa durum hiç de böyle değildi. Surlarla çevrilmiş şehirlerinin içinde, kendilerini güvende bilen Katay'ın milyonlarca insanı, iki yüz elli bin kadar savaşçıdan ibaret bir kabileyi düşünmüyorlardı bile! Bununla birlikte Altın İmparator güneyde yerleşen eski Sing hanedanı ile sürekli savaşlar sırasında, Moğollara haberciler göndererek, dağlı süvarilerin yardımını istemişti.

Cengiz Han bu yardım talebi üzerine, büyük bir süratle birçok süvari kıtaları gönderdi. Cebe Noyan ve diğer Orhonlılar bu süvari kıtalarına kumanda ediyorlardı. Altın İmparator hesabına üstlendikleri bu görevi yerine getirip getirmediklerini bilmiyoruz. Fakat biliyoruz ki, bunlar geçtikleri yerlerde dikkatle etraflarına baktılar ve gördüklerinden bilmediklerini birbirlerine sordular. Hepsi de geçtikleri memleketin tutunacak noktalarını hatırlayacak kadar göçebelere has dikkatli bir görüş kabiliyetinde insanlardı. Gobi çölünde kabilelerine döndükleri zaman, Katay ülkesinin topografyası hakkında tam bir fikir sahibi olmuşlardı. Ayrıca birçok güzel hatıralar da naklediyorlardı. Katay'da yolların, taştan köprülerle nehirleri engelsiz aştığını ve bütün şehirlerin, üzerlerinden bir atın sıçrayamayacağı yükseklikte surlarla çevrilmiş olduğunu anlatıyorlardı. Geçtikleri memleketin sakinleri rengârenk ipekten kumaşlar giyiyorlardı. Hatta bazı esirlerin bile yediye kadar kaftanları vardı. İhtiyar kahramanlık şairleri yerine, savaş hikâyeleri anlatarak değil, ipek tüllere mısralar yazarak sarayı eğlendiren genç şairler türemişti. Bu mısralarla da kadınların güzelliklerini seslendiriyorlardı. Ne hoş şeyler!

Artık Cengiz Han'ın askerleri, Çin Seddi'ne hücum etmek için acelecilik göstermeye başladılar. Onları memnun etmek için dediklerini yapmak ve azgın aşiretleri Katay'a doğru sevk etmek, Cengiz Han için bir mağlûbiyete atılmak ve memleketini felâkete sürüklemek demekti. Yeni kurduğu imparatorluğu bırakıp da, doğuda Katay memleketinde bir de hezimete uğrarsa, diğer düşmanlarının Moğol ülkesini istilâda tereddüt etmeyeceklerini biliyordu.

Gobi Çölü onundu. Fakat güneye, güney batıya ve batıya baktığı zaman, oralarda müthiş düşmanlar olduğunu görüyordu.

Güney kervanları yolunda ve Nan Su boyunda, haydutlar memleketi denilen, acayip bir Hi-Ya Krallığı vardı ki, buradakiler hırsızlıkla ve talanla geçinmek için tepelerden inen Tibetlilerdi. Daha ileride bir tür dağlar ülkesine benzeyen Karakatay Krallığı, batıda da o zamana kadar Moğollardan ayrı kalmış serseri Kırgız kabileleri hüküm sürüyorlardı.

Cengiz Han bütün bu endişe verici komşulara müfrezeler ve Orhonluların kumandasında süvariler gönderdi. Bizzat kendisi de birçok mevsimler Hi-Yalılarla çatıştı, durdu. Bu, açık bir memlekete karşı bir tür istilâ savaşıydı ki Hi-Ya reisleri Cengiz'le savaşıp durmaktansa, yapılacak bir barışta daha çok fayda ve gereklilik gördüler. Bu barış, bir akrabalık bağıyla da takviye edildi. Hanedan ailesinden bir kadın eş olarak Cengiz

Han'a gönderildi. Cengiz Han batıda da başka bağlar sağlamıştı. Bu ustalıklı tedbirleri sayesinde, Cengiz, askerî deyimle, kanatlarını temizlemiş oluyordu. Bundan sonra kabileye yeni katılanlarla bunların reislerinden müttefikler kazandı. Ordusu da aynı fırsatla askerî harekâtta çok faydası görünen bazı tecrübeler de kazanmıştı.

Bu sıralarda Katay Hükümdarı öldü ve oğlu Ejder tahtına geçti. Bu yeni imparator, itinayla sakal bırakmış, resim yapmaya, ava çıkmaya meraklı, uzun boylu Vay Vang isminde bir delikanlıydı.

Çok geçmeden Katay mandarinleri vergi meselesini ortaya attılar ve yeni hükümdara verilmesi icap eden haracı toplamak üzere Gobi yaylalarındaki Cengiz Han'a bir elçi gönderdiler. Bu elçi yeni hükümdar Vay Vang'ın bir beyannamesini de götürdü. İmparatorun beyannamesini dizüstü kabul etmek gerekiyordu, bu âdetti. Oysa Moğol serdarı diz çökeceğine, ayakta durdu ve elini uzatarak beyannameyi aldı. Bir tercümana bile okutmaya gerek görmeyerek, sadece sordu:

"Bu yeni imparator kimdir?"

"Vay Vang."

Başını güneye çevirip hürmetle eğmesi gereken Cengiz, bunu yapmak şöyle dursun, yere tükürdü.

"Ben göğün oğlunu fevkalâde bir adam sanırdım. Fakat Vay Vang gibi bir budala, oturduğu tahta lâyık değildir. Onun karşısında boyun eğemem." dedi.

Bu sözü söyledikten sonra da atını mahmuzladı ve ilerledi. O gece Orhonlar, yeni müttefikler ve Batı Türklerinin emir aslanı Han'ın ikametgâhına davet edildiler. Ertesi sabah da elçi Han'ın huzuruna çağrıldı ve Altın İmparator'a verilmek üzere kendisine bir mektup teslim edildi. Moğol reisi bu mektubunda şöyle diyordu:

"Bizim imparatorluğumuz şimdi Katay'ı ziyaret edebileceğimiz derecede düzen içindedir. Acaba Altın Han'ın imparatorluğu bizi kabul edebilecek kadar düzen içinde midir? Kudurmuş bir denize benzeyen bir ordu ile yürüyeceğiz. Altın Han bizi dostça da kabul etse, bizimle savaş da yapsa, umurumuzda değildir. Eğer bizimle dost olmayı tercih ediyorsa, hükmümüz altında imparatorluğunu idare etmesine izin veririz. Eğer savaş isterse, iki taraftan biri mağlûp veya galip oluncaya kadar savaşırız."

Bundan daha fazla hakaret içeren bir mektup gönderilemezdi. Cengiz Han şüphesiz istilâ girişimi için uygun zamanın geldiğine karar vermişti. Eski ihtiyar imparator hayattayken, belki de kendisini Kataylılara verdiği sadakat yeminine bağlı hissediyordu. Fakat artık Vay Vang başa geldiğine göre, yeminin bir önemi kalmıyordu.

Elçi, imparator sarayının bulunduğu Yen King'e döndü ve mektubu verdi. Vay Vang bu cevaba son derece kızmıştı. Seddin dışına bakan validen Moğolların nereye varmak istedikleri soruldu. O da Moğolların çok sayıda ok imal etmek ve hayvan toplamakla meşgul oldukları cevabını verdi. Bunun üzerine valiyi hapse attılar.

Kış yavaş yavaş geçiyordu. Moğollar da savaş hazırlıklarına devam ediyorlardı. Hatta Moğollar, Altın İmparatorun aleyhine olarak daha fazlasını da yaptılar. Cengiz Han, Katay'ın kuzeyindeki Liyau Tungun adamlarına hediyelerle yüklü elçilik heyetleri gönderdi. Bunların, bundan önceki Altın İmparator tarafından memleketlerinin istilâ edildiğini unutmayan, savaşçı zihniyette insanlar olduklarını biliyordu.

Bu elçiler Liyau Prensi tarafından kabul edildiler ve aralarında kolaylıkla bir birleşme sağlandı. Birliği sağlamlaştırmak için kan akıtıldı, oklar kırıldı. Baştanbaşa demir insanlar demek olan Liyaulılar, Katayın kuzeyini istilâ etmeyi taahhüt ediyorlardı. Fakat bir şartla! Bu koydukları şart da, Moğol Hanı'nın, kendilerine ait eski toprakları kendilerine iade etmesinden ibaretti. Cengiz Han bu anlaşmaya harfiyen uydu. Sonradan Liyau prenslerini, kendi hükmü altında Katay valisi tayin etmişti.

İKİNCİ BÖLÜM

ALTIN İMPARATOR

Göçebe ordu ilk olarak kendisine kat be kat üstün, medenî bir memleketi istila hareketine girişiyordu. Artık bundan sonra Cengiz Han'ı iş başında ve savaş meydanında göreceğiz.

Ordunun ilk müfrezeleri çoktan Gobi'den ayrılmışlardı. Bunlar casuslardan ve bilgi verebilecek insanları yakalayıp getirmekle görevli savaşçılardan ibarettiler. Ordunun ucu Çin Seddi'ne varmıştı, bunların arkasından ikişer ikişer memlekete dağılmış süvari okçuları geliyorlardı. Bu keşif kollarını en iyi atlara binmiş seçme savaşçılardan otuz bin kişilik bir ileri kolu takip ediyordu. Her askerin en azından iki bineği vardı. Kol kıdemli generallerden Mukuli, kabına sığmayan Cebe Noyan ve Cengiz Han'ın mareşalleri arasında Mrssna'ye benzetilebilecek olan Subotai ismindeki hayret verici delikanlının kumandasındaki üç fırkadan oluşuyordu.

Bu ileri müfrezeleriyle posta ulakları aracılığıyla sürekli irtibatını koruyan ordunun büyük kısmı, çöl düzlüklerinde tozu dumana katarak ilerliyordu. Çoğunluğu kıdemli Yabe Mangellerden oluşmuş yüz bin adam, merkezi teşkil ediyordu. Sağ ve sol kanatlardaki kuvvetler de aynı miktardaydılar. Cengiz Han, savaş sanatını öğretmek için yanından ayırmadığı oğluyla daima merkezdeki kuvvete kumanda ediyordu.

Tıpkı Napolyon gibi, onun da yağız atlara binmiş iri yarı, bin kişilik özel bir muhafız alayı vardı. 1121 de Katay'a yapılan bu ilk seferde ordunun henüz o kadar kuvvetli olmaması da mümkündür.

Çin Seddi'ne vardığı zaman, Cengiz Han uzun zamandan beri sınırlardaki aşiretleri kandırdığı için, kapılardan biri dost elleriyle açıldı ve insan kaybına uğranılmadan çabucak bu engeli aştılar.

Çin Seddi'nden içeri girince Moğol fırkaları aldıkları açık emirlere uyarak, San - Di ve Cin-Lı havalisinin çeşitli yerlerine ulaşmak için ayrıldılar. Hiç bir nakil aracına ihtiyaçları yoktu ve iaşe merkezinin ne demek olduğunu da bilmezlerdi.

Katay ordularının sınır yollarını muhafazaya memur edilen ilk safı, Moğollar tarafından oldukça hırpalandı. Moğol süvari fırkaları, imparatorun çoğunlu piyadelardan oluşan dağınık kuvvetlerinin peşini bırakmadılar ve akınlarını sürdürdüler. Atları üstündeki Moğollar, durmaksızın oklarını savurdular ve düşman piyadelerinin saflarında âdeta bir katliam oldu.

İmparatorun başlıca büyük ordularından biri de küçük tepeler ve dağlık boğazların kıvrımları arasında istilâcıları aramaya çıkmış, dolaşıp duruyordu. Yeni tayin edilen başkumandanları o bölgeyi bilmediği için, köylülerden yol sormak zorunda kalıyordu. Bu yöne doğru ilerleyen Cebe Noyan, o havalinin yollarını, vadilerini çok iyi aklında tuttuğu için, bir gece yürüyüşü yaparak, düşman ordusunu ertesi sabaha doğru arkadan çevirdi. Moğollar bu orduyu müthiş surette hırpaladılar. Doğuya kaçan bakiyeleri de Çen ordularının en büyüğüne ulaşınca, orduya bozgun verdiler. Bu ordu da sarsıldı ve başındaki general başkente doğru kaçtı. Cengiz Han, yolunun üstüne düşen etrafı surla çevrilmiş ilk büyük şehir olan Ta Tung Fu'yu tutmuştu. Şehre girdi. Sonra kuvvetlerini imparatorluk merkezi olan Yen King'e doğru sürdü.

Ordunun yaptığı tahribat ve bu ordunun çok yakında bulunuşu Vay Vang'ı dehşet içinde bıraktı ve ejder tahtında oturan hükümdar, eğer nazırları onu vazgeçirtmeselerdi, Yen King'den kaçacaktı. İmparatorluğun en büyük savunma kuvveti, Çin'de ne zaman millet bir tehlike karşısında kalsa olduğu gibi, İmparator Vay Vang'ın etrafında toplanırdı. Orta sınıfı teşkil eden büyük bir kalabalık; akıllıca hareket etmeyen, fakat imparatorlarına sadık bir kalabalık, onun yanından ayrılmıyordu. Savaşçı ataların bu artıkları, tahtı tutmaktan daha önemli bir görev bilmezlerdi.

Cengiz Han, Katay ordusunun ilk karşı koyuşunu hayret verici bir süratle kırmıştı. Kuvvetleri birçok şehirler zaptettiler. Yine de Ta Tin Fu hâlen direniyordu. Han, kalbi korkusuz bir memleketin direnişi karşısında, Roma önündeki Hanibal'e benziyordu. Büyük şehirlerden yeni ordular fışkırıyor, kuşatılan şehirlerdeki garnizonlar gittikçe kuvvetlenmişe benziyordu. Cengiz, Yen King şehrinin bile dış bahçelerinden geçti ve ilk defa olarak yüksek surların azametle uzanışını, tepeleri, köprüleri ve burç dizileri gibi uzanan çatı yığınlarını seyretti.

O zaman böyle bir kaleyi kuşatmanın faydasızlığını anlayınca derhal ordusunu çekti ve sonbahar gelince, bayraklarını tekrar Gobi'ye çağırdı. Ertesi bahar atlar dinlenince, yeniden seddin diğer tarafında göründü. Birinci seferinde teslim olan şehirlerin, bu kez savunması sağlamlaştırılmış garnizonlarla müdafaa edildiklerini gördü ve işe tekrar başladı. Batı sarayını sardı ve bu defa ordusunu orada tuttu. Görünüşe bakılırsa, kuşatmayı bir tür başlangıç hâline koymuştu. Şehrin yardımına gönderilen orduları bekliyor ve bu ordular geldikçe birbiri ardına hepsini tepeliyordu.

Savaş iki şeyi ortaya çıkardı: Moğol süvarileri daha çeviktiler, Katay ordularını savaş meydanında perişan edebiliyorlardı. Fakat henüz korunaklı şehirleri zaptedemiyorlardı. Bununla birlikte Cebe Noyan bunlardan birini ele geçirdi. Altmış bin Kataylı'nın hücumuna uğrayan Moğolların müttefikleri Liyao prensleri Han'dan yardım istediler. Cengiz Cebe Noyan'ı gönderdi. Sert general, ta Katay ordularının arkasındaki Liyao-Yang şehrini kuşattı.

Moğolların ilk gayretleri tamamen boşa çıkınca, Mareşal Ney kadar sabırsız olan Cebe Noyan, Cengiz Han'ın daha önce, fakat kuşatmada değil, savaş meydanında kullandığı bir hileye başvurdu. Eşyasını, arabalarını, erzakını Kataylılar'ın görebileceği bir yere bıraktı ve askerleriyle, atlarıyla sanki mücadeleden vazgeçmiş, ya da şehrin yardımına gelen bir ordunun yaklaşmasından korkmuş gibi çekildi.

Moğollar iki gün uzaklaştılar, sonra atlarını değiştirdiler ve bir gece içinde, "kılıçları sol ellerinde olduğu hâlde" en iyi bineklerin üstünde dörtnala gelerek, sabaha karşı Liyao-Yang önüne vardılar. Moğolların çekilip gittiklerine inanan Kataylılar, geride bırakılan eşyayı yağmaya ve şehre nakletmeye koyulmuşlardı. Bütün kapılar açıktı. Şehirlilerle savaşçılar birbirine karışmış, talandan başka bir şey düşünmüyorlardı. Göçebelerin hiç beklenmeyen saldırıları hepsini gafil avladı. Müthiş bir katliamı Liyao-Yang'a hücum takip etti. Bu suretle Cebe Noyan, bırakmış olduğu eşyanın birkaç mislini ele geçirdi.

Fakat batı sarayının kuşatması devam ederken, Cengiz Han yaralanmıştı. Bunun üzerine ordu, dalgaların sahilden çekildiği gibi, Han'ı da beraberine alarak, Katay'dan çekildi.

At tedariki için her sonbahar yeniden geri çekilmek gerekiyordu. Bütün yaz insanlar ve atlar kendi memleketlerinde yaşadılar. Kışın Kuzey Çen'den ordunun ihtiyacına yetecek kadar erzak temin edilemezdi. Bunun dışında, Gobi'de yaklaşmalarına meydan bırakılmaması gereken savaşçı komşuların olduğu gözden kaçırılamazdı.

Yazın Cengiz Han, Katay ordularının dinlenip güç toplamasına engel olacak kadar akınlar yapmakla yetindi.

İlk büyük ölçekli savaşı bir çıkmaza girmiş sayılırdı. Hanibal'in tersine, Cengiz Han girdiği şehirlerde garnizon bırakamazdı. Sur içinde savaşmaya alışık olmayan Moğollar, kış boyunca yaptırdığı seri yürüyüşler sayesinde Katay ordularına karşı bir hayli başarılar kazanmıştı. Bu savaşlardan amaç, düşman ordularını seddin arkasına atmaktı. Cengiz Han, imparatoru yakalamak gayretiyle Yen-King şehrinin önüne kadar gelmişti. Fakat bu erişilmez kalenin içinden hükümdarı çekip çıkarmak mümkün değildi. Bu sıralarda, Çen orduları Han'ın kanattaki kuvvetlerini koruyan Hiya süvarileri ve Liyao Tonglılar'a karşı galibiyetler elde ediyorlardı.

Bu şartlar altında bir göçebe reisinin teşebbüsünden vazgeçerek büyük seddin dışına çıkması, geçen mevsimlerde aldığı ganimetlerle ve Çen İmparatorluğunun bütün azametine rağmen ona karşı kazandığı zaferlerin şerefiyle yetinmesi beklenebilirdi. Oysa Cengiz Han yaralanmakla beraber, tecrübesi artıyor ve bu tecrübelerinden istifade ettikçe, Altın İmparatorluğu'nda tedirgin düşünceler gelişmeye başlıyordu.

Bu tedirginlikler, 1214 baharında otlar yeşermeye başlayınca korkuya dönüştü. Üç Moğol ordusu çeşitli noktalardan Katay'ı istilâ ediyordu. Güneyde Han'ın üç oğlu Şan-Si eyaletini perişan ediyor, kuzeyde Cuci, Kingan dağ sıralarını geçerek, kuvvetlerini Liyaor Toniğ'in adımlarıyla birleştiriyor, Cengiz Han da merkezden Yen-King'in öte tarafına geçerek kıyılara doğru ilerliyordu.

Bu üç ordu harekâtı yeni bir tarzda idare ediyorlardı. Daima ayrı bulunuyorlar ve en korunaklı şehirleri kuşatıyorlardı.

Moğollar kırlarda yaşayanları topluyorlar ve ilk hücum için esirleri önden sürüyorlardı. Kataylılar çoğu kez kapılarını açıyorlardı, böyle olduğu zaman, Moğollar Kataylılar'a dokunmuyorlardı. Hâlbuki ovada ve kırda önlerine ne gelirse ya mahvediyorlar, ya da alıp götürüyorlardı. Hasatlar çiğneniyor yahut yakılıyor; sürüler götürülüyor, erkekler, kadınlar, çocuklar öldürülüyordu.

Bu amansız savaş karşısında birçok Katay generali kuvvetleriyle birlikte Moğollara katıldılar ve Liyaor Tonig'in diğer zabitleriyle alınmış şehirlerde yerleştirildiler. Moğolların geçtiği yerlerde geride kıtlıktan ve hastalıktan başka bir şey kalmıyordu. Ordunun ufuktaki görüntüsüne bakılınca arkası gelmeyen kalabalık araba ve öküz sürüleri de görülüyordu.

Mevsim sonu yaklaşınca ordu, bu sefer hastalıktan ötürü kayıp verdi. Atlar bakımsızlıktan ve yorgunluktan zayıflamıştı. Cengiz Han ordunun merkezi ile Yen - King sürülerinin civarında ordugâh kurmuştu. Subayları kendisinden bir kere daha şehre hücum edilmesi için izin istediler. Cengiz Han yine reddetti, fakat Altın İmparator'a haber gönderdi:

"İkimiz arasındaki savaş hakkında şimdi ne düşünüyorsunuz? Sarı Şehrin üstündeki bütün şehirler hükmüm altındadır. Ben memleketime döneceğim. Fakat askerlerimi sakinleştirmek için ne hediye göndereceksiniz?"

İlk görünüşte garip görünen bu haber, pratik bir adam olan Büyük Moğol'un siyasî bir girişimiydi. Eğer İmparator, Cengiz Han'ın talebini kabul ederse, Cengiz Han askerlerine verebileceği mükâfatı elde etmiş olacaktı. Böylece yerinde duramayan bu adamlar sakinleşecek ve ejder tahtının itibarı da bir hayli sarsılacaktı.

Ordunun zayıfladığını bilen Katay'ın bazı danışmanları, Moğollara karşı hücum için Yen-Kig'deki kıtalarla bir çıkış hareketi yapılmasını İmparator'dan rica ettiler. Bu çıkış hareketinin sonucu ne olabilirdi? Bu malûm değildi, fakat Çen hükümdarı bu kadar cesaretle hareket edemeyecek kadar zayıflamıştı. Cengiz Han'a esir olarak beş yüz delikanlı ve o kadar da genç kızla beraber, bir sürü cins at, altın ve ipek gönderdi. Bir mütareke yapıldı ve Çenler, Han'ın müttefikleri olan Liyao prenslerinin Liyaor Tong'da rahatsız edilmeyeceğini garanti ettiler; hatta anlaşma şartı olarak Cengiz, imparator kanından bir eş bile istedi ve kendisine hükümdar ailesinden bir kadın gönderildi.

Cengiz Han, o son, bahar Gobi'ye dönmedi, fakat çölün sınırlarında ordunun beraberinde getirdiği esirlerin büyük kısmını boğazlattı. Bu, öyle bir zulümdü ki hiç bir şey haklı gösteremezdi. Görünüşe göre, ordu savaştan sonra Gobi'ye dönerken, âlimler ve zanaat sahipleri dışında kalan bütün esirleri öldürmek, Moğollarda âdetti. O tarihte Moğolların asıl kendi memleketlerinde neredeyse hiç esir görülmezdi. Kötü beslenen bir esir kalabalığı göçebelerin vatanını çeviren çöl bölgelerini geçemezlerdi. Bunun için Moğollar esirleri serbest bırakacak yerde, imha ediyorlardı. İnsan hayatının onların gözünde bir değeri yoktu. Tek arzuları kendi sürülerine yayla temini için bereketli memleketleri insansız bırakmaktı. Kataylılarla savaştan sonra, bir atın en küçük taştan bile sürçmeden bu imparatorluğun bir hayli şehirlerini geçebildiklerini söyleyerek gururlanırlardı.

Cengiz Han, Katay'ı kendi hâlinde bırakacak mıydı? Bunun hiç ihtimali yoktu. Fakat Altın İmparator bir girişimde bulundu. Büyük oğlunu Yen-King'de bırakarak güneye kaçtı.

"Tebaamıza bildiririz ki, ikametgâhımızı güneydeki başkente naklettik."

Şerefini kurtarmak amacıyla, acizliğinin sembolü gibi görünen imparator beyannamesinde böyle deniliyordu. Van-Vang'ın danışmanları, Yen-King valileri, Çen'in eski asilzadeleri, hepsi imparatora milletini terk etmemesi için yalvardılar. Fakat o, yine de gitti. İmparatorun firarından sonra da isyan çıktı.

ÜÇÜNCÜ BÖLÜM

MOĞOLLARIN DÖNÜŞÜ

Çen hükümdarı yakınlarıyla birlikte başkentten kaçarken, saltanat varisi olan oğlunu sarayda bırakmıştı. Yen-King'de görünürde de olsa bir hükümet ve halkın göreceği bir hanedan bırakmadan memleketin merkezinden ayrılmak istemiyordu.

Yen-King'de kuvvetli kıtalar vardı. Fakat asilzade ihtiyarlarının tahmin ettiği kargaşalık, daha o zamandan Çen ordularının kuvvetlerini çözülmeye uğrattı. İmparatoru uğurlayan kıtalardan bazıları isyan ettiler ve Moğolların tarafına geçtiler.

İmparatorun beldesinde garip bir isyan çıktı. Varis prensler, yüksek memurlar, mandarinler toplanarak hanedana karşı sadakat yeminlerini yenilediler. İmparator kendilerini bırakınca, kendileri savaşa devam etmeye karar verdiler. Yağmur altında sokaklara sıkışan Katay'ın cesur savunmacıları, veliahdın ve asilzadelerin kaderlerine katılmaya yemin ittiler. Bunlarda ruhlarının derinlerine kadar kökleşen geleneksel sadakat hissi, zayıf yaradılışlı hükümdarın firarından sonra adeta derinliklerden yüzeye çıkarak bu anda kendini gösteriyordu.

İmparator, Yen-King'e gönderdiği habercilerle oğlunu güneye çağırdı. İhtiyar Çenliler, veliahda, "bunu sakın yapma!" diye itiraz ettiler.

Fakat İmparator ısrar ediyordu. İmparator'un iradesi hâlen memleketin en yüksek kanunu hükmündeydi. Veliaht mahcubiyet içinde şehirden ayrıldı. Yalnız hanedan ailesinden birkaç kadın, kadim beldenin valisi ve askerler Yen-King'de kaldılar. Bu olaylar sırasında, asilzadelerin vefakârlıklarından kıvılcımlanan ateş, ortalığı tutuşturmuştu. Moğol müfrezeleri ve ileri karakolları hücuma maruz kaldılar ve zor durumda olan Liyao-Tong eyaletine gönderilen destek kuvveti, kendisini yaratan hamle gibi, hayret verici galibiyetler kazandı.

Durumdaki bu ani değişim haberleri, çekilmekte olan orduya ulaşmıştı. Cengiz Han, yürüyüşünü durdurdu, casuslarla zabitlerin getirdiği daha ayrıntılı bilgileri değerlendirdi. Bütün durumu tam açıklığıyla anlayınca da, derhal harekete geçti. Bölüklerinden en iyisini, imparatoru çekildiği inzivada takip etmesi emriyle Sarı Nehir'e doğru gönderdi.

Mevsim kıştı, fakat Moğollar alelacele Çen kumandanını nehrin öte tarafına, eski düşmanları olan Sungların bulundukları yere sürdüler. Moğollar karla örtülü dağlarda yol arayarak, zincirlerle ağaç dallarını ve mızrak sopalarını bağlayıp o suretle yolları aşarak, düşmanları buraya kadar takip ettiler. Gerçekten bu bölük düşman memleketinde o kadar ilerledi ki, kaçak İmparator'un izlerinin peşinden giderken, ordunun kalanıyla irtibatı kesildi. Bölük o zaman Sunglardan yardım istedi. Han'ın gönderdiği postalar bölüğü geri çağırınca, bölük, Sung şehirlerinin etrafından geniş bir daire çizerek, buz üstünden Sarı Nehir'i geçti ve bu suretle sağ salim kendini kurtarabildi. Cebe Noyan da memleket reislerini sakinleştirmek için dörtnala Gobi'ye gönderildi.

Cengiz Han kuzeydeki durumu tetkik için, Subotay'ın kumandasında, başka bir kol gönderdi. Bu Orhonlu, birkaç ay için kayboldu. Sadece atların hâlini bildirmek için düzenli raporlar gönderiyordu. Görünüşe bakılırsa yukarı Katay'da dikkat çekici bir şey bulamamış olacak ki, Korelilerin itaatlerini sağlayarak onları orduya kattı. Kendi hâline bırakılan Subotay, ağır ağır Liyao-Tung Körfezini dönerek yeni bir memleketin keşfine çıkmış gibiydi. Böyle istediği şekilde dolaşmak suretiyle kendisine verilen müstakil kumandanlık, sonradan Avrupa'nın başına gelen belânın da sebebi olmuştur.

Han, ordunun merkeziyle birlikte büyük seddin civarında kalmıştı. O zaman elli beş yaşındaydı. Küçük oğlu Kubilay, keçe yurtlardan ibaret Gobi çadırlarından birinde doğmuştu. Öteki oğulları yetişkin delikanlılar olmuşlardı. Fakat Cengiz, bu buhranlı zamanlarda iki bölüğünün kumandasını, ordunun tecrübeli reislerinden, kötülük yapmasını bilmeyen Orhonlara verdi. Cengiz, Cebe Noyan'a, Subotay'a süvari bölüklerinin idaresini öğretmiş, ihtiyar Mukuli'yi ise tecrübe çemberinden geçirmişti.

Bunun içindir ki, Cengiz Han Katay'ın düşüşünde, çadırında oturarak seyirci sıfatıyla hazır bulunmuştu. Oturduğu yerden hatta yemek ve uyumak için bile attan inmeyerek dörtnala gelen süvarilerin verdikleri raporları dinlerdi.

Yen-King hücumunu Liyao-Tunglu bir prens olan Mingan'ın da yardımıyla Mukuli idare etmişti. Arkasında yalnız beş bin Moğol olduğu hâlde doğu yönünde geldiği yere gitti. Yolda Katay ordusundan kaçan birçok firarileri ve başıboş dolaşan savaşçı çetelerini topladı. Subotay, Mukuli ordusunun kanatlarını koruyordu. Mukuli de Yen-King'in dış surları önündeki çadırlarını topladı. Şehirde bir kuşatmaya başarıyla göğüs gerecek kadar kuvvet vardı. Erzak vardı, silah vardı, savaş malzemesi vardı. Fakat Kataylılar direniş göstermeyerek disiplini bozmuşlardı. Dış mahallelerde savaş başladığı zaman, Çen generallerinden biri kaçtı. Çarşı sokaklarında yağma başladı, talihsiz kadınlar, ümitsiz, korkudan gürleyen asker kafileleri arasında başıboş dolaşıyorlardı.

Arkasından şehrin muhtelif yerlerinde yangınlar çıktı. Sarayda haremağalarının, esirlerin kollarını altın ve gümüş ziynet eşyasıyla doldurarak dehlizlerden kaçtıkları görülüyordu. Kabul salonu bomboştu ve nöbetçiler de yağmaya katılmak için yerlerini bırakmışlardı.

Hanedan prenslerinden olan Başkumandan Vang Yen, bir süre önce ortada görünmeyen İmparator'dan Katay'daki bütün tutukluları ve canileri affettiğine, askerin maaşını arttırdığına dair bir emirname almıştı. Bu geç kalınmış ve yararsız tedbirin Vang – Yen'e hiç bir faydası olmadı. Başkumandan da durumu kurtarmanın mümkün olmadığını anlayınca, âdet olduğu üzere, ölmeye hazırlandı. Dairesine çekilerek, İmparatoruna, Yen King'i müdafaa edemediği için ölmeyi hak ettiğine, suçunu kabullenip onayladığına dair bir mektup yazdı.

Kumandan bu mektubu elbisesinin eteğine yazmıştı. Ondan sonra hizmetçilerini çağırdı. Elbiselerini ve servetini onlara paylaştırdı. Bir taraftan yazarken, diğer taraftan da mandarine bir kâse zehir hazırlamasını emretti.

Ondan sonra mandarinden odadan çıkmasını rica etti ve zehri içti. Yen-King yanıyordu, Moğollar, bir dehşet sahnesi ortasında şehre girdiler.

Bildiğinden hiç şaşmayan Mukuli, hanedanın düşüşüne hiç aldırmayarak, şehirde hazine ve cephane adına ne varsa toplatarak Cengiz Han'a gönderdi. Han'a gönderilen esir subaylar arasında, Kataylılara hizmet etmiş Liyaso – Tung'lu bir prens de vardı. Prens, uzun boyluydu. Sakalı göbeğine kadar iniyordu. Ağır ve açık konuşması Han'ın dikkatini çekti. Esirin ismini sordu ve bu prensin Ye Liyu Çu Tsay olduğunu öğrendi.

Han, ona sordu:

"Size asırlarca düşmanlık yapmış bir hanedana ne diye hizmet ediyordun?"

"Babam Çen'in hizmetinde bulundu. Ailemden birçok kimseler de öyle... Benim de bundan başka bir yol izlemem uygun olamazdı."

Bu cevap Moğol Serdarı'nın hoşuna gitti.

"Sen eski amirine iyi hizmet ettin. Öyleyse bana da sadıkça hizmet edebilirsin. Benim yanımda ol." dedi.

Hanedana ihanet etmiş diğer bazılarını ise kendilerine güven duyulamayacağını düşünerek idam etti. Bundan sonra Ye Liyu Çu Tsay, bir gün Han'a şöyle dedi:

"Sen büyük bir imparatorluğu at üstünde fethettin, fakat onu bu şekilde idare edemezsin."

Galip Moğol Serdarı, ya bu düşüncedeki doğruluğu anladığından ya da Katay âlimlerinin taş ve ateş fırlatan makineleri kadar faydalı olacaklarına hükmettiğinden, bu nasihate kulak verdi. Zapt edilen vilâyetler için Liyao-Tung'un adamları arasından valiler tayin etti.

Bu bereketli ve yoğun nüfuslu Katay memleketlerinin Moğolların istedikleri gibi bir otlak olmayacağını anlamıştı. Çinlilerin ticarî sanatları için, felsefeleri için, kadınlarına ve esirlerine verdikleri dereceler için, şüphesiz ki, derin bir nefret duyuyordu, fakat krallarının firarından sonra savaşa devam etmek için mandarinlerin gösterdiği cesarete, bu adamların yiğitlik ve zekâsına hayran olmuştu. Bunda kendisi için de bir fayda seziyordu. Meselâ Ye Liyu Çu Tsay yıldızların isimlerini saymasını ve bunlardan bir anlam çıkartmasını biliyordu.

Cengiz Han, Katay şehirlerinin hazinelerini yanına alarak, Karakurum'a döndüğü zaman, aydın sınıfın adamlarını da beraberinde götürdü.

Yeni vilâyetlerinin idaresini ve Sungun'un fetih harekâtını Mukuli'ye bıraktı. Mukuli'yi herkesin huzurunda yücelterek ona dokuz atkuyruğu işlenmiş bir sancak hediye etti ve Moğollarına:

"Bu memlekette Mukuli'nin emirleri, benim emirlerim gibi kesindir." dedi.

İhtiyar kumandana bundan daha öte bir yüceltme olamazdı. Cengiz Han da, her zamanki gibi sözünü tuttu. Mukuli yeni malikânesinde, ordunun hiçbir kısmı tarafından rahatsız edilmeden uzun süre kaldı. Moğol Serdarı neden böyle bir karara vardı?

Bu konuda farklı fikirler öne sürülebilir. Fakat Batı sınırlarını takviye etmek istediği kesindir. Belki de bütün Çin'in boyun eğmesinin uzun senelere bağlı olduğunu anlamıştı. Sonra şurası da kesindir ki, askerî istilâsı son bulduktan sonra, yabancı bir memleket Cengiz Han'ı artık ilgilendirmezdi.

KARAKURUM

Diğer fatihlerin tersine Cengiz Han, yeni imparatorluğunun en muhteşem kısmı olan Katay'a yerleşmedi. Çinlileri mağlup edip atının üzerinde Çin Seddi'ni geçtikten sonra bir daha buraya geri dönmedi. Mukuli'yi askerî vali olarak Katay'da bırakarak kendisi Çenlerin mirası olan tenha yaylalara gitti. Genel karargâhları oradaydı ve Cengiz Han, ordusunu yerleştirmek için çöl şehirleri içerisinden Karakurum'u seçti.

Cengiz, bir göçebenin arzu edebileceği her şeyi Karakurum'a topladı. Çölün ortasında rüzgârlarla süpürülen kumlarla kamçılanan Karakurum, ilginç bir şehirdi. Çamur ve kerpiçten yapılmış evleri hiçbir yol fikri gözetilmeyerek inşa edilmişlerdi. Bütün etraf, siyah yün çadırların yükselen kubbeleriyle çevrilmişti.

Mahrumiyet ve başıboşluk yılları geçmişti. Han'ın damgasını taşıyan seçme at sürüleri, kışın büyük ahırlarda barınıyorlardı. Buğday ambarları şehri kıtlığa karşı muhafaza ediyordu. Bu ambarlarda insanlar için çavdar ve pirinç, atlar için saman bulunduruyorlardı. Yolcular ve Güney Asya'dan akın eden ziyaretçi elçiler, kervansaraylarda kalıyorlardı. Güneyden Türk ve Arap tacirleri geliyordu. Cengiz Han onlarla yeni bir ticaret usulü geliştirdi etti. Pazarlık sevmezdi. Eğer bunlar mallarını kendisine satmaya kalkışırlarsa, malları para vermeden ellerinden alırdı. Aksine her şeyi Han'a verirlerse, karşılığında kendilerini fazlasıyla tatmin eden hediyeler alırlardı.

Elçilerin mahallesinin yanında, rahiplerin mahallesi vardı. Taş camiler ile eski Buda mabetleri, Nesturi Hristiyanlarının küçük ahşap kiliseleri yan yanaydı. Moğol ordugâhının düzenine itaat etmek ve uymak şartıyla, herkes istediği mezhebin takipçisi olmakta serbestti. Ziyaretçiler sınırda Moğol subayları tarafından karşılanırlardı. Yanlarına adamlar katılır, kervan yollarının seri tatarları ziyaretçilerin gelişini önceden haber verirlerdi. Han'ın şehri etrafında otlayan sürülerin, siyah keçe kubbelerinin ve ağaçsız, tepesiz bir yayla üzerinde yan yana sıralanmış araba evlerin göründüğü noktaya geldikleri zaman, adalet ve kanunu temsil eden bir kişinin eline teslim edilirlerdi.

Göçebelerin eski bir âdetlerine uymuş olmak için, bunları iki büyük ateş arasından geçirirlerdi. Genellikle başlarına hiçbir kötülük gelmezdi. Yine de Moğollar, eğer bu ziyaretçilerde bir şeytanlık gizliyse, alevlerin onu yakacağına inanırlardı. Bundan sonra kendilerine barınacak yer gösterilir, yiyecek verilir ve Han izin verdiği takdirde, Moğol fatihinin huzuruna kabul edilirlerdi.

Cengiz Han'ın sarayı beyaz yünden, ipek astarlı, yüksek bir pavyondu. Girişin yanında üzerinde kısrak sütü, yemiş ve et bulunan gümüş bir masa dururdu. Böylece Han'ı ziyarete gelmiş olanlar, diledikleri gibi yiyebilme imkânına sahiptiler. Çadırın tam sonunda, yüksek bir kademe üzerine yerleştirilmiş alçak bir taht üzerinde Cengiz Han otururdu. Burta ve diğer bir kadın, alt kısımda ve Han'ın solunda yer alırlardı. Yanında birkaç bakan, büyük olasılıkla sırmalı elbiseleriyle uzun sakallı ve ağır sesi kendisine karşı başka türlü bir hürmet hissi uyandıran Ye Liu Tch'ou Tsai, elinde kâğıtları ve kalemiyle Uygurların bir yazıcısı ve Moğolların bölük kumandanlarından biri bulunuyordu. Pavyonun duvarları hizasına konmuş sıraları üzerinde, sessizlik içinde diğer ileri gelenler oturuyordu. Bunlar bellerinden kemerler sarkan uzun mantolar giymişler ve başlarında beyaz yünden, kenarları kalkık şapkalar geçirmişlerdi. Bu kabilelerin gayri-resmî kıyafetiydi. Çadırın ortasında çalı çırpıdan bir ateş yanıyordu.

Herkesten fazla saygı gören Tarhanlar, çadıra nasıl isterlerse öyle girerler ve istedikleri yere otururlar, sıranın altında ayaklarını birbiri üzerine atarlar, kalın ellerini kuvvetli süvari kalçalarına dayarlardı. Orhonlar ve tümen kumandanları onlara katılabilirlerdi. Gayet alçak bir sesle konuşulur ve Han konuşmaya başlayınca mutlak bir sessizlik hâkim olurdu.

Han konuştuktan sonra, görüşme son bulurdu. Artık kimse bir şey ekleyemezdi. Münakaşa, terbiyesizlik, abartı, hata ve Hakan'a karşı yalan ceza gerektirirdi. Söz nadir söylenir ve boğazdan güçlükle çıkardı.

Yabancılar hediye getirmeye mecbur edilirlerdi. Bu hediyeler o gün nöbetçi olan kişi tarafından, ziyaretçiler huzura kabul edilmeden önce Han'a takdim edilirdi. Bundan sonra ziyaretçilerin silahlı olup olmadığını anlamak üzere üzerleri aranır ve ziyaretçiler ne pavyonun eşiğine ne de çadırın iplerine dokunmamaları konusunda uyarılırlardı. Han'a hitap etmeden önce diz çökmek gerekliydi. Ziyaretçiler bir kez orduya takdim edildikten sonra, artık Han'ın izni olmaksızın oradan ayrılamazlardı.

Artık burası, Gobi çölünün kumları altında kalan demir bir irade tarafından idare ediliyordu. Orduya dâhil olanlar, Taçların ve Tahtların Hâkimi'nin hizmetkârıydı. Onun iradesinden başka bir kanun mevcut değildi.

Rahip Frere Rubruquis şöyle der:

"Tatarların içine girince kendimi başka bir âlemde zannettim. Tamamen askerî teşkilât hâkimdi ve tam bir disiplin hüküm sürmekteydi. Han'ın pavyonu güneye bakıyor ve önünde geniş bir saha uzanıyordu. Sağda ve solda Tabernakle'in etrafında kendilerine mahsus yerleri olan Ben-î İsrail'in çocukları gibi, kabile halkının kendine mahsus yerleri vardı."

Han'ın evi büyümüştü. Ordu tarafından verilmiş çadırlarında, hizmetleri Han'ın adamları tarafından görülen çakır gözlü Burta'dan başka diğer kadınlar da vardı. Cengiz Han, Katay ve Liyao prenseslerini, Türk Hakanlığı hanedanına mensup Katay ve çöl kabilelerinin en güzel kadınlarını kendine eş olarak almıştı. Bir adamın aklını ve cesaretini, bir atın canlılığını ve dayanıklılığını nasıl takdir edebiliyorduysa, bir kadının güzelliği ve bilgeliğini de öyle anlıyordu. Moğolun biri bir gün Han'a yeni fethedilen vilayetlerden birindeki genç bir kızın çok güzel olan yüzünü ve hâlini anlattı. Ne var ki adam, kızın yerini bilmiyordu. Bunun üzerine Han, "eğer gerçekten güzelse, onu bulurum" dedi.

Bir de şu eğlenceli hikâyeyi anlatırlar: Han bir gün rüyasında eşlerinden birinin kendi aleyhinde bir suikast düzenlediğini görmüş. Bu sırada yazlık ikametgâhında bulunuyormuş. Uyanır uyanmaz, bağırmış:

"Çadırın kapısında bekleyen nöbetçi reisi kimdir?"

Nöbetçi reisi gelince, Han ona şöyle demiş:

"Falan kadın senindir, onu sana verdim, al ve çadırına götür."

Ahlâk meselelerini halletmede Han'ın tamamen kendisine özgü bir tarzı vardı.

Han'ın bir diğer eşi de Han sarayına mensup Moğollardan birinin arzularına köle olmuştu. Han bu durumu öğrendikten sonra ne erkeği ne de kadını öldürtmedi, "Çirkin huylu bir kızı kendime eş almakla hata etmişim." diyerek onları huzurundan kovdu.

Bütün erkek evlâtları arasında, kendisine varis olarak, daima yanında bulundurmaktan hoşlandığı, Burta'nın dört oğlunu tanıdı. Onların terbiyesine özellikle önem verdi ve onlara nezaret etmek üzere her birinin yanına subaylıktan emekli birer görevli verdi. Karakterlerini ve çeşitli kabiliyetlerini ayrı ayrı inceledikten sonra onları Orlük, Kartallar İmparatorluk hanedanına mensup prensler seviyesine çıkardı ve onlara düzenli teşkilâtı içinde birer rol verdi.

Bunların en büyükleri olan Cuci av reisi tayin edildi. Çağatay, kanun ve ceza reisi oldu. Ögeday istişare reisi ve en küçükleri olan Tulu ise ordunun ismen reisliğine tayin edildi ve Han'ın yanında kaldı.

Cuci'nin oğlu Batu, daha sonralar Rusya'yı ezen Altınordu Devleti'ne vücut verdi. Çağatay'a, Orta Asyanın idaresi miras kaldı ve haleflerinden biri olan Babür, Hint Moğollarının elebaşlarından biri oldu. Tulu'nun oğlu Kubilay, Çin diyarından Orta Avrupa'ya kadar uzanan bir imparatorluğun hâkimi oldu.

Genç Kubilay, Han'ın kendisine karşı bir büyük baba şefkati gösterdiği en sevgili oğluydu. Cengiz Han onun için "Genç Kubilay'ın sözlerine dikkat ediniz: Her sözü hikmetle doludur!" derdi.

Cengiz Han, Katay'dan döndüğü zaman, genç imparatorluğun batı bölümünü çok kötü bir hâlde buldu! Orta Asya'nın kuvvetli Türk halkı, Kara Kitay İmparatorluğu'nun kurucuları, Güçlük isminde bir Nayman prensinin, çok usta bir hilebazın eline düşmüşlerdi. Güçlük, Keraitler'e karşı yaptıkları savaşta Moğollar tarafından mağlûp edilenlerden biriydi. Rivayete göre Güçlük, bir ihanetle yükselmiş ve mevki sahibi olmuştu. Uzak batının büyük devletleriyle ittifaklar kurmuş ve kendisine misafir olan Siyah-Katay'ı katletmişti.

Cengiz Han'ın Çin Seddi'nin gerisinde meşgul olduğu sırada değerli savaşçılar olan Uygurları bozguna uğratmış ve Moğol tebaasından Hristiyan hanı Almalik'i de öldürmüştü. Bunun üzerine, her zaman coşkunluk içinde bulunan Merkitler de kabileyi terk etmişler ve ona katılmışlardı.

Cengiz Han Karakurum'a dönünce Güçlük'ün ve onun Tibet'ten Semerkand'a kadar uzanan dağ silsilesi içinde kendisine kurduğu geçici imparatorluğun işini kesin olarak halletti, sürü taze atlara bindirilerek Naymanlar üzerine sevk edildi. Siyah Katay hâkim mevzilerinin dışına çekildi ve Moğollar tarafından müthiş bir şekilde mağlûp edildi. Subotay bir bölüğüyle ayrılmak, Merkitler'i itaate altına almak üzere onların üzerine gönderildi ve Cebe Noyan iki Tumanla birlikte Güçlük'ü takip edip ölüsünü getirmek amacıyla peşlerine gönderildi.

Cebe Noyan'ın dağlarda gerçekleştirdiği ustalıklı manevralardan bahsedecek değiliz. Cebe Noyan, Güçlük dışında bütün düşmanlara karşı af ilân etmekle Müslümanların arzusunu tatmin etti ve savaş sebebiyle kapanmış olan Budist mabetlerinin kapılarını açtı. Bundan sonra, dağın üzerinde, saltanatı ancak bir sene süren imparatoru takip etti. Güçlük öldürüldü ve Cebe Noyan'ın geçtiği yollarda topladığı beyaz ağız ve burunlu bin atla beraber Karakurum'a gönderdi.

Savaşı kaybetmesi durumunda Han için felâketli olabilecek olan bu seferin iki sonucu ortaya çıktı.

Moğolların en yakınlarında bulunan ve Tibet'ten Rusya steplerine kadar uzanan irtifalar üzerinde oturan korkunç Türk kabileleri, Moğol'a katıldılar. Bu olay çok önemliydi, çünkü Güney Katay'ın düşüşünden sonra göçebeler Asya hâkimiyetinin dengesini ellerinde tutmakta idiler.

Üstelik mabetlerin açılması Cengiz Han'a yeni bir şöhret ve itibar kazandırdı. Dağlar şehrinden, vadilerinde karargâhlara kadar her tarafta Katay'ın fethettiği tekrar olundu ve Budist Katay'ın büyüklüğü ve dehşetli itibarı o andan itibaren Han'ın şahsını kuşattı. Diğer yandan dağılan din adamları, takipten kurtulmadan ve vergilerle mükellefiyetlerden muaf kılınmaktan memnun oldular. Tibet'in karlı tepelerinde, bu en korkunç dinî kin ve düşmanlıklar sahnesinde, aralarındaki denge bozulmuş olan farklı inançlardaki din adamları arasında denge sağlandı ve bunlar Han'ın kurduğu düzene uyum sağladılar. Yasanın gölgesi genişliyordu. Han tarafından gönderilen ve fatihin yeni kanunlarını bildiren sakallı Kataylılar, kargaşanın ortasında, ona nizam vermek için göründüler. Bir taraftan bunu yaparken, diğer taraftan Mukuli'nin demir hâkimiyetine geçmiş Katay'a da bazı teselliler vermeye çalışmaktaydılar.

Bir postacı kervanlar yolunun üzerinden dörtnala gelerek Cebe Noyan'a Han'ın 1.000 beygirini teslim ettiği haberini getirdi. Han, Cebe Noyan'a bir de ikazda bulunmuştu:

"Başarıların sebebiyle mağrur olma!"

Bu uyarıyla sakinleşmiş olsun ya da olmasın, Cebe Noyan atlılarını Tibet silsilesi etrafında toplanmaya devam etti. Asla Karakurum'a dönmedi. Şimdi dünyanın başka bir tarafında faaliyete geçmesi gerekiyordu.

Bu olaylar üzerine Güçlük'ün düşüşüyle beraber, Asya'nın kuzeyinde sahnenin üzerine perdenin inmesi gibi anî ve kati bir sakinlik ortamı sağlandı. Çin'den Aral Denizi'ne kadar bir tek hükümdar saltanat sürüyordu. Han'ın postacıları 50 boy derecesi üzerinde at koşturuyorlar ve imparatorluğun bir ucundan öbür ucuna kadar bir çuval altın götüren bir bakirenin tehlikesizce gidebileceğini söylüyorlardı.

Fakat bu idarî faaliyet, yaşlanmaya başlayan Fatih'i tam olarak tatmin etmiyordu. Artık çayırlardaki kış avlarından zevk almıyordu. Bir gün Karakurum'daki dairesinde bir muhafız subayına hayatta neyin insana en çok mutluluk vereceğini sordu. Subay bir an düşündükten sonra, şu cevabı verdi:

"Güzel bir günde, hızlı bir at üzerinde stepleri geçmek ve elinde atmaca, tavşan avlamak!"

Han:

"Hayır" dedi. "Düşmanlarımı ezmek, onların ayağıma kapandıklarını görmek, atlarını ve mallarını almak, kadınlarının feryatlarını duymak, bu daha iyidir."

Taçların ve tahtların hâkimi aynı zamanda bir afetti ve bu kez batıya doğru, sonuçları bakımından müthiş olacak bir sefere yöneldi. Bu sefer, çok ilginç bir şekilde başladı.

DÖRDÜNCÜ BÖLÜM

İSLÂM'IN KILICI

O zaman kadar Cengiz Han imparatorluğunu Asya sınırlarından ileri götürmemişti. Çölde büyümüş ve medeniyete ilk teması Katay'da gerçekleşmişti. Bunu takiben Katay şehirlerini bırakarak doğduğu yaylanın otlaklarına dönmüştü. Daha sonra Güçlük olayı ve Müslüman tacirlerin gelişleri ona Asya'nın öbür yarısını da şöyle bir görebilmek imkânını vermişti.

İmparatorluğun batı sınırını teşkil eden dağ silsilesinin gerisinde hiç kar düşmeyen bereketli vadiler, hiç donmayan dereler ve Karakurum ile Yen-King'ten daha eski şehirlerde oturan halklar olduğunu biliyordu. Bu batı milletleri iyi dökülmüş çelik oklar, beyaz kumaşlı ve kırmızı derili fevkalâde güzel eğerler, kehribar ve fildişi, yakut ve mercan getiren kervanları donatan milletlerdi.

Bu kervanlar ona gelebilmek için Orta Asya engelinin, Tagdumbaş, "dünyanın tavanı" denen kısmın kuzeydoğu ve güneybatısında dağınık şekilde uzayıp giden dağlar silsilesini aşmak zorundaydılar. Bu dağlık engel, hatırlanamayacak kadar eski zamanlardan beri mevcuttu. Bu, eski Arapların "Kafdağı" dedikleri dağdı. Yüksek ve ıssız kısımlar hâlinde uzanıp gidiyor ve Gobi göçebelerinin dünyanın kalan kısmıyla alâkasını kesiyordu. Ara sıra Asya'daki daha kuvvetli halklar tarafından zorlanan göçebe halklardan birinin engelin bir tarafından kendisine bir güzergâh açtığı olmuştu. Hunlar ve Avarlar bu dağlardan kaybolmuşlar ve bir daha görünmemişlerdi ve aralıklarla, batı fatihleri bu dağlardan geçmişlerdi. 17 yüzyıl önce İran hükümdarları zırhlı süvarileriyle doğuya gelmiş, Tagdunbah istihkâmlarını ele geçirmek niyetiyle İndus ve Semerkand'a kadar ilerlemişlerdi. İki yüzyıl sonra İskender de piyadeleriyle birlikte tam olarak aynı noktaya gelmişti. Bu dağlar bir taraftan Cengiz Han'ın tebaası olan yayla sakinlerinin ve diğer taraftan Kataylıların Ta-Tiin, "uzak bölge" dedikleri memleket, batı vadileri halkını ayıran muazzam bir perde görevi görmekteydi. Usta bir Katay generali, bir gün bu çöllere bir ordu sevk etmiş, fakat o güne kadar kimse dağların ilerisine geçerek savaşa girişmek macerasına kalkışmamıştı.

Moğol Orhonlarının en cesurlarından olan Cebe Noyan, karargâhlarını bu dağların ortasına kurmuştu ve Cüci de batan güneşe doğru, Kıpçak kabilelerinin stepleri bölgesinde dolaşıyordu.

Şimdilik Cengiz Han ticaretle ilgileniyordu. Orta Asya perdesinin ötesinde oturan Müslüman kavimlerin malları, özellikle silâhları, sade alışkanlıklara ve yaşam tarzına sahip Moğollar için büyük bir lüks teşkil ediyordu. Cengiz kendi tebaası olan Müslüman tacirlerini kervanlarını batıya doğru göndermeye teşvik etti. Han öğrendi ki, bu yönde kendisinin en yakın komşusu bizzat büyük bir ülkeyi fethetmiş olan Havarzem Şahı idi. Han, şaha şu mektubu iletmekle görevli elçiler gönderdi:

"Sana selâmlarımı gönderirim. Senin kudretini ve imparatorluğunun genişliğini biliyorum ve seni çok aziz bir evlât gibi sayıyorum. Senin de, benim birçok Türk halklarını fethettiğimi bilmen gerekir. Memleketin bir savaşçılar ordugâhı, bir para madenidir ve başka araziye hiç ihtiyacın yoktur. Benim düşünceme göre tebaamız arasında ticareti teşvik etmek her ikimizin de menfaati gereğidir."

Moğol Hanı için bu nazikçe kaleme alınmış bir mektuptu. Cengiz Han, yok olan Katay imparatoruna doğrudan doğruya tahrik edici bir hakaretname göndermişti. Harzem Şahı Alâeddin Muhammed'e de ticaret yapmak için olumlu bir davet gönderiyordu. Aslında Şah'a "oğlum" diye hitap etmesi, bu hitap Asya'da bir tür aidiyet ifade ettiği için, Şah'a karşı gösterilmesi gereken hürmette kusur demektir. Fakat fethedilen Türk kabilelerine verilen bu lâkapta bir tuzak gizliydi. Özellikle Şah dahi Türk'tü.

Han'ın gönderdiği adamlar Şah'a değerli hediyeler takdim ettiler, gümüş çubuklar, kıymetli kemerler ve beyaz deve derileri verdiler. Fakat Şah tuzağa düştü.

"Cengiz Han kimdir?" diye sordu. "Gerçekten Çin'i fethetmiş mi?"

Elçiler onay cevabı verdiler. Bunun üzerine Şah:

"Orduları benimki kadar büyük mü?" dedi.

Sefirler bu soruya nezaketle karşılık vererek (elçiler Moğol değil Müslüman'dı) Han'ın ordularının Şah'ın ordularıyla karşılaştırılmasına olanak bulunmadığını söylediler. Şah memnun, tacirlerin karşılıklı ilişkilerine izin verdi ve yaklaşık bir sene kadar her şey yolunda gitti.

Bu sırada Cengiz Han adı diğer Müslüman memleketlerine de yayılıyordu. Bağdat halifesi aynı Harzem Şahı tarafından zulme maruz bulunuyordu ve halife, davasının Katay sonlarında hüküm süren esrarengiz Han tarafından desteklenebileceği düşüncesini besliyordu.

Halife, Bağdat'tan Karakurum'a bir elçi gönderdi ve bu elçi Şah'ın topraklarından geçeceği için bazı tedbirler de alındı.

Vakayinameler bu elçiye verilen yetkilerin tıraş edilen kafasına ateş hâline gelmiş bir uçla yazıldığını kaydeder. Sonra elçinin saçlarını uzamaya bıraktılar ve söylenecek şeyleri ona ezberlettiler. Her şey yolunda gitti. Halifenin adamı Moğol Hanı'na ulaştı, kafasını tıraş ettiler, kimliği belirlendi ve Halife'nin kendisinden söylemesini istediği sözleri söyledi.

Aslında Cengiz Han, bütün bunlara hiç önem vermedi. Büyük olasılıkla gönderilen adam ve bu tehlikeli davet onun üzerinde büyük bir etkide bulunmadı. Zaten Şah da bir ticaret anlaşmasına bağlı bulunuyordu. Ancak Han'ın ticaret girişimleri birdenbire son buldu.

Karakurum'dan gelen yüzlerce tacirlik bir kervan, Şah'a ait korunaklı sınırlardan Otrar'ın valisi İnalcık tarafından zaptedildi. İnalcık, efendisine kervana, içinde casuslar olduğu için - ki bunun doğru olması çok muhtemeldir - el koyduğunu söyledi.

Muhammed Şah, çok düşünmeden valiye tacirlerin öldürülmesi emrini verdi ve sonuçta bu adamların hepsi idam edildi.

Bu haber derhal Han'a erişti ve Han olayı protesto etmek üzere Şah'ın nezdine hemen sefirler gönderti. Muhammed Şah bunların elçilik heyeti başkanlarını öldürttü ve diğerlerinin de sakallarını yaktırdı.

Ölümden kurtulanlar Cengiz Han'ın yanına döndüklerinde Gobinin hâkimi, düşünmek üzere dağa çekildi.

Bir Moğol devlet görevlisinin katledilmesi cezasız kalamazdı: Gelenek, maruz kalınan her hakaretin intikamının alınmasını emrediyordu.

Han:

"Nasıl gökte tek bir Tanrı varsa, yeryüzünde de tek bir Han olmalıdır." dedi.

Bunun üzerine dağlar silsilesinin öbür tarafına hemen casuslar gönderildi ve adamları kabilenin bayrağı etrafına toplanmak için çölün içine postacılar salındı. Bu sefer Şah, Han'dan kısa, fakat tehditkâr bir mektup aldı:

"Savaşı tercih ettim; bundan sonra ne olacağını bilmiyoruz. Yalnız Allah bilir."

İki fatih arasında er ya da geç gerçekleşmesi kaçınılmaz olan savaş ilân edilmişti ve akıllı Moğol, savaş sebebini elde etmişti.

Kendisine sunulan şeyin ne olduğunu anlamak için dağlar silsilesinin ötesine, İslâm'ın ve Şah'ın dünyasına bakmak gerekmektedir. Bu dünya şiir ve musikiyi takdir etmesini bilen savaşçı bir dünyaydı. Bir âlem ki, için için sefaletlerden mustarip, esirlerle dolmuş, servetleri yığmış ve kendini tam anlamıyla sefahate ve entrikaya bırakmıştı.

İşlerin idaresi rüşvetçilere, kadınlar ve harem ağalarının nezaretine, vicdanlara, Allah'ın muhafazasına terkedilmişti.

Bu adamlar farklı mezheplerin takipçisi olup Kuran'ı muhtelif suretlerde tefsir etmekte idiler. Fakirlere sadaka veriyorlar, kendilerini bin bir itinayla yıkıyorlar, güneşli meydanlarda toplanıp sohbet ediyorlar, büyüklerinin güzel işleriyle övündükleri bir hayat sürüyorlardı.

Hiç olmazsa hayatlarında bir kez Mekke'ye giderek Kâbe'de, kadife perdesi altında duran Hacer-i Esvedi ziyaret ediyorlardı. Bu seyahat esnasında İslâm'ın mensupları yüz yüze geliyorlar, imanlarını tazeliyorlar ve yurtlarına, memleketlerinin büyüklüğü ve müminlerin çokluğu karşısında duydukları derin etkiyle dönüyorlardı.

Asırlarca önce İslâm Peygamberi bir ateş yakmış ve Araplar bu ateşi en uzak noktalara kadar götürmüştü. O zamandan beri bütün İslâm ümmeti bir tek gaye etrafında toplanmışlardı: Fetih.

İslâm fatihlerinin ilk dalgaları İspanya'da Gırnata'ya, bütün Kuzey Afrika'ya, Sicilya'ya ve Mısır'a kadar yayılmıştı. Daha sonraları İslâm'ın askerî kudreti Araplardan Türklere geçti. Her iki millet zırhlara bürünerek gelip kendilerinden Kudüs'ü alan Haçlılara karşı yapılacak cihatta ittifak yapmışlardı. Bu sırada, yani 13.yüzyıl başlarında, İslâm, askerî kuvvetinin en üst noktasındaydı.

Haçlılar yenilmiş, kutsal toprakların sahillerinden püskürtülmüş ve Türklerin ilk dalgalarından biri, sönmek üzere bulunan Yunan İmparatorluğu askerlerinin elinden Anadolu'yu almıştı.

Bağdat'ta, Şam'da İslâm'ın önderleri olan halifeler, Harun Reşit günlerinin bütün parlaklığını sürdürmekteydiler.

Şiir ve müzik çok sevilirdi. Nükteli bir söz bir adamın servet edinmesi için yeterliydi. Görüş kabiliyeti kuvvetli olan Ömer Hayyam isimli bir müneccim, bu adamların bir taraftan Kur'an sayfalarının bütün ilimleri kapsadığı telkinini yapmakla beraber, diğer taraftan gözlerini şarap kadehlerinin dibinden ayırmadıklarını söylüyordu.

Büyük Halife Ömer ve Harun Reşit, uzun zamandan beri mezarda uyuyorlardı. Fakat Gazneli Mahmud'un ardılları hâlâ Güney Hind'e hâkim bulunuyorlardı. Bağdat halifeleri kendilerini fetihten çok siyasete vermek suretiyle durgunlaşmışlardı. Bununla birlikte bir din düşmanına karşı iç çekişmelerini unutarak birleşebilecek kabiliyette olan İslâm süvarileri, Harun'un ziyafet arkadaşlarıyla şakalaştığı günlerden daha az güçlü değillerdi.

Bu savaşçı şehzadelerin tomurcukları, bereketli bir sahada yaşıyorlardı; ormanlıklardan geçerek inen nehirler çölün kumlarında buğday ve yemişi bol bol yetiştirtiyordu. Sıcak bir güneş bu adamların zihnini harekete geçiriyor ve onlarda eğlence arzusunu tahrik ediyordu. Silâhları nitelikli ustalar tarafından imal ediliyordu. Öyle kılıçları vardı ki, çelikleri ikiye bükülebiliyordu. Kalkanlarının üzerinde işlenmiş gümüşlerin parıltısı okunuyordu. Başlarında hafif, çelik miğferler taşıyorlardı. Çok dayanıklı olmamakla birlikte, seri ve cesur atlara biniyorlardı. Diğer taraftan ateşli gazaların sırrını da bilmiyor değillerdi. Hayatları içinde eğlenceye de yer veriyorlardı.

"Mısralar, şiir ve bol bol, tatlı tatlı akan şarap...

Tavla, satranç, av, atmaca...

Sefer, kurşun, kabul salonu, savaş ve nadir ziyafetler...

"At, silâhlar, açık bir el, sultanı sena ve dua"

İslâm'ın merkezinde Harzem Şahı Muhammed, askerî önder olarak tahta oturmuştu. Sahip olduğu alan Hindistan'dan, Bağdat ve Aral Denizinden, Basra Körfezine kadar uzanıyordu. Haçlılara karşı galip gelen Selçuklu Türkleriyle Mısır'da doğan

Memlûk Hanedanı dışında, hiç kimse onun saltanatının nüfuzu dışında değildi. İmparator oydu ve kendisiyle iyi geçinmeyen, fakat onu inkâr da edemeyen halife, bir papa gibi, yalnız ruhanî bir nüfuzla yetinmek durumuna düşmüştü.

Harzem İmparatorluğu'nun Şahı olan Muhammed dahi Cengiz Han gibi göçebe bir halktan geliyordu. Ataları büyük Selçuklu Malik Şah'ın rehinesi ve esirleriydi. O ve atabeyleri, yani aile reisleri, Türk'tüler. Gerçek bir Turan savaşçısı olarak bir tür askerî deha, siyasî sağduyu sahibi ve tez canlıydı. Zulmünün de sınırsız olduğunu, keyfi için hatta kendi taraftarlarını öldürttüğünü biliyoruz. Bir seyidi öldürmek ve arkasından halifeden bunun günah olmadığına dair dayanak bulmasını istemek derecesindeydi. İstediğini elde edemezse halifeyi azleder, yerine bir başkasını geçirirdi.

İşte, Bağdat halifesinin, Cengiz Han'a elçi göndermesinin altında yatan sebepler, bu kavgalar olmuştu.

Muhammed'de biraz da övülmek arzusu vardı. Kendisine savaşçı denmesinden hoşlanır ve taraftarları onu ikinci bir İskender gibi göklere çıkarırlardı. Annesinin entrikalarına zulümle karşılık veriyor ve işlerini idare eden veziriyle anlaşmazlıklara düşüyordu.

Dört yüz bin kişilik ordusunun temeli, Harzem Türklerinden oluşuyordu. Fakat bundan başka emri altında İran kıtaları da vardı. Savaş filleri, büyük deve katarları ve silahlı bir esir kütlesi, kendisini takip ederdi.

İmparatorluğu nehirlerin kenarına sıralanmış büyük bir kasabalar zinciri tarafından koruma altındaydı: İslâm akademilerinin ve camilerinin merkezi olan Buhara, yüksek duvarlı ve eğlence bahçeleriyle dolu Semerkant, Horasan'ın kalbi olan Herat ve Belh...

Bu İslâm âlemi, zalim Şah'ı, sayısız savaşçıları ve kuvvetli şehirleriyle Cengiz Han için, hemen hemen meçhul bir âlemdi.

BEŞİNCİ BÖLÜM

BATIYA YÜRÜYÜŞ

Cengiz Han, ordusunu Müslüman Türklere karşı sevketmeden önce, iki meseleyi halletmeye mecburdu. Çin'i fethetmeye gittiği zaman çöldeki aşiret topluluğunun büyük bir kısmını beraberinde götürmüştü. Fakat bu kez, arkasında birçok seneler için dağ silsilelerinin ardından idare etmeye mecbur olduğu yeni yeni toparlanmış halk kütlelerinden oluşan bir imparatorluk bırakıyordu. Bu meseleyi de kendi bildiği şekilde halletti.

Mukuli Katay'ı silahla avucunun içinde tutuyordu. Liao prenslerinin de arkalarında düzeni sağlamak için yapacak çok şeyleri vardı. Cengiz Han, fethettiği memleketin asilzadelerini, büyük aile erkeklerini ve kendisinin yokluğunda kargaşalık çıkarabilecek kimseleri topladı. Her birine birer Moğol postacısı ile bir gümüş bayrak ve bir de orduya davetname gönderdi. Cengiz Han bunları, hizmetlerine ihtiyacı olduğunu bahane ederek, imparatorluk dışına beraberinde götürdü. Gobi Hanları Meclisi ile haberciler vasıtasıyla temasını koruyarak, nerede bulunursa bulunsun, hükümeti elinde bulundurmak istiyordu. Kardeşlerinden birini Karakurum valisi olarak bıraktı.

Bu işlerin hallinden sonra, ikinci ve daha önemli bir mesele geride kalıyordu: Baykal gölünden başlayarak merkezî Asya dağ sıralarının ötesindeki İran'a kadar iki yüz elli bin savaşçıdan oluşan bir orduyu nakletmek. Bununla birlikte bu orduyu, bugün, seyyahların bütün mükemmel donatılmış kervanlarla seyahate bile yanaşamadıkları ve bu öneme sahip çağdaş bir ordunun bile geçemeyeceği yerlerden, üç bin kilometrelik mesafeyi kuş uçuşu geçirmek.

Cengiz Han, 1219 baharında, ordunun güney batısındaki bir nehrin geniş çayırlığında toplanmasını emretti. Tümenler muhtelif komutanların emri altında toplandılar. Her nefer beraberinde dört beş at getirmişti. Büyük sürüler çayıra salıverildi ve bunlar adamakıllı beslendi. Han'ın en küçük oğlu da kumanda görevi üstlenmek üzere geldi ve sonbaharın ilk serin günlerinde, bizzat Han at üstünde Karakurum'dan çıktı.

Göçebe imparatorluğunun kadınlarına şunları söylemişti:

"Siz silah kullanamazsınız. Fakat yapacak vazifeniz var. Dönecek erkekler için yurtları temiz tutunuz. Ta ki gelen postacılar, gece kalacaklarsa yatacak yer, yiyecek yemek bulsunlar. Bunu yapan bir kadın savaşın şerefini yükseltir."

Görünüşe göre, bu düşünce Han'ı alâkadar etmişti. At üstünde ordusuna doğru giderken, kendisinin de sağ salim döneceğini kim garanti edebilirdi? Şirin bir ormanı geçerken yüksek ağaç kümelerine bakarak şöyle demişti:

"Dağ keçisi için, av için ne güzel yer. Yaşlı bir adam için ne hoş bir istirahat yeri..."

Cengiz Han, eğer ölürse, yüksek sesle kendi kanun derlemesi olan Yasa'nın okunmasını ve herkesin bu yasaya sadakat göstererek yaşamasını emretti.

Ordusu ve zabitleri için de başka şeyler söyledi:

"Benimle beraber geliyorsunuz. Bize hakaretle muamele eden adamın başını bütün kuvvetimizle taşa vuracağız. Zafer hepimizin ortak başarısıdır. On kişiye kumanda eden de, on bin kişiye kumanda eden kadar uyanık olsun. O da, bu da görevinde kusur ederse, hem kendini hem karılarını, hem de çocuklarını idam ederim."

Cengiz Han oğullarıyla, Orhonlarla, aşiret reisleriyle konuştuktan sonra, atına binerek ordunun çeşitli karargâhlarını teftişe çıktı. O tarihte elli altı yaşında vardı. Geniş çehresinde buruşukluklar oluşmuş, derisi sertleşmişti. Yerinde duramayan beyaz bir atın eyeri üstünde, kısa üzengilerinden dizleri iki büklüm olmuş, üstünde kartal tüyleri sallanan beyaz abadan başlığını alnının üzerine kaldırmıştı. Büyük rüzgârlarda başlığını çenesinin altından bağlayacak kırmızı şeritler iki kulağının yan tarafından sarkıyordu. Uzun yenli siyah samurdan paltosu, altın plâkalarla tutturulmuştu. Yığılan süvari saflarının boyunca yürüyor ve az konuşuyordu. Ordu şimdiye kadar olduğundan çok iyi donatılmıştı. Her neferin iki yayı, rutubete karşı sarılmış ok tor bası vardı. Miğferler enselerini muhafaza edecek demirli deriden bir şeritle çevrilmişti.

Yalnız Han'ın muhafızlarında kalkan vardı. Ağır süvari kıtaları kemerlerine kılıçlarından başka baltalar ve savaş makineleri ile devrilmiş arabaları çekmek için ipler takmışlardı. Deri çantalarda gaydalar, karavanalar, balmumu, okları sivriltecek törpüler, yedek yay kirişleri, hepsi, hepsi mevcuttu.

Az sonra her nefere erzak verilecekti. İsli et ve suya konup ısıtılabilecek kurumuş yoğurt...

Şimdilik savaşçılar bir yerden bir yere gidiyor gibiydiler. Bunlara birçok Kataylılar da eşlik ediyordu ve bunlardan yeni bir fırka teşkil edilmişti. Bu fırkada görünüşe göre, on bin savaşçı vardı. Kumandanı Ko Pao, yani topçuluk üstadı bir Kataylıydı. Askerleri ağır kuşatma ve ateş atma makineleri imal etmeye ve kullanmaya alışmışlardı. Bu makinelerin oldukları gibi nakledilmedikleri, fakat parça parça arabalarda götürüldükleri anlaşılıyordu. Ho-pao denilen ateş makinelerinin nasıl kullanıldığını da sonradan göreceğiz.

Ordu küçük dağ silsilelerini geçerek ve öküz sürülerini önden sürüyerek yavaş yavaş ilerliyordu. Tek bir grup oluşturmaya uygun olmayan bir sayıda, yani yaklaşık iki yüz bin kişiydiler.. Çünkü onlar için memleket dahilinde ve yaylalarda yaşamak mecburiyeti vardı. Cengiz'in büyük oğlu Liyari'Şan, Cüci'nin öte tarafında Cebe Noyan'a katılmak için iki fırka ile ordudan ayrıldı. Ordunun kalan kısmı da vadilere göre dağıldılar. Yürüyüşün başlangıcında vuku bulan bir olayı müneccimler uğursuzluğa yordular. Zamanından önce kar yağmıştı. Cengiz Han, Ye Siyu Çu Tsai'i arattı ve bu karın ne anlama gelebileceğini sordu.

Kataylı âlim, son derece incelikle dedi ki:

"Bu hâl, soğuk ve sisli topraklar hükümdarının, sıcak memleketler hükümdarına üstün geleceğinin işaretidir."

Kataylılar o kış çok ıstırap çektiler. Aralarında hastalıkları iyi etmek için ot bulup hazırlamak sanatında usta adamlar vardı. Bir çadırın önünde ucu yere batırılmış bir kargı, çadır içinde hasta bulunduğuna alâmetti. O zaman yıldızdan ve ottan anlayan bu adamlar hastaya ilaç vermeye çağırılırdı.

Orduya savaşçı olamayan birçokları da eşlik etmekteydi: Tercümanlar, daha sonra casuslukta bulunacak olan tacirler, fethedilecek yerlerin idaresine verilecek mandarinler... Hiçbir şey ihmal edilmemiş, her şey en ince detayına kadar düşünülmüştü. Hatta kaybolan eşyalarla ilgilenmek üzere bir zabit bile tayin etmişlerdi. Silâhların ve eyerlerin süslemeleri pırıl pırıl yanıyordu, çantalar tıklım tıklım doluydu. Sabahleyin davul çalınınca yola çıkılıyor, sürüler öne katılıyor, savaşçılar arabalarla arkadan geliyorlardı. Akşamüstü sürülere yetişiyorlar, başkumandanın sancağı dikiliyor ve etrafına ordugâh kuruluyordu. Savaşçılar deve sırtında ve arabalarda getirdikleri çadırları indirip kuruyorlardı.

Bir nehri geçmek gerekiyorsa, iplerle eyer kayışlarından birbirine bağlanan, bazen yirmi tane at, akan suyla uğraşıyordu. Süvariler de bazen bineklerinin kuyruklarına yapışarak yüzmek zorunda kalıyorlardı. Sonraları nehirleri artık buz üstünde geçmeye başladılar.

Kar, her şeyi örtmüştü. Hatta çölün kum yığınlarını bile, kül rengi solmuş demirhindi ağaçları, ihtiyar hayaletleri gibi, fırtına altında sallanıp duruyorlardı. Karlar arasında kendilerine yol bulabilmiş yaban koyunları ile gazellerin izleri vardı.

Cüci'nin bölüğü güneye iniyordu, Tiyen – Şan'ın üstünde,

büyük kuzey yolu olan Pe – Tü'ye inmek için yaklaşık iki bin metre yüksekliğindeki geçitleri geçti.

Moğollar burada, Asya'nın en eski ticaret yolunda, birbirlerine gemlerinden kuyruklarına bağlanmış, yüzlercesi bir arada, kumaş, pirinç ve saire yüklü, yarım düzine kadar adamla bir köpeğin arkasından giden uzun tüylü deve katarlarına rastladılar.

Ordunun büyük kısmı daha yavaş ilerliyordu. Boğazlardan ve donmuş göllerden Sung kapısının eşiğine, yani bütün göçebe aşiretlerin Yukarı Asya'dan çıktıkları geçide doğru yönelmişti. Orada kendilerini kör edici bir fırtına, dondurucu bir soğuk karşıladı. Sürüler, eğer geçitte kar ve fırtınaya çatsalardı, soğuktan ölürlerdi. Yine de yine sürülerin büyük kısmı ölmüş ve yenmişti. Son zamanlarda arabalar terkedilmişti. Yalnız en sağlam develer yaşayabiliyordu.

Kataylı Ye-Siyu-Çu-Tsay şunları yazmıştır:

"Bu dağlarda yaz ortasında bile kar ve buz yığılmış. Burasını takip eden ordu, kendine yol bulmak için buzları kırmak zorunda kaldı. Kara çamlar o kadar yüksek ki, tepeleri göğe değiyor zannedilir. Chin-Chan (Altın dağ)'ın güneyindeki nehirlerin hepsi de batıya doğru akıyor."

Nalsız atların tırnaklarını korumak için, ayaklarına öküz derisinden sargılar sarılmıştı. Atlar gıdasızlıktan ıstırap çekiyor ve damarlarından kan çıkıyordu.

Fırtınalar kapısı"nın ötesindeki batı silsilelerine girerken, savaşçılar, yarlarda ve boğazlarda köprü kurmak için ağaç gövdelerini indirdiler. Avcılar av bulmak için ava çıktılar. Yukarı Asya'nın bu şiddetli soğukları içindeki yürüyüş süresince, iki yüz elli bin adam, bugünkü bütün bir tümeni hastaneye gönderebilecek yorgunluk ve yoksunluklara katlandılar. Moğollar, bütün bunlara önem bile vermediler. Keçi derilerine bürünerek, kar altında uyuyabiliyorlar, gerekirse ağır çadırlarının altında ısınıyorlardı. Erzak kalmayınca, bir atın damarını açıyorlar, bir miktar kan içtikten sonra, açtıkları yeri kapatıyorlardı.

Yüz elli kilometrelik dağlık arazide, dağınık bir hâlde, kızaklarını arkalarında sürüyerek, geçtikleri yerlerde kemikler bırakarak yürüyorlardı.

Karlar erimeden önce, batı stepine çıktılar, daha seri bir yürüyüşle kapanık ve donmuş Balkaş gölünü döndüler. İlk yeşeren otlar göründüğü zaman, son engeli teşkil eden Karadağ'ı aşıyorlardı. Bu suretle zayıflayan atların üzerinde, iki bin kilometre yürüyerek, ilk menzile varmışlardı.

Artık muhtelif fırkalar birleşiyorlardı. İrtibat subaylarının bir reisten öbür reise dörtnala gidip gelmeye başladıkları görünüyordu. Şüpheli yürüyüşleriyle tacirler atlarına binmişler, ikişer, üçer kişilik gruplar hâlinde bilgi ve haber toplamaya çıkıyorlardı. Her kolun başından birer keşif müfrezesi çıkarıldı.

Askerler çantalarını yokluyor, oklarını sayıyor, gülüyor; yaktıkları ateşin kenarında diz çökerek, ölen kahramanlar için yapılmış değişmez şarkılarını söylüyorlardı.

Alt tarafta, ormanın ağaçları arasından, İslâm ülkesinin ilk sınırı olan, o sıralarda bahar yağmurlarından taşmış geniş Sir nehri seçilebiliyordu.

ALTINCI BÖLÜM

İlk sefer

Bu sıralarda Cüci ve Cebe Noyan gök kubbenin altında, Müslümanlarla nakledilmeye değer bir savaşa tutuşmuşlardı.

Müslüman şahı, Moğollardan önce savaşa çıkmıştı. Henüz kısa süre önce Hindistan'da zaferler kazanmış ve dört yüz bin neferden oluşan ordusunu bir araya toplamıştı. Bu orduyu da daha sahneye girmemiş olan Moğolları aramak üzere kuzeye sevk etmişti. Yolda rast geldiği Cebe Noyan'ın savaştan haberi olmayan birkaç müfrezesine hücum etti. Kürklere bürünmüş ve killi kısa atlara binmiş olan bu göçebelerin görünüşü, onlardan çok iyi teçhiz edilmiş olan Harzemlerin onları küçümsemesine yol açmıştı. Casusları ordu hakkında bilgi vermeye geldikleri zaman, Şah fikrini hiç değiştirmedi:

"Onlar ancak kâfirlere üstün geldiler. Halbuki şimdi karşılarında İslâm sancağı dalgalanıyor."

Çok geçmeden Moğollar göründü. Müfrezeler akın yapmak için tepelerden geniş Sir nehrine doğru iniyorlardı. Bereketli vadilerdeki köylere giriyorlar, sürüleri götürüyorlar, hububat ve erzak namına ne varsa alıyorlar, evleri ateşe vererek dumanlar arasında çekilip gidiyorlardı. Sürüleri ve arabaları bir birlikle kuzeye gönderiyorlar ve ertesi gün seksen kilometre uzakta başka bir köye giriyorlardı.

Bunlar, ileri kıtaat, yani ordunun ana kitlesi için erzak toplamakla görevli süvarilerdi ve nereden gelip nereye gittikleri belli olmazdı. Bunlar, uzun bir dağ silsilesi vadisinden Pe-Lu'ya yaklaşan Cüci tarafından gönderilmişlerdi. Cüci, ana kuvvetle daha kolay bir yol takip ederek, babasının ordusundan biraz önce son dağları geçiyordu.

Muhammed Şah ise, ordusunun ana kitlesini Sir üzerinde bırakarak, nehrin kaynağına, yani dağ silsileleri arasından kuzeye doğru çıktı. Keşfe çıkanlar tarafından Cüci'nin ileri hareketini mi öğrendi, yoksa tesadüfen Moğol bölüğü ile mi karşılaştı, her ne olursa olsun gerçek şudur ki, iki taraf ormanlık dağın uzun vadisinde karşı karşıya geldiler.

Şahın ordusu Moğol kuvvetlerinden kat kat üstündü ve Muhammed Şah ilk defa olarak bu kürklü, derili, kalkansız, yağız savaşçıları seyrederek, karşısındaki acayip süvarilerin kaçmalarına meydan vermemek üzere hemen hücumu düşündü.

Askerî eğitime sahip Türkler, savaş düzenine geçtiler. Davullar, trompetler çalındı.

Bu sırada Cüci'ye refakat eden Moğol generali, prense derhal geri çekilmeyi tavsiye ediyor ve Türkleri ordunun ana kütlesine doğru çekmeye çalışmayı öneriyordu. Fakat Han'ın büyük oğlu hücum emrini verdi:

"Eğer kaçarsam, babama ne derim?" dedi.

Bölük onun kumandasına verilmişti. Hücum emri verilince, Moğollar itirazsız eyerlere atladılar. Cengiz Han kendisini hiçbir zaman böyle bir vadinin içinde yakalatmaz, yakalansa bile, Şah ordusunun takip esnasında zayiata uğraması için gerilerdi. Fakat inatçı Cüci, adamlarını ileriye sürdü. Önde gözden çıkarılmış kıtalar gidiyor, arkasından da süvariler takip ediyordu. Askerlerin sol ellerinde kılıç, sağ ellerinde de kargı vardı. Daha hafif süvariler de kanatları tutuyorlardı.

Bu suretle ileriye atılan Moğol süvarileri, ne manevra yapacak meydan, ne de oklarını istedikleri gibi kullanmaya zaman bulmamakla beraber, vahşice bir hamleyle Müslümanların saflarının ortasına atıldılar. Türklerin şimşirlerine karşılık Moğollar daha ağır ve hafifçe kavisli palalar kullanıyorlardı.

Tarih, bu karşılaşmada Müslümanların çok zayiat verdiklerini nakleder. Moğollar, Türk ordusunun merkezinden o kadar ilerlemişlerdi ki, bizzat Şah bile tehlike geçirdi. Bir ok atımı mesafeden Moğol ordusunun boynuzlu bayraklarını gördü. Ancak kendi askerî maiyetidir ki, ümitsiz gayretlerle Şahı ölümden kurtardılar. Diğer taraftan Cüci'nin hayatı da emri altında bulunan Kataylı bir prens tarafından kurtarılmıştır. Bu sırada Moğol ordusunun kanatları bozulmuştu. Harzem ordusunun sevilen kumandanlarından Şah'ın büyük oğlu Celâleddin, kısa boylu, zayıf, esmer, halis bir Türk, karşı saldırıya geçerek Moğol sancaklarını gerilemek zorunda bıraktı. Akşama doğru ordular ayrıldılar ve geceleyin Moğollar alıştıkları oyunlardan birini oynadılar: Vadinin otlarını tutuşturdular ve bütün gece ateşleri sürdürdüler. Bu sırada Cüci ve adamları yorulmamış beygirlere binerek, bir gecede iki günlük yol aldılar.

Sabah olunca Muhammed Şah ve bozguna uğrayan ordusu, karşılarında ancak ceset dolu bir vadi gördüler. Moğollar yerlerinde yoktu. Savaş meydanında at üstünde bir gezinti, o zamana kadar galip ve muzaffer geçinen Türkleri, karanlık düşüncelere saldı. Tarihe göre, Türkler bu ilk muharebede yüz altmış bin insan kaybetmişlerdir. Bu rakamda şüphesiz abartı vardır, fakat Moğol ordusu ile ilk vuruşmanın onlarda bıraktığı izlenimi göstermesi bakımından dikkat çekicidir. Vadideki müthiş vuruşmanın Şah üzerinde bıraktığı tesir de az değildi. "Bu kâfirlerin cesaretlerine büyük bir hayranlık göstermekle beraber, sultanın yüreğine korku da sinmişti."

Eğer biri yanında onlardan bahsederse, ömründe bu kadar cesur ve korkusuz adamlar görmediğini söylerdi.

Şah, artık Moğol ordusunu yukarı vadilerde yakalamayı düşünüyordu.

Zaten çıplak olan memleket, Moğolların erzak aramakla görevli kolları tarafından tamtakır bırakıldığı için, Şah'ın muazzam ordusunu besleyemezdi. Şah, çok geçmeden bu garip düşmanlarının saldığı korku içinde, Sir nehrinin sahillerindeki korunaklı şehirlere çekildi. Güneyden takviye kıtaları, özellikle de okçular arattı, sonra tam bir galibiyet elde ettiğini ilân ederek, bu galibiyet şerefine maiyetindeki subaylara sırmalı giysiler verdi.

Bu ilk çarpışmanın detaylarını Cengiz Han bir postacının ağzından dinledi. Cüci'yi tebrik etti ve kendisine Muhammed Şah'ı takip etmesi emriyle beş bin kişilik bir takviye kuvveti gönderdi.

Cüci'nin Moğolları, yani ordudan ayrılan sağ kanat, her deresinde beyaz duvarlı köyleri ve bir gözetleme kulesi bulunan Yukarı Asya bahçelerinden geçiyordu.

Buralarda kavunlar ve acayip meyveler bitiyor, minareler söğüt ve kavak ağaçlarının üstünde yükseliyordu. Sağda ve solda dağların bir resim gibi ölçülü ve düzgün manzarası görülüyor, yamaçlarda sürüler otluyor, daha ilerde daha yüksek sıra dağların beyaz tepeleri boyunlarını göğe kaldırmış, bekliyorlardı.

Daima dikkatli olan Ye - Siyu - Çu - Tsay, bu sefer hakkındaki düşüncelerine ilişkin şunları yazar:

"Huan'da nar boldur. İki yumruk kadar büyük ve mayhoş lezzette narlar... İnsanlar meyvelerin usaresini bir kaba sıkarak, susuzluğu giderecek nefîs bir şurup yaparlar. Sulu kavunlar elli okka gelir, ikisi bir eşek yüküne yeterdi."

Kışı boğazlarda geçirdikten sonra Moğol süvarileri kelimenin tam anlamıyla ziyafete konmuş gibi oldular. Nehir genişledi, surları çevrilmiş Hujant isminde büyük bir şehrin önüne geldiler. Beş bin kişilik takviye kuvveti, şehri kuşatmış, Moğolları burada bekliyordu.

Bu şehirdeki Türk kumandanı, Timur Malik isminde değerli bir adamdı. Bin kadar seçme adamla bir adaya çekilmiş ve burada istihkâm kurmuştu. Durum oldukça dikkat çekici bir hâl aldı. Nehir, burada geniş ve ada korunaklıydı.

Timur Malik işe yarayacak bütün gemileri almıştı. Adaya ulaşacak köprü de yoktu. Moğollar ise arkalarında müstahkem bir şehir bırakmamak için emir almışlardı ve mancınıklarla atılan taşlar, adaya erişmiyordu.

Cesur ve hilebaz güzel bir Türk tipi olan Timur Malik, kendilerini adadan dışarı çıkartacak hilelere aldanmıyordu. Bunun üzerine Moğollar düzenli bir kuşatma hattı kurdular. Geç kalmak istemeyen Cüci, kuşatma hattının kumandasını bir başkasına bırakarak nehri inmeye devam etti.

Sağa sola gönderilen Moğol müfrezeleri kırlarda, ovalarda kimi buldularsa getirdiler ve bunlara iri taşları toplayıp Sir nehrinin kenarına yığmak için emir verdiler. Timur Malik'in adasına doğru bir taş yığını yükselmeye başladı. Diğer taraftan Timur Malik de boş durmuyordu. En sağlamlarından yarım düzine kadar sal seçti ve bu salların etrafını ağaçlardan siperlerle çevirdi, içlerine de okçular yerleştirerek Moğollara ok atmak için her gün sahile yanaştı durdu. Bunun üzerine Katay topçuları bu sallarla mücadele için yeni mancınıklar yaptılar. Taş atmaya mahsus ilk mancınıklar yapıldı. Yalnız Moğollar, taş yerine salların üzerine içi ateş dolu küpler, yahut yanmış kükürt veya Katay topçularının kendilerine mahsus yaptıkları bir muhtelif maddelerle dolu fıçılar atıyorlardı. Timur Malik sallarını değiştirdi, kenarlarına duvarlar veyahut ön tarafı toprakla örtülmüş meyilli setler yaptı ve bu setlere okçular için mazgal tertibi delikler açtı. Salların topçularla her günkü mücadelesi tekrar başladı, fakat Moğolların mühimmatı bitmiyordu. O zaman Timur Malik daha uzun bir süre adada kalamayacağını anladı. En büyük gemilere askerlerini doldurdu, en iyi savaşçılarını da siperli sallara yerleştirdi ve meşale ışıkları altında gemileri suyun akıntısına bırakarak adayı tahliye etti. Sir nehrinde Moğolların gerdikleri ağır bir zinciri parçaladı.

Fakat Moğol süvarileri, nehir boyunca kaçakları takip ediyordu. Önden giden Cüci, nehrin üzerinde alçak bir köprü yaptırdı ve istihkâm askerlerine Timur Malik'in filosuna karşı mancınıklar yaptırdı. Bu hazırlıkların haberi Timur'un kulağına gelince, o da askerlerini sahilin ıssız bir kenarına çıkardı. Moğollar Türkleri artık nehirde görmeyince onları aramaya çıktılar ve buldular. Timur Malik, küçük bir savaşçı kafilesiyle yakayı sıyırdı, fakat adamlarının birbiri ardına kılıçtan geçirildiklerini de gördü. Yalnız kalınca da mücadeleyi bırakmadı, altında iyi bir binek olduğu için üç kişi dışında bütün diğer Moğolları geride bıraktı. Bu üç kişiden en yakın gelen süvariyi, tam gözüne kondurduğu bir okla devirdikten sonra, ötekilerine de:

"Yaklaşmayın, daha iki okum var, ikinize de yeter" diye bağırdı.

Fakat bu son oklarını kullanmasına gerek kalmadı ve ertesi gece kaçmayı başararak güneyde çok uzaklara giden Şah'ın oğlu Celâleddin'e yetişti. Türkler de, Moğollar da Timur Malik'in gösterdiği bu cesaretin hatırasını unutmadılar ve fırsat düştükçe yaptığı harikulâdelikleri tekrarladılar. Timur Malik, Moğol ordusundan bir fırkayı aylarca tutmayı başarmıştı. Bu, Moğolların yeni şartlar altında bir kuşatmaya göğüs germekteki hünerlerini gösterir. Fakat bu kuşatma, o zamanlar bin altı yüz kilometrelik bir cephe üzerinde devam eden çetin ve inatçı bir savaşın sıradan olaylarından biriydi.

YEDİNCİ BÖLÜM

Buhara

Şah, yüksek sıradağları indikten sonra, ordusuyla beraber kuzeye, Sir nehrine doğru yürüdü. Maksadı, nehri geçmeye teşebbüs etmeleri hâlinde savaşa tutuşmak için Moğolların gelişini beklemekti. Fakat boş yere bekledi.

Bu sıralarda neler olup bittiğini anlamak için, haritaya bakmak gerekir. Muhammed Şah memleketinin bu kuzey kısmı, bereketli vadiler kumlu, otsuz ve tozla örtülü kırmızı kilden ibaret çorak yaylalarla ayrılmıştı. Şehirlere ancak nehir boylarında ve tepeler arasındaki vadilerde tesadüf edilebiliyordu. Bu çöl bölgesinde kuzeydoğu yönünde akan iki nehir, dokuz yüz kilometre uzaktaki Aral denizine dökülüyordu. Bunlardan birincisi, eski adamların Iaksart dedikleri Sir nehriydi. Bu nehir boyunca da surla çevrilmiş, birbirlerine kervan yollarıyla bağlanmış, çöl ortasında insan ve mesken sıraları vücuda getiren şehirler vardı. Daha güneyde ikincisi de, eskilerin Oksüs dedikleri Amu nehriydi. Sahillerinde Buhara gibi, Semerkant gibi Müslüman şehirleri yükseliyordu.

Moğolların ne tarafa yöneldiklerini bilmeyen Şah, Sir nehrinin arkasında ordugâh kurmuştu.

Güneyden gelecek taze kuvvetlerle yeniden tarh edilmiş vergi hasılatını bekliyordu. Bu seferberlik, gelen heyecan verici haberler arasında yarıda kaldı.

Moğolların, sağdan, yani hemen ordunun arkasından üç yüz kilometre mesafedeki yüksek boğazlardan çıktıkları görünmüştü.

Olay şöyle gerçekleşmişti: Cebe Noyan, Cüci'den ayrıldıktan sonra, güney yönündeki dağları geçmiş ve Harzem boyunu bekleyen Türk müfrezelerine baskın yaptıktan sonra, süratle Amu membalarındaki buzulları çevirmişti.

Bu suretle yüz elli kilometre ötede, Semerkant şehri yolunun üstüne düşüyordu. Cebe Noyan'ın emri altında yirmi bin asker vardı, fakat Şah bunu bilemezdi.

Şah takviye kuvveti alacak yerde, Semerkant ve Buhara gibi şehirler ile Amu nehri üzerindeki başlıca savunma hattını kaybetmek üzereydi. Bu yeni tehlikeyi bertaraf etmek için, Muhammed Şah, Müslüman tarihçilerin acı acı tenkit ettikleri bir şeyi yaptı: Ordusunun yarısını korunaklı şehirlere taksim etti. Sir boyundaki kuvvetleri takviye için kırk bin kadar asker gönderdi, kendisi de ordunun ana kütlesiyle ile güneye yürüdü, otuz bin kişiyi Buhara'ya gönderdi, kalan kuvvetleri de tehdit altında bulunan Semerkand'a sevk etti.

Şah, Moğolların kaleleri zapt edemeyerek, akın ve yağmadan sonra çekileceklerini düşünerek böyle hareket etmişti. Bu iki tahmininde de yanılıyordu.

Şah'ın iki oğlu, valisinin Moğol tacirlerini idam ettiği Otrar'da, yani Sir nehrine doğru ve daha kuzeyde görünmüşlerdi.

Tacirlerin idamını emreden İnalcık daha şehrin valisi bulunuyordu. Moğollardan bir zerre merhamet beklenemeyeceğini bildiği için, en iyi askerleriyle kaleye kapandı ve beş ay direniş gösterdi, sonuna kadar mücadeleyi bırakmadı. Moğollar son askerini de öldürdükleri veya esir ettikleri ve atacak oku kalmadığı zaman, kulelerden birine çekilerek onlara taşla karşılık verdi. Bu ümitsiz mücadeleye rağmen canlı olarak ele geçirildikten sonra, Han'a gönderildi ve Cengiz Han öç işkencesi olmak üzere kulaklarıyla gözlerine erimiş gümüş dökülmesini emretti.

Otrar şehrinin surları temellerine kadar yıkıldı ve ahalisi götürüldü.

Bu olay cereyan ederken ikinci bir Moğol ordusu da Sir nehrine yaklaşmış ve Taşkent'i almıştı. Üçüncü bir kol da Sir'in daha yukarı taraflarını dolaşarak ikincil öneme sahip şehirleri birer birer zaptediyordu.

Türk kıtası Cend'i terketti. Şehir halkı, Moğollar'ın merdivenlerle surlara tırmandıklarını görünce teslim oldular. Mücadelenin bu ilk senesinde ve böyle vaziyetlerde Şah'ın savaşçıları ve Türk kıtaları Moğollar tarafından katledilir ve çoğu İran yerlisi olan ahali, istedikleri gibi yağma ettikleri şehirden dışarıya çıkarılırdı. Ondan sonra esirler seçilir, güçlü kuvvetli delikanlılar, ilk şehir önündeki kuşatma işlerinde kullanılmak, sanat erbapları da hünerlerinden yararlanılmak üzere alıkonulurdu.

Bir defasında Moğollara elçilik vazifesini gören tacirlerden biri, bir şehir ahalisi tarafından parça parça edilmişti. O zaman durup dinlenmek bilmeyen müthiş bir Moğol hücumu başladı. Kale fethedilinceye ve şehrin ahalisi kılıçtan geçirilinceye veya okla vücutları delininceye kadar, ölenlerin yeri yeni savaşçılarla dolup boşandı.

Cengiz Han, Sir boyunda hiç görünmemişti. Ordunun ana kütlesini beraberine alarak kaybolmuştu. Herhalde kızıl kumlu çölde geniş bir daire çizmişti. Çünkü çölden çıkıp göründüğü ve Buhara yolunu tuttuğu zaman batıdan geliyordu.

Muhammed Şah'ın yalnız etrafı çevrilmiş değildi, güneydeki oğluyla, takviye kuvvetleriyle ve hatta Horasan ve İran ile irtibatının kesilmesi tehlikesine maruzdu. Doğudan Cebe Noyan ilerlerken, Cengiz Han da batıdan geliyordu. Semerkant'ta bulunan Şah ise, demir bir mengenenin üzerine doğru kapandığını hissetmekteydi.

Bu durumda atabeylerinin bir kısmını Buhara ile Semerkant arasında taksim ederek, diğerlerini de Belh ve Kunduz'a gönderdi. Maiyetindeki asilzadelerle birlikte filleriyle, develeriyle ve savaş erkânıyla Semerkant'ı terketti.

Bütün servetini ve ailesini de beraber götürüyordu. Amacı yeni bir ordunun başına geçmekti. Bu düşüncesinde de hayal kırıklığına uğradı.

Milletinin kendisine İkinci İskender lâkabını verdiği Cengâver Muhammed, askerî teknikte de çok geri kalmıştı. Han'ın oğulları tarafından idare edilen Moğollar, Sir nehri sahillerinde ateş saçarak, Cebe Noyan ile Cengiz Han tarafından doğrudan doğruya hedefe yöneltilen gerçek hücumları gizlemiş oldular.

Han, bir an önce çölden çıkmak istiyordu. O sabırsızlık içinde yolunun üstüne çıkan küçük kasabalara dokunmadan geçti. Yalnız buralardan atlarına su istemekle yetindi. Muhammed Şah'ı Buhara'da bastırmak istiyordu. Fakat Buhara'ya gelince, Şah'ın kaçtığını öğrendi. Cengiz Han, tarihçinin söylediğine göre, daire şeklinde on beş fersahlık bir surla çevrilmiş, etrafı bahçeler ve sayfiyelerle kuşatılmış güzel bir nehrin geçtiği akademiler beldesi olan bir İslâm kalesi önünde bulunuyordu. Şehirdeki kıtalar yirmi bin kadar Türk'ten ve birçok Acem'den oluşmaktaydı. Buhara, surlarının içinde bir çok imamlara ve seyitlere, İslâm âlimlerine ve mütercimlere sahip olmak şerefiyle seçkin bir şehirdi.

Bu şehirde Müslüman zahitlerin hamiyeti gibi için için gizli bir ateş yanıyordu. Bunlar o sırada büyük bir tereddüt içindeydiler. Sur hücumla zaptedilemeyecek kadar dayanıklıydı ve halk kütlesi savunma yapmak isterse, Moğolların surda bir yarık açabilecekleri ana kadar aylar geçmesi lâzımdı.

Cengiz Han büyük bir hakikat olarak şunları söylemişti:

"Bir surun kuvveti, onu müdafaa eden insanların cesaretinden ne büyük, ne de küçüktür."

Türk kumandanları, ahaliyi kendi talihlerine bırakarak, Şah'a katılmak üzere bir çıkış yapmayı tercih ettiler ve geceleyin Şah'ın askerleriyle, nehir arkının kapısından çıktılar, Amu nehrine doğru yol aldılar.

Moğolları onların geçmesine izin verdi, fakat artlarından saldıkları üç fırka, nehir kenarında onlara yetişti. Türkler burada hücuma uğradılar ve hemen hepsi de kılıçtan geçirildi.

Kıtaları tarafından terk edilen Buhara eşrafı, hakimleri ve imamları bir danışma meclisinde durumu tartıştıktan sonra kuşatmaya gelen garip Han'ı karşılamaya çıktılar ve şehrin anahtarlarını ona teslim ettiler. Cengiz Han da buna karşılık halka bir şey yapılmayacağını vaat etti. Şehrin valisi, kendi askerleriyle kaleye kapandı. Moğollar hemen kaleye hücum ettiler ve kale çatısı ateş alıncaya kadar alevli oklar attılar.

Şehrin geniş sokaklarını bir süvari dalgası doldurdu. Bunlar ambarları ve erzak depolarını kırarak içeriye girdiler, atlarını kütüphanelere soktular. Keder ve ümitsizliğin son haddine gelen Müslümanlar, Kur'an sayfalarının at nalları altında parçalandığını gördüler. Bizzat Cengiz, atını şehrin büyük camiinin önünde durdurdu ve burayı Şah'ın sarayı zannederek sordu. Kendisine bunun Şah'ın sarayı değil, Allah'ın evi olduğunu söylediler.

Derhal atını merdivenlere sürdü ve camiye girdi. Orada atından inerek, ön tarafında büyük bir Kur'an duran kürsüye çıktı. Orada siyah lake zırhı ve kenarları meşinden miğferi içinde, toplanan ve bu acayip zırhlı nahoş adamı, yıldırımla vurmak için göğün ateşini bekleyen mollalara ve âlimlere hitap etti:

"Ben buraya, sizden orduma erzak bulmanızı emretmek için geldim. Ovada ne saman var, ne buğday! Askerlerimin de buna ihtiyacı var. Onun için ambarlarınızın kapısını açınız."

Fakat eşraf alelacele camiden çıktıkları zaman, Gobi savaşçılarını çoktan ambarlara girmiş, atlarını ahırlara sokmuş buldular. Ordunun bir kısmı çölde, içi dolu ambarın kapısında daha uzun bekleyemeyecek kadar uzun, günlerce devam eden zorlu bir yürüyüş yapmıştı.

Cengiz Han camiden çıkarak, hatiplerin halkı toplayarak ilim ve mezhep meseleleri hakkında vaazlar verdikleri meydana gitti. Yeni gelenlerden biri muhterem bir seyide:

"Bu adam kim?" diye sordu.

Öteki sesini alçaltarak:

"Sus!" dedi, "bu adam üstümüze inmiş ilâhî gazaptır!"

Tarihçinin anlattığına göre, Cengiz Han halka hitap etmesini bilen bir adamdı. Hatiplerin kürsüsüne çıktı ve Buhara halkının karşısına geçti. Önce Müslümanlara dinleri hakkında sorular yöneltti ve ağır bir tavırla da Mekke'ye kadar gitmenin hata olduğunu, zira Allah'ın kudretinin bir tek yerde değil, dünyanın her tarafında bulunduğunu izah etti.

Kendisini dinleyenlerin ruh hâllerini anlamakta usta olan ihtiyar Han, Müslümanların itikatlarını tahrik ederek korkularını artırdı. Cengiz, Buharalılar'a bir müşrik afet, vahşi ve garip bir kuvvetin cisimleşmiş şekli gibi görünüyordu. Halbuki Buhara, surları içinde ancak zahit Müslümanlar görmeye alışmıştı.

Cengiz:

"Şahınızın günahları çoktur," dedi, "ben, başka şahları nasıl ezdimse, onu da mahvetmek için Allah'ın gazabı ve afeti gibi buraya geldim. Ona ne yardım edin, ne de himayede bulunun."

Buhara'nın zenginleri Moğolların koruması altına alındılar. Bu muhafızlar zenginleri ne gece ne gündüz yalnız bırakmıyorlardı.

Bunlardan bütün servetlerini getirmedikleri zannedilen bazılarına işkence edildi. Moğol zabitleri memleket şarkılarını dinlemek ve memleket dansçılarını görmek için musiki bilenlerle rakkaseleri buldurmuşlardı. Camilerde ve saraylarda ağır bir tavırla bağdaş kurmuş, ellerde kadeh, hayatları şehirde ve bahçelerde geçen bu insanların eğlencelerini seyrediyorlardı. Kaledeki muhafızlar kahramanca karşı koydular ve Moğolları gazaba sevk eden zayiata uğrattılar. Nihayet vali de, adamları da öldürüldü. Son servetler mahzenlerden, kuyulardan, gömüldükleri topraklardan çıkarıldıktan sonra, şehir halkı ovaya götürüldü. Müslüman tarihçiler, kendi milletlerinin geçirdiği bu felâketi şöyle anlatıyorlar:

"Bu, müthiş bir gündü. Her tarafta birbirlerinden ebediyen ayrılmaya mecbur edilen erkeklerin, kadınların, çocukların iniltileri geliyordu. Kadınlar barbarlar tarafından kaçırılmıştı. Bu sahneleri seyreden âciz insanların ıstıraptan başka tesellileri kalmamıştı. Erkeklerden bazıları ailelerinin başına gelen bu utancı görmektense, savaşçıların üzerlerine atılmayı tercih ettiler ve mücadele ederken öldürüldüler."

Moğollar şehrin muhtelif aksamına ateş vermişlerdi. Alevler, kurumuş kilden yapılmış ve ahşap evler arasında süratle yayıldı ve Buhara'nın üzerinden güneşi örten bir duman perdesi yükseldi. Ata binmiş Moğolları yalınayak takip edemeyen esirler, yolda müthiş ıstıraplar çekerek Semerkant'a sevk edildiler.

Cengiz Han, Buhara'da iki saat kalmış ve Şah'ı takip için Semerkant'a koşmuştu. Yolda Sir ordusundan bir müfrezeye ve oğullarına rast geldi. Kuzey cephesinde zapt edilen şehirleri birer birer saydılar.

Semarkant, Şah'ın en korunaklı şehirlerinden biriydi. Hatta şehri çeviren bahçelerin etrafına yeni bir sur inşa etmeğe başlamıştı. Fakat Moğolların seri yürüyüşü, bu işi yarıda bıraktı. Zaten eski surlar bile oldukça korkunçtu. Bu surların kulelerle sağlamlaştırılmış on iki demir kapısı vardı. Şehri müdafaa için yirmi zırhlı fil ile yüz on bin savaşçı orada kalmıştı.

Moğol ordusu, sayı bakımından muhafızlardan daha azdı. Cengiz Han, köylüleri ve Buhara'dan getirilen esirleri kendi işinde kullanmak amacıyla oraya topladı.

Eğer Şah'ın adamları orada kalsaydı ve Timur Malik gibi bir adam savunma komutasını eline almış olsaydı, Semerkant daha uzun süre karşı koyardı. Fakat Moğolların seri ve düzenli hazırlıkları, Müslümanları dehşete düşürdü. Bunlar, uzaktan esir kafilelerini görünce, orduyu olduğundan çok fazla kuvvetli zannettiler. Mahsurlar bir dışarı çıkma hareketi yaptılar ve Moğolların alışılmış tuzaklarından birine düştüler, hayli hırpalandılar. Bu karşılaşmada verdikleri zayiat, muhafızların maneviyatını bozdu ve imamlarla hâkimler, Moğolların, surun bir kısmına hücuma hazırladıkları günün sabahı, şehrin teslimini bildirmek üzere dışarı çıktılar.

Otuz bin Kankalı Türk, kendiliklerinden Moğollara katıldılar ve iltifatla karşılandılar. Bunlara da Moğol askerî elbiseleri verildi, fakat bir iki gece sonra da hepsi katledildi.

Moğollar, Harzem Türklerine, özellikle kendilerine ihanet edenlere hiç güven duyamamışlardı. Moğollar, kuşatma işleri için sağlam yapılı, seçme ve usta sanat adamlarını orduya aldıktan sonra, halkın geri kalanını evlerine dönmek üzere salıverdiler. Fakat yaklaşık bir sene sonra, bunlar da orduya davet edildiler Ye Liyu Çu Tsay, Semerkant hakkında şunları yazar:

"Şehrin etrafında, birkaç yüz kilometre mesafeye kadar, meyvelikler, ormancıklar, çiçekli bahçeler uzanıyor. Su kemerleri, dereler, dört köşe havuzlar, yuvarlak göller birbirini izliyor. Semerkant hakikaten güzel bir yer..."

SEKİZİNCİ BÖLÜM

Orhonlar

Cengiz Han Semerkant'ta iken, Muhammed Şah'ın güneye çekilmek üzere şehri terkettiğini öğrenmişti. Moğol serdarı, Muhammed Şah'ı, istilacılara karşı yeni bir ordu toplamaya zaman bırakmadan yakalamak istiyordu. Harzem hükümdarına yetişmeyi başaramayınca Cebe Noyan'la Subatay'ı çağırttı ve onlara şu emri verdi:

"Muhammed Şah dünyanın öbür ucuna da gitse takip ediniz. Onu ölü ya da diri mutlaka bulunuz. Size kapılarını açan şehirlere dokunmayınız. Karşı koyanlara hücum ediniz. Bu görevi zorlu bulmayacağınızı zannederim."

Gerçekten, on iki kadar memleket dahilinde bir hükümdarın peşinden saldırmak garip bir görevdi ve hakikaten de buna en lâyık olan Orhonlulara verilecek bir işti.

Han bunlara iki fırka, yani yirmi bin asker verdi. İki Orhonlu, süvarilerin başına geçerek, aldıkları talimata uygun olarak derhal güney yönünde hareket ettiler.

1220 senesinin Nisan ayında Muhammed Şah, Semerkant'ın güneyinde, yüksek Afgan dağları kıyılarındaki Belh'e çekilmişti. Celâleddin daha uzaklarda, kuzeyde Aral denizi civarındaki çöl bölgelerinde bulunan savaşçılardan yeni bir ordu oluşturmaya uğraşıyordu. Fakat Cengiz Han, Şah'la Celâleddin'in muhtemel birleşme noktası olan Semerkant'ta bulunuyordu.

Muhammed Şah, savaşçı aşiretlerin kendisini bekledikleri Afganistan'a geçmek istedi. Fakat kendi korkusu ile etrafındakilerin farklı tavsiyeleri arasında tereddüt ederek, nihayet batıya döndü, çölü geçti ve İran'ın kuzeyindeki dağlık havaliye doğru yönelerek Nişabur'a ulaştı. Bu suretle Moğol ordusu ile arasında sekiz yüz kilometrelik mesafe açtığını zannediyordu.

Cebe Noyan ve Subotay, Amu geçidini kapatan korunaklı bir mevkiyle karşılaştılar. Atlarını yüzdürüp nehirden geçtikten sonra, ileri müfrezelerin keşif kollarından Muhammed Şah'ın Belh'i terk ettiğini öğrendiler. Onlar da batıya doğru yürüdüler, çöle daldılar ve gerek kendi emniyetleri, gerek atlara mümkün olduğu kadar ot bulabilmek için ayrıldılar.

İki seçkin bölüğün her askerinde gücü kuvveti yerinde birkaç binek vardı. Kuyuların ve derelerin kenarlarında da taze ot buldular. Birçok defalar at değiştirerek günde yüz yirmi kilometreden fazla yol yürüdüler. Ancak yemek pişirmek için gün batarken attan iniyorlardı. Çölün öbür ucunda kadim Merv şehrinin beyaz duvarları ve gül bahçeleri karşısına geldiler.

Şah'ın şehirde bulunmadığına ikna olduktan sonra, dörtnala Nişabur'a ilerlediler ve üç hafta sonra, Muhammed Şah'ın bunların üstlendikleri görevi öğrenerek, av bahanesiyle kaçmasını takiben Nişabur'a vardılar. Nişabur kapılarını kapattı ve Orhonlar hırsla kalelere hücum ettiler. Şehrin surlarını zapt etmeyi başaramadılarsa da, Şah'ın kesinlikle sur dahilinde bulunmadığını anladılar.

Fakat batı yönünde, Hazar denizine giden kervan yollarından takibi bırakmadılar. Moğol korkusundan kendisini emniyet altına almak için bu yolu takip eden Şah, şimdiki Tahran şehrinin bulunduğu yere yakın bir mevkide rast geldikleri otuz bin kişilik bir Acem ordusunu bozguna uğrattılar.

O sırada Şah'ın bütün izleri kaybolmuştu. Moğollar bu seferlerde ayrıldılar. Subotay dağlık bölgeden kuzeye, Cebe Noyan da tuzlu çöl sınırını takiben güneye aktı. Artık Harzem denilen bölgeden çıkmışlardı. Akın öyle seri hâldeydi ki, geldiklerine ilişkin haberden önce onlar varacakları yere yetişiyorlardı.

Bu sıralarda Muhammed Şah önce ailesini, sonra servetini göndermişti. Mücevherlerini içeren bir kasacığı kalelerden birine sakladıktan sonra, - daha sonra Moğollar bu mücevherleri bulmuşlardı – daha önce birçok defalar çatıştığı Halife'nin saltanat sürdüğü Bağdat'a gitmeye karar verdi. Sağdan, soldan topladığı yüz kadar savaşçıyla Bağdat'a giden büyük yolu takibe başladı. Fakat Hemedan'da Moğollar peşinden göründüler, adamlarını dağıttılar ve hatta Şah'a, kim olduğunu bilmeksizin bir kaç ok attılar. Şah kurtuldu ve tekrar geriye, Hazar denizine doğru geldi.

Türk savaşçıları arasında hoşnutsuzluk ve isyan alâmetleri başlamıştı ve Muhammed Şah karısıyla birlikte küçük bir çadırda kalmayı uygun gördü. Bir sabah çadırı boş, fakat oklarla doldurulmuş buldu. Zabitlerden birine:

"Yer yüzünde Moğol akınının giremeyeceği bir yere sığınamayacak mıyım?" dedi.

Kendisine Hazar denizinde gemiye binerek oğulları ve atabeyleri kendisini müdafaa edebilecek bir ordu toplayıncaya kadar, bir adaya çekilmesini tavsiye ettiler.

O da bu tavsiyeyi kabul ederek, kıyafetini değiştirdikten sonra, şüpheli taraftarlarından bir kaçı ile beraber boğazları geçti ve Hazar denizinin batı sahillerinde bir küçük şehir, oldukça sakin bir balıkçı ve tacir şehri aradı. Fakat Şah artık yorgun ve hasta düşmüştü, maiyetinden, esirlerinden, ziyafet ve cümbüş arkadaşlarından mahrumdu. Yine de isminin itibarını düşürmek istemedi. Camide dua okumak istedi ve bu yüzden kimliği uzun süre meçhul kalmadı.

Daha önce zulmünü görmüş bir Müslüman, Şah'a ihanet ederek, orada bulunduğunu Moğollara haber verdi. Moğollar Kazvin'de başka bir Acem ordusunu daha dağıtmışlar, dağ dağ Şah'ı arıyorlardı. Muhammed Şah, tam bir balıkçı kayığına bindiği sırada, Moğollar şehre girdiler. Arkasından bir hayli ok atıldı, fakat Şah sahilden uzaklaşmayı başarmıştı. Göçebe Moğollardan bazıları hırslarından atlarını suya sürdüler ve kuvvetleri kesilinceye kadar kayığın peşinden yüzdüler ve nihayet dalgalar arasında boğulup gittiler.

Fakat el sürememiş olmakla beraber, şahı da öldürmüşlerdi. Hastalıktan ve sefaletten bitkin bir hâle gelen İslâm hükümdarı, küçük adasında, çırılçıplak bir hâlde öldü. Kefen olarak kendisine ancak taraftarlarından birinin kefenini bulabildiler.

Şah'ı ölü veya diri yakalamak emrini alan Cebe Noyan ve Subotay, hükümdarın, Katay İmparatoru Vay Vanç gibi bedbaht bir hâlde adada gömüldüğünü bilmiyorlardı. İki Orhon Reisi Muhammed Şahın hemen bütün servetini Cengiz Han'a gönderdiler.

Cengiz Han, Muhammed Şah'ın oğluna Urgenç'te katılacağını tahmin ederek, o tarafa bir birlik gönderdi.

Hazar denizinin karla örtülü çayırlıklarında kışlayan Subotay, Han'a katılmak için denizi dolaşarak kuzeye yürümeyi düşündü. Bu sefer için izin almak üzere Semerkant'a bir haberci saldı. Cengiz Han buna razı olduğu gibi, kendi Orhunu'nun ordusunu kuvvetlendirmek için birkaç bin Türkmen daha gönderdi. Subotay da asker toplamak işini kendi üstüne almıştı. Muhammed Şah'ı takip ederken geride bıraktığı birkaç önemli şehri zapt etmek için güneye kısa bir sefer yaptıktan sonra, Moğollar kuzeye döndüler ve Kafkasya'ya girdiler.

Önce Gürcistan'da göründüler. Moğollarla bu dağlı savaşçılar arasında çetin bir mücadele başladı. Cebe Noyan, Tiflis'e giden uzun bir vadinin bir yamacında saklandı. Subotay da eski Moğol hilesine başvurarak, güya kaçıyormuş gibi yaptı. Gürcistan dağlarında siper alan beş bin kişi, hemen yerlerinden fırladılar ve bu savaşta büyük zayiata uğradılar. Moğollar Kafkas dağlarından bir yol bularak İskender'in demir kapısını geçtiler. Kuzeydeki meyillere çıkınca, karşılarında dağlılardan, Çerkeslerden ve Kıpçaklardan oluşan bir ordu buldular. Moğollar sayıca çok azlardı. Geri de çekilemezlerdi.

Fakat Subotay, Kıpçakları bunlardan ayırmayı başardı ve Moğollar da gerçekten büyük bir kahramanlık gösteren Çerkesleri yarıp geçtiler.

Ondan sonra da Hazar denizinin öte tarafındaki tuzlu steplerde Kıpçakları kovalayarak, bu yiğit göçebeleri de dağıttılar ve hepsini daha kuzeye, Rus prenslerinin topraklarına attılar.

Moğollar orada da, son derece cesur yeni bir düşman karşısında kaldılar. Bunlar, Kiev'den ve daha uzak dukalıklardan toplanmış seksen iki bin askerden oluşan Rus askerleri, önlerinde kuvvetli Kıpçak kuvvetleri olduğu hâlde Dinyeper boyunca iniyorlardı. Kalkan taşıyan sağlam yapılı bu step göçebelerine, ta eski zamanlardan beri düşmanlık yemini etmiş savaşçılardı.

Moğollar Dinyeper'den uzaklaştılar ve Rus kütlelerini gözetleyerek, savaşa tutuşmak için önceden belirledikleri yere varıncaya kadar, dokuz gün geri çekildiler. Kuzeyli savaşçılar muhtelif kamplara ayrılmışlardı. Bunlar muhakkak korkunç adamlardı. Fakat kavgacıydılar ve Subotay'a karşı çıkarabilecek reisleri yoktu. Steplerde Moğollarla Ruslar arasında çarpışma iki gün devam etti. Bu çarpışma ilk teması teşkil ediyordu. Grandük ve asilzadeleri Moğolların okları altında can verdiler. Geriye kalanlardan çok azı tekrar Dinyeper'i çıkabildi. Cebe Noyan ile Subotay bir kez kendi kendilerine kalınca Kırıma doğru sarktılar ve Ceneviz ile ticaret yapan bir kaleyi zaptettiler. Ondan sonra ne yapacaklardı? Kimse bilmiyordu.

Avrupa'ya girmek için Dinyester'i geçerlerken, haberciler vasıtasıyla hareketlerini takip eden Cengiz Han, kendilerine birkaç bin kilometre doğuda bir yerde tayin ettiği mahalle gelmelerini emretti. Cebe Noyan yolda öldüyse de, bu ölüm Moğolların o zamanlar Volga üzerinde bulunan memleketi istilâ ve yağma için yollarına devam etmelerine engel olmadı.

Bu hayret verici yürüyüş, belki de, insanlık tarihinin bugün bile kaydetmediği en büyük süvarilik harikası olup kalmıştır. Ancak harikulade metanetleri ve kendi kuvvetlerine kesin bir güveni olan insanlardır ki, böyle bir şey yapabilirler.

Acem tarihçi şöyle yazar:

"Güneşin doğduğu memleketten çıkmış bir insan alayının, kendilerini Hazar denizinden ayıran mesafeyi, arkalarında bıraktığı milletleri tahrip ederek ve geçtikleri yerlerde ölüm saçarak, at üzerinde kat ettiklerini hiç duydunuz mu? Ondan sonra da ganimetler yüklenerek sağ salim dönsünler ve bütün bunlar da iki seneden az bir zamanda olsun. Evet, hiç böyle bir şey duydunuz mu?"

İki birliğin doksan derece kuzeyde dörtnala gidişinin acayip sonuçları oldu. Savaşçıların yanı başında Katay âlimleri, Uygurlar ve bunların arasında da Nesturi Hristiyanlar gidiyorlardı. Ya da biz öyle tasavvur ediyoruz, zira Müslüman tacirleri ordunun bazı fertlerine dinî el yazmaları satmışlardır.

Subotay hiç de körü körüne yürümüyordu. Kataylılar ve Uygurlar geçtikleri nehirlerin, balık veren göllerin, gümüş ve tuz ocaklarının durumlarını kaydediyorlardı. Yol boyunca konaklar tesis ediliyor ve fethedilen memleketler için darogalar tayin ediyorlardı. Moğol savaşçısı ile birlikte mandarin vali beraber gidiyordu. Moğollara kâtiplik ve tercümanlık yapan bir ermeni keşişi, Kafkas'ın altında uzanan topraklarda, Moğolların on yaşından yukarı erkeklerin kayıtlarını bile tuttuklarını nakleder.

Subotay Güney Rusya'nın, kara toprak havalisinde geniş otlaklar bulmuştu. Bu otlakları hatırladı. Senelerden sonra dünyanın öteki ucundan gelerek Moskova'yı zaptetti ve Cengiz Han, Doğu Avrupa'yı istilâ için Dinyeper'i geçtiği sırada kendisini geri çağırdığı yerden yürüyüşüne devam etti.

Venedik ve Ceneviz tacirleri Moğollarla ilişki kurmaya çalıştılar ve sonra gelen nesil Poloların, Venizlerin, Büyük Han imparatorluğu için yola çıktıklarını gördüler.

DOKUZUNCU BÖLÜM

Cengiz Han Ava Gidiyor

İki Orhon, Hazar denizinin batısında uzanan yöreyi geçerlerken Han'ın iki oğlu da bugün Aral ismiyle bilinen diğer bir iç denize doğru yöneliyorlardı. Bunların görevi Şah'a ilişkin bilgi toplamak ve onun geri çekilme hattının önüne geçmekti. Şah'ın mezara gömüldüğünü öğrenince, kireç stepleri arasından Harzemlerin şehirlerine kadar Amu nehrini takip ettiler.

Burada Moğollar uzun ve hararetli bir kuşatmaya giriştiler. Bu kuşatma esnasında fırlatma aletleri için lazım olan büyük taşları bulamayınca, koca ağaç gövdelerini testereyle kestiler ve ağacı taş ağırlığına ulaşıncaya kadar ıslattılar.

Şehrin duvarları üzerinde bir hafta devam eden göğüs göğse çarpışmada vakanüvisin anlattığına göre sırrını hiç şüphesiz Müslümanlardan öğrendikleri yeni bir silah, alevli neft kullandılar. Müslümanlar bunu haçlı ordularını bozguna uğratmak için kullanmışlardı. Urgenç düştü ve Moğollar Han'ın karargâhına vardılar. Fakat zayıf bir babanın cesur bir oğlu olan Celâleddin, esirlerini ve ganimetlerini beraberine alarak onlara karşı yeni ordular toplamak üzere kaçmayı başardı.

Bu olay sırasında, Cengiz Han Gobi'nin yüksek yaylalarına alışkın askerlerini yazın etkileyici, kızgın, ağır sıcakları dolayısıyla çöllerin dışına götürdü. Onları Amu'nun ilerisindeki serin dağlara sevk etti.

Orada, bir taraftan atlar otlarken aynı zamanda kabilenin en hoşlandığı eğlencesi olan ava çıkılmasını emretti. Bir Moğol avı, hayvanlara yönelmiş düzenli bir savaştan başka bir şey değildi. Bütün kabile ava katılırdı ve av düzeni bizzat Han tarafından vazedilmişti. Bundan dolayı av askerler için faydalıydı. Cüci, ki av reisiydi, vazifeye gönderildiği için orada değildi. Acemiler tepelerin etrafında 150 kilometrelik bir sahayı teftiş ve tayin etmek üzere dörtnala gitti. Muhtelif alayların hareket noktalarını tespit etmek üzere işaretler koyuldu, ufkun gerisinde avcıların kavuşma noktası dahi tayin ve tespit edildi. Kabilenin müfrezeleri hepsi silahlı bir hâlde Han'ın gelişine ve kendilerine çıkış emrini verecek olan zil ve boru seslerine dikkat kesilerek sağa sola harekete başladılar. Bunları memleketin 125 kilometresini kuşatan bir yarım daire teşkil ediyorlardı.

Han subayları, prensler ve henüz pek genç olan torunlarıyla göründü. Süvariler atlarına binerek iki hat üzerinde sık bir nizam safı oluşturdular. Hepsi silahlıydı ve insanlara karşı taşıdıkları bütün teçhizattan başka kamış kalkanlar da taşıyorlardı.

Atlar ileri atılıyorlar, subaylar kıtalarının gerisinde duruyorlar ve avcılar ava başlıyorlardı. Savaşçıların hayvanlara karşı silâh kullanması yasaktı ve dört ayaklı bir hayvanın süvari hatlarının etrafında dolaşmasına izin vermek atlılar için gerçek bir utanç kaynağıydı. Bunlar çalıları ezerek geçer, dereleri atlar ve tepeleri tırmanırlardı. Bir çalının içinden bir kaplanın veya bir kurdun çıktığını görünce bağrışmaya başlarlardı. Geceleri, durum biraz daha zorlu olurdu.

İlk av ayından sonra, insanlardan oluşan yarım dairenin önünde büyük bir hayvan yığını olur. Savaşçılar kamplarını kurar, ateşlerini yakar, nöbetçileri koyarlar, hatta parola bile kullanırlardı. Subaylar nöbet dolaşırlardı. Herhalde dağların bütün dört ayaklı mahlûkatı karşı tarafta şaşkın hâlde dolaşır ve bağrışırken, bütün bir safa bekçilik etmek eğlenceli bir şey değildi. Toprağın üzerinde gözler parlıyordu. Sessizliği, kurtların uluması, leoparların homurtusu bozuyordu.

Biraz sonra, sesler daha sıklaşınca zorluk derecesi de artıyordu. O zaman hayvanlar kendilerinin insanlar tarafından sürüldüklerini hissediyorlardı. Bu çetin avda bir ara yoktu. Eğer bir tilki yere gömülürse, onu oradan baltalarla çıkarmak gerekti. Eğer ayının biri, salına salına bir dağ kovuğuna girerse, birisinin ayıyı takip etmesi lazımdı. Bu avlar genç savaşçılara, hele kendini savunmak için iri boynuzları olan bir yaban domuzu veya bir yaban domuzu sürüsü geri dönerek saflara girerse, ustalık ve cesaretlerini göstermek için bin bir fırsat sunmaktaydı.

Avcıların hattı bu noktadan bir nehrin geniş dirseğine geldi ve durdu. Hemen yarım daire boyuna adamlar koşturularak nehri geçinceye kadar hattın kalanına geri çekilme emri verildi. Takip edilen hayvanların çoğu nehrin öbür tarafındaydı. Savaşçılar atlarını suya sürdüler ve eyerlerinden kayarak atların yelelerine ve kuyruklarına asıldılar. Bazıları su geçirmez meşin çantalarını sımsıkı kapayarak bunları yüzgeç gibi kullandılar. Karşı sahile geçince tekrar atlarına bindiler ve av devam etti.

İhtiyar Han, kâh şurada, kâh burada görünüyor, adamlarının hareket tarzını ve subayların onları idaresini kontrol ediyordu. Av esnasında bir şey söylemiyor, yalnız bazı teferruatları işaret ediyordu.

Avcılar tarafından sevkedilen yarım daire birleşme noktasına yaklaşarak kanatlarını kapıyordu. Hayvanlar baskıyı hissetmeye başlıyorlar, sırtlanlar kalçaları titreye titreye zıplıyor, kaplanlar, başları eğilmiş homurdanarak her yönde dönmeye başlıyordu.

Birleşme noktasının ötesinde daire kapanmıştı. Zillerin pirinç gürültüsü, bağrışmalar çoğalıyordu. Saflar teşkil ediliyor, Han, kudurmuş insan ve hayvan sürüsüne yaklaşıyor, işareti veriyor ve süvariler onun geçmesi için ayrılıyorlardı.

Eski bir geleneğe göre boynuzlu hayvanların arasında ilk olarak Han'ın görünmesi gerekiyordu. Han'ın bir elinde kılıç, öbür elinde ok bulunuyordu. İşte yalnız o zaman silâh kullanmak caizdi. Vakayinamenin yazdığına göre Han, hayvanların en tehlikelisini seçer, ya kaplana ok atar, ya da kurtlara atını sürerdi.

Birçok hayvan sürdükten sonra, Han daireden çekilir ve birleşme noktasına hâkim bir tepeye çıkarak, bir çadırın altında, kendisi takiben av meydanına giren prenslerin ve subayların marifetlerini seyrederdi. Moğolların er meydanı ve göçebe bahadırların oyunu buydu ve Roma gladyatörleri için olduğu gibi, bunlardan da meydana atılan birçoğu hayatından olur, paramparça edilirdi.

Katliam işareti verildiği zaman, sürünün savaşçıları yolları üzerinde ellerine ne geçerse hepsini öldürerek ileri atılırlardı. Adet olduğu üzere Han'ın torunları ve küçük prenslerin Han'a gelip geri kalan hayvanlar için af dilemelerine kadar, bazen bütün bir gün avın katliyle geçerdi. Han bu isteği kabul eder ve avcılar ölen hayvanları toplamaya girişirlerdi.

Bu av savaşçılar için bir idmandı ve yapılan çevirme hareketi savaşta insanlara karşı da aynen uygulanmaktaydı.

O sene, düşman memlekette av dört aydan fazla sürmedi. Han sonbaharda sefere başlamak üzere hazır bulunmak istiyor ve Aral denizinden gelen ve Şah'ın ölümü haberini getiren Cüci ve Çağatay ile görüşmek istiyordu.

O zamana kadar Moğollar hemen hiç durmaksızın İslâm toprağının içinden geçmişlerdi. Denebilir ki bugün uşaklarla ve kervanla yola çıkan bir seyyah kadar süratle nehirleri geçmişler ve şehirleri zaptetmişlerdi. Başlangıçta çok cüretkar ve nihayette çok korkak görünen Muhammed, canını kurtarmak üzere halkını terk etmiş ve zilletle sefil bir akıbetten başka bir şey elde etmemişti.

Katay İmparatoru gibi o da, savaş anına kadar göze görünmeyen ve savaş başlayınca yer değiştiren bayrakların verdiği işaretle müthiş bir sukut içinde harekete geçen Moğol süvarisinden yakayı kurtarabilmek için, ordularını şehirlerin üzerine salmıştı. Bu işaretleri bayraklar veriyor ve bir zabit bunları kol hareketleriyle çeşitli alaylara bildiriyordu. Herhalde, gündüzleri savaşın gürültüsü içinde insan sesinin işitilmediği, zillerin ve davulların düşman aletleri olarak anlaşılabileceği zaman, böyle hareket edilmekteydi. Geceleri reisin tuğu yanındaki renkli fenerleri indirmek ve kaldırmak suretiyle işaret verilirdi.

Sir'in kuzey cephelerine ilk hücumdan sonra Cengiz Han kuvvetlerini İmparatorluğun başlıca şehirleri olarak gördüğü Buhara ve Semerkant'a topladı. Bu ikinci savunma hattını ordusunu büyük bir zarara uğratmadan kurmuş ve sürüsünü üçüncü hat denebilecek olan İran ve Afganistan'ın kuzeyindeki bereketli tepelerde toplamıştı.

O zamana kadar Moğollarla Türkler, mürtetlerle Müslümanlar arasındaki savaş, ikinciler için kati surette felâket getirici olmuştu. Moğollar şaşıran Türklere ilâhî gazabın timsali gibi görünmekteydiler. Sanki onlar günahların cezası olarak gönderilmişlerdi ve Cengiz Han, bu zannı kuvvetlendirmek için az çok çalışmakta idi.

Amu nehrinin kaynakları etrafındaki ovaları atının üzerinde bizzat dolaşarak doğu kısmındaki kanatlarını açıyor ve Subotay ile Cebe Noyan'ın geçtikleri ve kendisine işaret ettikleri batı şehirlerini işgal etmek üzere başka birlikler gönderiyordu. Bunu yaptıktan sonra Belh şehrine hâkim oldu ve bu şehrin civarında daha önce bahsettiğimiz büyük ava bir yaz mevsimi ayırdı.

Orada, ticari yolları işgal etmiş oluyor ve Müslüman milletlerin tam kalbine yerleşmiş bulunuyordu. Bütün bu müddet zarfında her taraftan bilgi toplamış ve henüz dokunulmamış ordularla karşılaşmak zorunda olduğunu, ufkun gerisinde büyük devletlerin kendisini beklediğini anlamıştı. Çin halkının yaptığı gibi İslâm halkı da ona karşı silahlanıyordu.

Müslümanlar Şahlarını kaybetmişler, Şah'ın iki oğlu Moğollara karşı savaşta ölmüş, fakat talim reislerinin, İran prenslerinin ve peygamber ahfadı olan seyitlerin kumandası altında toplanmaya başlamışlardı.

Cengiz Han vaziyetin tamamen farkındaydı. İyi süvari ve mükemmel surette donatılmış bir milyon insanın kendisine karşı yürümeye hazır olduğunu biliyordu. Şimdilik bunların bir tek reisleri eksikti ve onun etrafında bir daire teşkil edecek şekilde on iki farklı krallığa bölünmüşlerdi.

Sürü, bu sene başında, on iki tümenden, yüz binden fazla değildi. Uygurların reisi ve Amalik'in Hristiyan kralı, ordularıyla beraber Thian-chan'a dönmek için izin istemişler ve müsaade almışlardı. En iyi sergerdeler, Cebe Noyan ile Subotay, iki tümen ile batıdaydılar. Orhonların en iyisi olan ve Han'ın yanında kalan Tilik Noyan, Nişabur hücumunda hayatını kaybetmişti. Makuli, Katay'da meşguldü. Orhonlar grubu eksilmişti ve Cengiz Han Subotay'ın önerilerine ihtiyaç duydu.

Böylece Hazar denizine kadar adam göndererek gözde generalini arattırdı. Subotay davete uyarak Belh şehrine geldi ve birkaç gün Han'la görüşmede bulundu. Müteakiben dört nala 1.600 kilometre uzaktaki karargâhına döndü. Han'ın huyu değişmişti. Avlanmayı hiç düşünmüyordu.

Oğlu Cüci'ye savaşta ağır davranması, ya da Calâlettin'in kaçmasına olanak vermesi yüzünden hiddetlenerek serzenişte bulundu. Şurası muhakkak ki saldırgan ve asi Cüci, askerî heyetiyle beraber ordudan atıldı ve Aral denizinin yukarılarındaki bozkırlara gitti.

Nihayet Cengiz Han ordusuna yürüyüş emrini verdi. Bu yürüyüş emri, manevra yapmak ve düşmana karşı yağmada bulunmak için değil, fakat yolunun üzerindeki insan hayatına dair her yeri mahvetmek için verilmişti.

ONUNCU BÖLÜM

Tulu'nun Altın Tahtı

Horasan şehzadelerinden birinin vakayinamesi der ki:

"O devirde yüksek ve kayalık bir dağın bayırına dayanmış kalede yaşıyordum. Bu kale Horasanın en müstahkem kalelerinden biriydi ve geleneğe inanmak caiz ise, bu kale bu havalide İslâmiyet'in yerleşmesinden beri ecdadıma ait olagelmişti. Vilâyetin tam merkezinde bulunduğu için, kaçan esirlere ve Tatarların eline geçerek öldürülmekten korkan halka bir sığınak vazifesi görüyordu.

Bir gün geldi ki, Tatarlar kalenin önünde göründüler. Kaleyi zapt edemeyeceklerini anlayınca, çekilmek için boğazlarına kadar ganimete boğulmuş olmalarına rağmen, on bin elbiselik kumaş ve daha bazı şeyler istediler.

Bu isteklerine uydum. Fakat kurtuluş fidyesini kendilerine götürme zamanı gelince, kimse bu işi üzerine almak istemedi. Çünkü herkes onların ellerine düşen hemen her şeyi öldürmek alışkanlığında olduklarını biliyordu. Nihayet iki ihtiyar bu görevi yerine getirmek için gönüllü oldular. Hayatlarına son verildiği takdirde onlara bakmam için çocuklarını getirip bana teslim ettiler. Moğollar onları öldürmeden gittiler. Çok geçmeden bu barbarlar Horasan'ın her tarafına yayıldılar. Bir vilâyete vardıkları zaman köy halkını önlerine katarlar ve esirleri zaptetmek istedikleri korunaklı yerin önüne getirerek onları kuşatmanın manevrasına göre kullanırlardı.

Her tarafta korku ve ümitsizlik hüküm sürüyordu. Esir olan, evinde oturup nasıl bir akıbete uğrayacağını bilmeyen adamdan daha sakindi. Reisler ve asiler, işbirliği yapmak mecburiyetindeydiler. İtaat etmeyenler, istisnasız kılıçtan geçirilmekteydiler."

İran'ın en verimli vilâyetlerini bu şekilde istilâ eden Han'ın en küçük oğlu olan savaş reisi Tulu idi. Babasından Celâleddin'i arama emrini almıştı. Fakat Harzem şehzadesi elinden kaçtı ve Moğol ordusu kumların incisi ve Şahların eğlence şehri olan Merv üzerine yürüdü. Şehir kuşlar nehrinin kenarında yükseliyor ve kütüphanelerinde el yazması olarak binlerce cilt kitap bulunuyordu.

Moğollar civarda başıboş bir Türkmen alayına rastlayarak onları darmadağın ettiler. Tulu, subaylarıyla beraber duvarların etrafını dolaştı ve istihkâmları teftiş etti. Moğol hatları daha sıklaştılar ve Türkmenlerin hayvanları yağma edildi.

Han'ın muhafızlarından bin kadar en iyi askerinin ölmüş olmasından hiddetlenen Tulu, Merv surlarına karşı hücum üzerine hücum gerçekleştirdi. İstihkâma karşı topraktan bir set vücuda getirdi ve taarruzlarını oklarla destekledi. Bu savaş 22 gün devam etti ve bunu takip eden durgunluk esnasında Moğollara bir imam gönderildi. Moğollar imamı nezaketle kabul ettiler ve daha sonra da onu sağ salim olarak geri gönderdiler.

Anlaşılıyor ki bu şeriat adamı şehir adına değil, fakat Merik ismindeki bir vali adına gelmiştir.

Güven duyan vali, beraberine zengin hediyeler alarak Moğol çadırlarına yöneldi. Bunlar gümüş vazolardan ve mücevherlerle süslü elbiselerden oluşuyordu.

Hilebazlıkta üstat olan Tulu, Merik'e bir şeref libası gönderdi ve onu kendi çadırında yemeğe davet etti. Orada, İranlıya hayatının korunacağı düşüncesini telkin etti.

Tulu dedi ki:

"Sevdiğin dostlarını ve arkadaşlarını davet et. Onları şan ve şerefe boğacağım."

Merik, kendisine en yakın olanları çağırmak üzere bir adam gönderdi ve gelenler bunlar ziyafette onun yanına oturdular. Bunun üzerine Tulu, Merv'in en zengin altı yüz kişisinin isimlerini istedi ve vali ile arkadaşları en zengin mülk sahiplerinin isimlerini yazdılar. Bundan sonra korku ve dehşet içinde kalan Merik'in gözleri önünde arkadaşları Moğollar tarafından boğazlandı. Valinin eliyle yazılmış altı yüz kişilik liste Tou Lui'nun bir subayı tarafından Merv'in kapısına gönderildi. Subay, listede isimleri yazılı olan şahısları istemekteydi.

Bunlar hemen geldiler ve muhafaza altına alındılar. Moğollar şehrin kapılarına hâkim oldular ve atlılar Merv'in sokaklarına dağılmaya başladılar. Bütün ahaliye aileleri ve yanlarına alabilecekleri eşya ile beraber ovaya çıkmaları emredildi. Bu tahliye dört gün devam etti.

Esirlerin kesif yığını ortasında Tulu yaldızlı bir kanepe üzerine konmuş koltuğuna oturmuş, seyrediyordu. Subayları İran ordusunun sergerdelerini seçerek huzuruna getiriyorlardı. Aciz kalmış ahalinin gözleri önünde Merv subaylarının başları kesildi.

Bundan sonra erkekler, kadınlar ve çocuklar üç gruba ayrıldılar. Erkekler, kolları arkalarına çaprazlanmış bir hâlde yüzükoyun yere uzanmaya mecbur edildiler. Moğol savaşçıları, bu bedbahtlar kalabalığını aralarında paylaşarak, rasgelene vurarak hepsini boğdular, kılıçtan geçirdiler. Yalnız sürünün ihtiyacı olan 400 sanat erbabı korundu ve Moğollar bazı çocukları da esir alarak sakladılar. Altı yüz zengin tacirin akıbeti daha talihli olmadı. Moğollar tarafından işkenceye maruz kalan bu tacirler, nihayet onları en pahalı hazinelerini sakladıkları yere götürmeye mecbur edildiler. Boş evler yağma edildi, duvarlar temellerine kadar yıkıldı ve Tulu, memnun oldu.

Görünüşe bakılırsa bu katliamdan kurtulan, bazı mağara ve sarnıçlarda saklanan, beş bin kişi kadar oldu. Bunlar da ölümden uzun müddet için kurtulamadılar. Sürünün bazı müfrezeleri tekrar şehre geldiler. Bu zavallıların peşlerine düştüler ve toprak üzerinde kalan son hayat eserlerini de silip süpürdüler. Bu suretle birer birer, bütün kardeş şehirler hileyle zapt edildi. Bazı yerlerde bazı kimseler ancak cesetlerin altına saklanmakla ölümden kaçabildiler. Moğollar bunu öğrenince bundan böyle ahalinin kafalarının kesilmesi emredildi. Başka bir şehrin harabeleri arasında yirmi kadar İranlı ölümden kurtulmayı başarmışlardı. Geri kalanları öldürmek emriyle bir Moğol sürüsü gönderildi. Moğollar kamplarını kurdular, onların izlerini buldular, hayvan öldürmekten farklı bir elem duymaksızın zavallıları katlettiler. Bu savaş gerçekten de hayvanlara yönelik bir avdan farklı görünmüyordu. İnsanları imha için türlü yollar geliştiriliyordu. Gene bir şehrin harabesi ortasında Moğollar bir müezzini minareye çıkıp ezan okumaya mecbur ettiler. Müthiş istilacıların gittiklerini zanneden Müslümanlar saklandıkları yerlerden çıktılar ve katledildiler.

Moğollar bir şehrin harabesini terk ettikleri zaman, mevcut bütün mahsulâtı çiğniyorlar ve yakıyorlardı. Bu suretle kılıçtan kurtulanlar açlıktan ölmeye mahkûm ediliyordu. Şehrin uzun süren müdafaasından bizar oldukları Urgenç şehrinin kalesi üzerinde bir bent yapmak zahmetine katlandılar ve nehrin mecrasını değiştirerek duvarların ve evlerin enkazını suya boğdular. Amu nehrin mecrasının bu suretle değiştirilmesi, coğrafyacıları uzun süre şaşırttı.

Öyle detaylar vardır ki, bugün üzerinde durulamayacak derece korkunçturlar. Savaş en uç sınırına kadar ulaştı. Öyle bir savaş ki, bir misline daha ancak son Avrupa savaşında erişilebildi. Bu, düşmanlık sebebiyle değil fakat özellikle imha arzusuyla insanoğullarının bir katliamı idi.

Moğollar İslâm'ın merkezini çöle çevirdiler. Ölümden arta kalanların maneviyatları o derece derin bir sarsıntıya uğruyordu ki, bunların tek endişesi bir parça gıda bulup saklanmaktan ibaret kalıyordu. Bunlar, gömülmüş leş kokularına koşan kurtların gelip kendilerini parçalayacakları veya kaçmaya mecbur kalacakları ana kadar, otların kapladığı topraklara gizlenmiş bekliyorlardı. Bu yıkılmış şehir harabeleri dahi insanlar için yasak edilmişti. Bunlar vaktiyle bereketli olan bir toprağın yüzünde, birer yara gibi duruyorlardı. Birçok yerlerde harabelerin üzerinden sapan geçirildi ve buğday ekildi.

Göçebeler şehirleri yıkıp yakıyorlar ve insan hayatına, buğday almaya, hayvanların gıdasını temin etmeye yarayan topraklardan daha az önem veriyorlardı.

Cengiz Han doğmaya başlayan isyan hareketini felce uğratmış, kendisine karşı koyma zamanı bırakmadan direnişi kırmıştı. Herhangi bir merhamete kesinlikle izin vermiyordu. Kendisine mensup Orhonlara diyordu ki:

"Benim tarafımdan özel bir emir olmadıkça düşmanlarıma merhamet göstermenizi men ediyorum. Böyle kafalara vazifelerini öğretecek olan ancak şiddettir. Fethedilen bir düşman, itaat eden bir düşman değildir. O, daima yeni hükümdarına lanet edecektir."

Cengiz Han, Gobi'de bu tür tedbirler almadığı gibi Katay'da da böyle zulüm yapmamıştı. İslâm âlemine girince Sultan Celâleddin'in on bin taraftarını keserek kalan Herat halkını koruduğu için ağır serzenişlerde bulundu ve Herat, Moğol boyunduruğuna kadar isyan etti ve valisini öldürdü.

Genç Sultan kendilerini ziyaret ettiği zaman diğer şehirlerde ateş vardı. Fakat çok geçmeden Han'ın müfrezeleri kapılarına dayanıyordu. Herat şehrinin akıbeti Merv şehrinin akıbetinden daha az korkunç olmadı. Direniş kıvılcımları çiğnendi ve müthiş bir tarzda söndürüldü. Bir an, gerçek bir tehlike kendini gösterir gibi olmuştu: Cihat. Fakat o sırada Müslümanlar, Han'ı çok gizli olarak lanetliyorlardı. Taassup ateşi sönüyordu. Müslümanların bir başı vardı, fakat İslâm âleminin merkezi bir harabe hâlinde yerde yatıyordu. Yalnız Celâleddin onları toplayabilir ve ihtiyar fatihe karşı savaş açabilirdi. Fakat Moğol gözcü kolu tarafından ülke dışına atılan onun da böyle bir ordu toplamağa ne vakti ne de takati vardı.

Sıcaklarla beraber ikinci yaz gelince, Han, ordusunun büyük kısmını yanan vadilerin üzerinde, Hindukuş'un yüksek ormanlıkları içinde göstermeye başladı. Adamlarına istirahat kampları kurmalarını emretti. Esirler, asil veya köle, hakim veya dilenci, ne olurlarsa olsunlar, toprağı ekmek ve yetiştirmekle mükellef tutuldular. Ordu hastalıktan dolayı ağır zayiata uğradığı için o sene av düzenlenmedi.

Savaşçılar yaklaşık bir ay kadar mağlûp hükümdarların ipek çadırlarında yaşadılar. Türk atabeylerinin ve Acem emirlerinin evlâtları ellerinde rehine olarak bulunuyordu. İslâm memleketinin en güzel kadınları, tarlaları süren insanların ürkek bakışları önünde çadırdan çadıra, örtüsüz dolaşıyorlardı. Tarlalarda çalışan bu insanların arkasında lime lime olmuş elbise artıklarından başka bir şey yoktu ve savaşçılar kendilerine yiyecek verilmesini emrettikleri zaman, lokmalarını kaptırmamak için köpeklerle dalaşıyorlardı.

Korkunç Türkmenler dağlardan inerek istilacılarla kardeşlik ahdi yapıyorlar ve Gobi'ye sevk edilmeyi gözleyerek ambarlarda yığılı duran altın ve gümüşle sayısız sırmalı elbiseleri seyre dalıyorlardı.

Göçebeler için bir yenilik olan hekimler, hastaları tedaviyle ve âlimler, Kataylılarla münakaşa ile meşguldüler. Bu sırada, Gobi serserileri, bu nutukları yarım anlayarak ve hatta aldırış etmeyerek kayıtsızca dinliyorlardı.

Cengiz Han bitmek tükenmek bilmez idare görevini kendisi üzerine alıyordu. Postacılar Kataydaki Orhonların veya o sırada Rus Bozkırlarında bulunan Subotay'ın mektuplarını getiriyordu. Bu iki cephede askerî harekâtı idare etmekle beraber bir taraftan da Gobi'deki Hanlar Şûrası ile temas mecburiyetinde bulunmaktaydı.

Cengiz Han, mektupları yeterli bulmayarak, Çinli müşavirlerine gelip kendisini Hindikuş'ta bulunmalarını emretti ve dar, sarp yollardan, ovalardan at üzerinde seyahatin bütün zorluklarına rağmen bunlardan hiç biri şikâyette bulunmadı.

Batı ile Doğu arasında yeni yollar açmak için Han, Yam ismi verdikleri Moğol posta atlarını kurdu. Bu 13. asırda Asya'nın en serî ulaştırma aracıydı.

ON BİRİNCİ BÖLÜM

Moğollar yollar açıyorlar

Nesillerden beri, Gobi göçebelerinde haberleri bir çadırlar şehrinden diğer çadırlar şehrine atlarla ulaştırmak âdetti. Savaş için davet veya herhangi bir haberi taşıyan, dört nalla koşan bir atlı geldiği zaman, ordu adamlarından biri atını eyerler ve haberi uzak dostlara ulaştırırdı. Bu postacılar at üzerinde günde 80 ile 90 kilometre katedebilmekteydiler.

Cengiz Han'ın fetihlerini genişlettiği oranda, Yam'ı da geliştirmesi kaçınılmazdı. Bu başlangıçta fatihin idare için kullandığı araçların bir çoğunda yaptığı gibi tamamen askerî bir teşkilât idi. Ordunun kat edeceği yol üzerindeki düzenli mesafeler arasına daimî kamplar kuruldu. Bunlardan her birisinde bir sürü hayvan, bu hayvanlara bakmak için bazı delikanlılar ve hırsızlara karşı koymak için de bazı savaşçılar bıraktılar. Göçebenin geçtiği yerlerde daha kuvvetli bir muhafıza ihtiyaç yoktu.

Bu ordugâhlar, bir kaç yurttan, kışlık samanı ve arpa torbalarını içeren bir ambardan ibaretti; birbirlerinden tahminen yüz elli kilometre mesafedeydiler ve kervan yolları üzerine tespih taneleri gibi dizilmişlerdi. Bu ulaştırma yolu üzerinde Badak-Chan'ın mücevherleri, altın işçilikleri, en güzel zümrütleri, en güzel mineleri ve en büyük yakutları ile yüklü oldukları hâlde Karakurum'a dönmekte olan hazine taşıyıcıları gelip gidiyorlardı.

Moğollar topladıkları bütün ganimetleri bu yollardan kendi yurtlarına gönderiyorlarlardı. Her ay meçhul mıntıkalardan kıymetli eşyalarla dolu bir yük ve insan kafilesi geldiği zaman, Horasan'da veyahut iç denizlerin sahillerinde görev yaptıktan sonra yurtlarına dönen savaşçılar, ateş başında oturarak göçebenin harikulade zaferlerini ve bahadırlıklarını anlattıkları zaman, bedevilerin kasabalarında daima artan bir hayret uyanması gerekliydi.

Şüphesiz Gobi sakinlerine hiç bir şey olağanüstü görünmüyordu. Müsadere edilmiş develerle taşınan hazinelerin daima çadırlarının kapısına yığıldığını görmeye alışkındılar. Kadınlar rüyalarında bile görmedikleri bu ziynet hakkında ne düşünüyorlardı? Kendilerinin tanıdıkları yerlerin ötesinde beygir oynatan Orhonların ihtiyarları ne düşünüyorlardı? Bu servetler ne oluyordu? Moğol kadınları İran'dan getirilen incili tülleri ne işte kullanıyorlardı? Sürülerin ve çocukların muhafızları, Arap atlarını sıralayarak gelen ve sandıklarında bir prensin veya atabeyin gümüş kakmalı kalkanlarını çıkaran emektar savaşçılara nasıl bir hırsla bakmışlardı...

Moğollar duyguları hakkında bize hiç bir hikâye bırakmamışlardı. Fakat biz onların Han'ın zaferleri karşısında, uğursuz olaylar karşısında da olduğu gibi, itaat ettiklerini biliyoruz, Boğda Hazretleri bir mürşit değil miydi? Niçin dünya üzerinde hoşuna giden kısmı almayacaktı? Cengiz Han, büyük bir ihtimalle zaferlerini hiç bir ilâhî müdahaleye atfetmiyordu. Bir çok kez "Gökte yalnız bir güneş ve bir tek kudret vardır, yeryüzünde de ancak bir Han bulunmalıdır!" dediği bir gerçektir.

Budistlerin hürmetini hiç itiraz etmeden kabul ediyordu; Müslümanların da kendisine taktıkları ilâhî ceza rolünü yerine getirmeye razı oluyor ve hatta bunda bir fayda görürse rolünü derhal onlara hatırlatıyordu. Müneccimlerin tavsiyelerini dinliyor, fakat yine kendi bildiğini okuyordu. Napoléon'un aksine, kadere inanmıyordu. İskender'in yaptığı gibi kendisinde ilâhî sıfatlar bulunduğunu da iddia etmiyordu. Gençliğinde kaybolmuş bir hayvanı aramak için gösterdiği aynı sebat ve aynı bükülmez kararla, dünyanın yarısını idare etme görevini üzerine aldı.

Kendisine atfedilen sıfatları, faydaları bakımından değerlendiriyordu. Bir gün sınır komşusu olan bir Müslüman prensine bir mektup yazılmasını emretti. Mektup bir Acem tarafından İranlılar hakkında bir çok övücü cümle ve yüksek sıfatlar kullanılarak yazıldı. Bunu Cengiz Han'a okudukları zaman ihtiyar Moğol dehşetle kızdı ve kâtibe:

"Sersemce yazmışsın. Bu herif kendisinden korktuğumu zannedecek!" diyerek mektubu yırtmasını emretti. Ardından mektubu kâtiplerinden birisine, kendi tabiatını bilen memurlardan birine kısa ve kati olarak yazdırdı. Altına "Hakan" imzasını attı.

Cengiz Han orduları arasında irtibatı sağlamak için, eski kervan yollarını birbirine bağladı. Subaylar memur edildikleri görevi yerine getirmek ve sürünün içinden bir kaç uzun tüylü midilli getirtmek için, posta menzillerinde de duraklıyorlardı. Geniş pamuklu hırkalarına sarılmış sakallı Çinliler, perdelerle kapanmış iki tekerlekli arabalarla geliyorlardı. Hizmetçileri bazı kıymetli çay yapraklarını dövüyorlar, sonra ateş üstünde pişiriyorlardı. Orada yüksek kadife şapkalı, sarı harmaniyeleri omuzlarının üzerine atılmış olan Uygur âlimleri de duraklıyorlardı.

Daha uzakta bitip tükenmek bilmeyen deve sürüleri, sahrada dokunmuş kumaş, fildişi ve İslâm tacirlerinin her türlü servetini taşıyan kervanlar ağır ağır ilerliyorlardı.

Yam, aynı zamanda hem haber ve hem de eşya nakliye vasıtasıydı. Meçhul mıntakalardan gelen yolcuların Gobi'deki Moğollara ulaşmalarına yardım ederlerdi. Kuru suratlı Yahudiler, yüklü arabalarını ve eşeklerini sevk ediyorlardı; sarı benizli, dört köşe çeneli Ermeniler, ateşin yanında yorganlarının üzerine oturmuş, yahut açık bir çadıra bürünerek uyumuş, sesiz Moğol askerlerine meraklı bir bakış atfederek atla geçerlerdi.

Moğolların Efendisi Cengiz Han

Bu Moğollar yolun hâkimleriydi. Büyük şehirlerde bir Darago, yani yollar hâkimi bulunurdu. Bunun eyalette mutlak bir gücü vardı. Onun yanında menzilde duraklayan herkesin ismini yazmak ve geçen eşyanın listesini tutmakla görevli bir kâtip bulunurdu. Menzillerin muhafızları o kadar az sayıdaydılar ki, asla bir yasakçı olmaktan başka bir şey yapmazlardı. Orada her istedikleri şey kendilerine getirilmeliydi.

Bir Moğol'un, uzun tüylü midillisinin üstünde, omzundaki hafif mızrağı, ala geyik deresinden hırkasının altında parlayan beyaz kalkanından başka gösterecek şeyi yoktu ve o anda yolcular itaate hazır bir hâlde süratle ona yaklaşırlardı. Asya'da sıradan olan küçük hırsızlıklar da yaşanmıyordu.

Savaşçılar görünüşte uyumuş ve kayıtsız olsalar bile, kim bir Moğol muhafız postasının bir ipini çalmaya cesaret edebilirdi?

Bu menzillere Karakurum'a gitmek için yola çıkılmış ve kapalı denizlere yakın çölleri, titreyerek, ayakları dolaşarak geçen yorgun ve tutuklu Müslüman sanatkârları kafileleri de uğrarlardı: Dülgerler, musikişinaslar, tuğlacılar, demirciler, silâhçılar, yahut dokumacılar... Göçebenin bir tek süvarisi onlara muhafızlık ve kılavuzluk ederdi. Zaten bundan kurtulsalar da ellerine ne geçerdi ki?

Menzillerin arasında başka garip kafileler de acele acele yürürlerdi. Sarı şapkalı, dudakları mütemadiyen dua ile titreyen gözleri uzaklardaki karlı tepelere dikilmiş Lamalar, Tibet'in kuru sırtlarından gelen siyah şapkalı adamlar! Kaderleri daha önce aziz tanıdıkları adamın geçtiği yolları aramakla hayatlarını geçirmek olan, yan bakışlı, gülümser yüzlü Budist hacıları. Çıplak ayaklı keşişler, dış dünyayı umursamayan, uzun saçlı ve sakallı fakirler; duaların ancak kırık dökük parçalarını ve ayinlerin birer kısmını hatırlayabilen, kül rengi cüppeleri gizli tılsımlarla dolu Nesturi papazları. Bazen böğürleri terden çizik çizik olmuş kuvvetli bir atın üzerinde bir süvari gelir; papazlarla mandarinleri darmaduman eder ve yurtların yanında dururken tiz bir sesle bağırırdı. Bu adam Han'ın süratli haberler tatarı idi. Bir günde hiç duraklamadan aşağı yukarı iki yüz elli kilometre yol alırdı. Ona derhal menzilin en güzel beygirini verirlerdi. Marco Polo bunu takip ettiği gibi, o zaman Hanların şehri olan Konbulon'a yaptığı seyahat esnasında gördüğü gibi izah etmektedir:

"Şimdi size bildirmek lâzımdır ki, İmparatorun Konbulon dışında seyahat eden görevlileri yollarının her kırk kilometresinde 'beygir konağı' namını verdikleri bir menzil bulurlar. Bu menzillerin her birisinde konaklamak için büyük ve güzel bir bina vardır. Bu binanın bütün odaları rahat yataklar ve ağır ipeklilerle döşenmiştir. Hatta o kadar ki şayet bu haneye bir kral gelse, içinde gayet rahat bir surette oturabilir.

Bu menzillerin bazısında dört yüz, diğerlerinde iki yüz beygir vardı. Eğer memurlar hiç bir misafirhanesi olmayan yolsuz bir insan veya hayvan izi takip ederlerse, birbirlerinden çok uzak mesafede de olsa gene bu duraklara tesadüf ederler. Burada onlara ihtiyaçları olan her şeyi temin ederler, o kadar ki, İmparatorun memurları hangi mıntıkadan gelirlerse gelsinler, her şeyi hazır bulurlar.

Hiç bir imparator, kral ve hükümdar böyle bir teşkilâtın gösterdiği zenginliklere sahip olmamıştır. Bütün bu konaklarda üç yüz bin hayvan besleniyordu ve on binden fazla da bina vardı. Bütün bunlar o kadar büyük bir miktarda ve o kadar harikuladeydi ki, tarif edilebilmesi bile çok zordur.

Bu suretle İmparator bir gün ve bir gecede yaya on gün süren yerlerden gelen siyasî yazışmaları alıyordu. Genellikle bir sabah Kambalu'da toplanan meyveler ertesi akşam Chandu'daki büyük Han'a ulaşıyordu. İmparator, memurlarını her türlü vergiden muaf tutuyor, ayrıca onlara bir maaş da veriyordu.

Bundan başka bu duraklarda, sevkedilecek acele haberler olduğu zaman, gündüz olduğu gibi, gece de üç yüz, dört yüz kilometrelik yolu kolayca kat, edebilecek adamlar bulunuyordu.

Bu posta memurlarının her biri gürültüsü uzaktan işitilebilen küçük çıngıraklarla dolu, geniş bir kemer taşırlardı. Menzile ulaşınca aynı surette donatılmış bir adam bulurlar ve bu adam derhal görevi devralır, memurdan bir kâğıt alırdı. Her menzilde bütün memurların yola çıkma saatleri kaydedilirdi.

Durakta bekleyen baştan aşağı koşumlu, taze, güçlü hayvanlardan birine atlarlar ve atı dolu dizgin sürerlerdi. Müteakip konaktakiler çıngırakların sesini işitince başka bir hayvan hazırlarlardı ve posta memurlarının işi birbirlerine devretmesi, hayret verici bir süratle yapılırdı. Genellikle geceleri gündüz olduğu kadar çabuk gidemezlerdi, çünkü yanlarında yaya giden ve meşale taşıyan adamlar bulunurdu.

Bu memurlar çok kıymetliydiler. Eğer karınlarını, başlarını ve göğüslerini sıkı bir surette sarmamış olsalar, imkân yok bu sürati elde edemezlerdi. Bunlardan her biri, ola ki hayvanı kuvvetten kesilecek olursa, ilk rast geldiği adamın hayvanını alabilmek için işlerinin aceleliğine işaret olarak ak bir doğan derisi taşırlardı. Böyle bir durumda hiç kimse bunlara itiraz edemezdi."

Konakların yolları Han idaresinin başlıca temeliydi. Her şehrin Moğol Darogası tabii ki, hayvan sürülerine bakmak ve vergileri tahsil etmekle mükellefti. Zaten Han'la savaş durumunda bulunmayan memleketler, göçebeye bir haraç verirlerdi. Yasa, Han'ın düsturu, kutsal kitabın ve Müslüman kadılarının yerine geçen yegâne kanun oluyordu ve bu kanun yazılıyordu.

Bütün dinlerin papazları ve vaizleri vergilerden muaftılar. Çünkü Yasa böyle emrediyordu. Göçebe tarafından angaryaya alınan bütün hayvanlar, sahiplerinin işaretine göre kızgın demirle dağlanmıştı. Han'ın özel bir siyaseti vardı. Daroga tahsilat listelerini ve kayıtlarını tutmak için, sanat erbabı Çinliler ve Uygurlar, "Jamen" yani hükümet dairesini vücuda getirdiler.

Moğol reisinden başka zaptedilen eyaletin bazı eşrafı bir iş tutmaya izinli bulunuyorlardı. Bu adamların rolleri Moğollara lâzım olan talimatı vermek ve onlar arasında aracılık etmekti.

Cengiz Han, bir eyaletin mübarek bir şeyhine hâkimiyet işareti olmak üzere bir kaplan derisi verdi. Bu şeyh Darogaların bütün haklarını talep etmek ve idam mahkûmlarını affetmek kudretine sahipti. Han tarafından yerli reislere verilen bu hâkimiyet gölgesi, bu dehşet idaresini biraz olsun hafifletiyordu. Mağlûp edilen kavimlerin yasaya Moğollar kadar bel bağlıyacakları zaman henüz gelmemişti, fakat bu zaman asla da gecikmeyecekti. Han, her şeyden çok inatçıydı. Askerî işgallerin doğurduğu sarsıntılardan sonra, kendisini genellikle merhametli bir efendi gibi gösteriyordu.

Fakat bütün düşünceleri, ordu, yeni yollar ve hâkimiyet altına alınmış topraklardan bir nehir gibi kendi kavmine akan servetlerdi. Göçebenin subayları o zaman en güzel Türk örgüsü zırhları taşıyorlardı. Kılıçları ise Şam demirhanelerinden geliyordu. Han, yeni silâhlara ve yeni ilimlere devamlı surette ilgi duyuyor, fakat İslâmların eşyalarından az da olsa endişe ediyor, Gobi'nin giysi ve aletlerini kullanıyordu.

Genellikle merhametliydi. Fakat hiddetli bir tabiatı vardı ve yarılanmış fetihlerini tamamına erdirmek için tam bir gazapla hareket ederdi.

Hiddetleri dehşetli ve sıktı. Semerkant'ın, iğrenç suratlı bir doktoruna gözlerini tedavi ettiği için iyi davranmıştı. Han'ın bu ihsanından şımaran adam, Moğol subayları için tahammül edilemez davranışlar sergilemeye başladı. Bir gün Urgenç'in hücumu sırasında esir edilen son derece güzel bir şarkıcıyı istedi. Onun bu ısrarıyla eğlenen Han, kızı kendisine vermelerini emretti. Hekimin çirkinliği güzel esireyi tiksindirmişti. O zaman Semerkant'lı adam, kızı kendisine itaate mecbur etmelerini istemek için tekrar Han'ı buldu. İhtiyar Moğol, kendisine itaat ettirmeyi bilmeyen bu adama hiddetlendi ve hekimi öldürttü.

Bu senenin sonbaharında, Cengiz Han yüksek rütbeli subayları sıradan toplantıya davet etti, fakat büyük oğlu Cüci gelmemişti. Han'ın huzuruna atlar göndermek ve hasta olduğunu bildirmekle yetinmişti.

Göçebenin bazı prensleri Cüci'yi sevmiyorlardı. Onun doğumundaki rezaleti kınıyorlar ve ona Tatar diyorlardı. Han'a büyük oğlunun davetine itaat etmediğini söylediler. İhtiyar Moğol hayvanları getiren subayı çağırttı ve Cüci'nin hakikaten hasta olup olmadığını sordu. Kıpçaklar diyarından gelen adam;

"Bilmiyorum, fakat ben çıktığım zaman o avlanıyordu." dedi.

Han kızgın bir hâlde çadırına çekildi; subayları Han'ın bu itaatsizlik suçlusu Cüci'nin üzerine yürümesini bekliyorlardı. Fakat o bir kâtibine, bir porta memurunun batı tarafına götürdüğü bir haberi yazdırmakla yetindi. Cengiz Han, göçebesini taksim etmek istemiyordu ve büyük ihtimalle oğlunun kendisine karşı isyan etmeyeceğini düşünüyordu. Çünkü Subotay'a Avrupa'dan dönmesini ve Cüci'yi kendisinin bulunduğu genel mahalle getirmesini emretmişti.

ON İKİNCİ BÖLÜM

Endüs Savaşı

Olaylarla dolu bu sonbaharda meclis toplanabilmek için ancak vakit bulmuştu. Herat ve başka şehirler fatihlere karşı isyan ediyorlardı. Hindikuş'taki gözlem heyetinin haberlerine bakılırsa, Celaleddin doğuda bir ordu hazırlıyordu. Harzem Prensine karşı, Cengiz Han en çok güven duyduğu Tulu'yu göndermeyi düşünüyordu. Fakat Herat'ın kıyamını öğrenince fikrini değiştirdi ve Tulu, bir çok kıtalarla batıya, Horasan'a hareket etti.

Cengiz Han, Harzem'in yeni ordusunu bulmak ve imha etmek için altmış bin askerle bizzat mücadeleye girişti. Yolun üzerinde korunaklı Bamiyan şehrine tesadüf etti. Celâleddin'le mücadele etmek için ordusunun önemli bir kısmını başka bir orhonun emrine verip göndererek kendisi de kuşatmaya koyuldu.

Bu sırada Barmiyan'a gelen haberciler Celâleddin'in altmış bin savaşçısı olduğunu ve Moğol kumandanının ona rast geldiğini, şimdiye kadar Harzemlilerin bütün tuzaklarından kurtulduğunu haber verdiler. Öncüler zorlu prensin hareketini gözlüyorlardı. Olay, şuydu: Bu tehlikeli anda bir Afgan ordusu, Celâleddinle birleşerek onun kuvvetini iki misline çıkarmıştı. Çok geçmeden Türklerin ve Afganlıların Moğol orhonunun ordusunu bozdukları ve adamlarını dağlara püskürttükleri haber alındı.

Cengiz Han karşısındaki şehre yeni bir gazapla hücum etti. Savunmacılar eyaleti bir çöle döndürmüşlerdi. Kuşatma mancınıklarında kullanılacak büyük taşları bile götürmüşlerdi. Moğolların alıştıkları mancınıklar yanlarında değildi ve kuşatma altındakiler, oklar ve tutuşturulmuş neftlerle, kendi duvarlarının karşısındaki ordunun kalelerine ateş ediyorlardı. O zaman Moğollar hayvanlarını kesmeyi ve bunların derileriyle kalelerini korumayı düşündüler.

Han, şehre hücumu, şiddetli ve aralıksız bir surette hücumu emretti. Bu esnada kendisini kale duvarlarına kadar takip eden torunlarından birisi öldürüldü. İhtiyar Moğol cesaretini çok sevdiği bu çocuğun cesedinin çadırlara götürülmesini emretti.

Hücumu ilerletti ve miğferini atarak asker sıralarının arasından kendisine yol açtı. Bir hücum bölüğünün başında bir gediğe ayak basmayı başardı ve çok geçmeden Bamiyan Moğolların eline düştü.

Hisarlar ortasında bulunan bütün adamlar öldürüldü, saraylar ve camiler yıkıldı. Bizzat Moğollar bile Bamiyan'a, Mou kaligh, yani Virane Şehir namını verdiler.

Cengiz Han, derhal dağınık kıtalarını toplamak için bu şehri terketti. Kıtalar tepelerden kendisine doğru geliyorlardı. Başlarına gelen bozgun onları o kadar perişan etmişti. Han onları birleştirdi ve fedakârlıklarını takdir etti.

Celâleddin tarafından mağlûp edilen orhonu paylayacak yerde, onunla beraber savaş alanına döndü, neler geçtiğini anlattırdı ve ona yaptıkları askerî hatalarını gösterdi.

Harzem Prensi, bozguna uğramayı göze aldığı için, zafer de o kadar başarılı görünmemişti. Adamları Moğol esirlerine ölüm derecesinde işkence yaptıkları ve düşmandan yağma edilen atları ve silâhları paylaştıkları zaman zafer neşesini tattı; fakat bir ay sonra Afganlılar onun subaylarıyla kavga ettiler ve ondan ayrıldılar.

Cengiz Han, Afganlıların harekâtını gözlemek için bir ordu ayırdıktan sonra, Harzem Prensinin üzerine yürüdü. Celâleddin doğuya, Gazne'ye çekilmeye mecbur oldu. Moğollar onu yakından izliyorlardı.

Harzemli Prens yeni müttefikler bulmak için haberler gönderdi, fakat bunlar dağ geçitlerinin Moğollar tarafından tutulmuş olduğunu gördüler.

Celâleddin, otuz bin adamıyla süratle dağ kollarından indi ve Endüs vadisinde genişe çıktı. Nehri geçmeyi ve Delhi Sultanları ile ittifak sağlamayı ümit ediyordu. Fakat Gazne'de ondan beş günlük bir mesafe geride olan Moğollar, şimdi ona yaya yarım gün uzaklıktaydılar. Cengiz Han adamlarına ancak yemek pişirmek için attan inmelerine izin veriyordu. Harzem Prensi, ümitsiz bir hâlde aceleyle nehre doğru gitti ve Endüs'ün bu tarafının geçmek için çok derin ve çok akıntılı olduğunu gördü. Bunun üzerine şiddetli bir savunma için hazırlandı. Ordusunun sol kanadı yüksek bir dağ silsilesi ve sağ kanadı nehrin bir dirseğiyle korunuyordu.

Memleketinden kovulmuş İslâm süvarisi, merhametsiz Moğol'la çarpışmaya hazırlanıyordu. Celâleddin sahil boyunca bulunan bütün gemilerin mahvını emretti ve böylece adamlarının kaçma olanağını ortadan kaldırdı. Kendi vaziyeti kuvvetliydi. Fakat ya bu vaziyeti korumak ya da mahvolmaktan başka yol yoktu.

Şafakla beraber Moğollar bütün cephe üzerine ilerlediler. Savaş düzeninde sıralanmış bir hâlde karanlıklardan çıkmışlardı. Cengiz Han sancağı ve on bin atlı muhafız kıtasıyla merkezden arkada kalmıştı. Bu süvariler savaşa hemen sevkedilmemişlerdi.

İlk önce sert Harzem Prensi adamlarını öne sürmüştü. O zamanın Müslüman ordularının en kuvvetli kısmı olan sağ kanada Emir Malik tarafından kumanda ediliyordu. Prens ordusunun sağ kanadı, Han'ın sol kanadı ile bir muharebe yaptı ve Moğolları Endüs sahiline geri çekilmek zorunda bırakan kuvvet sevketti.

Her zamanki gibi süvari kıtalarını dağıttılar, Han'ın bir oğlunun kumandası altında yeniden teşekkül ettiler ve tekrar püskürtüldüler.

Sağlarındaki Moğollar yüksek ve yalçın dağ silsilesinin teşkil ettikleri engeller tarafından tutulmuşlardı. Celâleddin, Emir Malik tarafından kumanda edilen sağ kanadı müdafaa etmek için, savaş hattının bu noktasından taburlar ayırdı. Daha sonra, ordusunun merkezini kuvvetlendirmek için dağ savunmacılarından bir kaç süvari bölüğü aldı. Bir anda her şeyi göze almaya karar vermiş bir hâlde, ordusunun seçme adamlarıyla beraber doğruca Moğolların merkezinde Han'ı bulmak için sancağa doğru kendisine yol açarak hücum etti. Fakat ihtiyar Moğol artık orada değildi. Altındaki at ölmüş ve kendisi başka bir atla başka yere gitmişti. Bu Harzemliler için bariz bir zafer anıydı ve Müslümanların gıcırtıları, homurtuları, yerleri döven çelik at nalı gürültülerinin ve yaralı iniltilerinin üstünde yükseliyodu. Hücumda çok sarsılan Moğolların merkezi ısrarla savaşmaya devam ediyordu. Cengiz Han, Harzemlilerin dağlar üzerinde bulunan hemen bütün sol kanadının çekildiğini farketmişti. Kılavuzları sorguladıktan sonra Bela Noyan'a her ne pahasına olursa olsun kıtasıyla beraber dağı aşmasını emretti. Bu Moğolların Tulughması, eski çevirme hareketleriydi.

Noyan, adamlarıyla birlikte sıkı boğazlarda kılavuzları takip etti ve geçilmez sanılan keçi yollarına tırmandı.

Savaşçıların bazıları uçurumlara düştüler, fakat büyük bir kısmı, gün batarken, dağın tepesine eriştiler ve Celâleddin tarafından o noktayı savunmak için bırakılan bir avuç adamın üzerine geldiler. Dağlık engelin üstünde Harzemliler'in kanadı dönmüştü. Bela Noyan düşman ordugâhına hücum etti.

Bu sıralarda Cengiz Han on bin neferden oluşan ağır süvarilerin kumandasını almış ve tehdit edilen merkeze doğru değil, aksine mağlûp olan sol kanada doğru gitmişti. Bu hücum Emir Malik'in ordusunu şaşırttı. Han, bu orduyu takibe zaman sarf etmeden süvari bölüğünü topladı ve Celâleddin'in merkez ordularının kanadına doğru sevketti. Harzem prensini nehrin kenarında bulunan sol kolundan ayırmıştı.

Cesur, fakat yorgun olan Müslümanlar, ihtiyar Moğol'un zekâsı ve bir satranç oyununun son hamlelerindeki kadar mükemmel manevraları karşısında yenilmişlerdi. Netice seri ve sert olarak elde edilmişti. Celâleddin, muhafız kıtalarına karşı ümitsiz bir hücum yaptı ve adamlarını tekrar nehre doğru sevk etmeye çalıştı. Takip edildi. Süvari kıtaları ezilmişti. Noyan tarafından sıkıştırılmış olduğu hâlde nihayet Endüs'ün sarp sahiline ulaşabildi. Etrafında yedi yüzden fazla taraftarı yoktu.

Her şeyin mahvolduğunu anlayınca, yorgun olmayan bir binek hayvanı aldı, yalnız kılıcını, yayını ve bir ok kınını saklayarak öteki silâhlarını bıraktı. Hayvanı nehre atılmaya mecbur etti, süratli akıntıya kapıldı ve uzak sahile doğru yollandı.

Cengiz Han, Prensin diri olarak ele geçirilmesini emretmişti.

Moğollar son Harzemlileri kuşatmışlardı. Han, suya atladığını gördüğü süvariyi tetkik etmek için atını savaşçıların arasına sürdü. Burada sahil nehirden altı metre yüksekteydi. Bir an için Celâleddin'i seyretti, o zaman parmağını dudaklarına götürerek samimî bir takdir nidasıyla haykırdı:

"Böyle bir oğlun babası bahtiyardır!"

Harzemli prensin cesaretini takdir etmekle beraber, ona merhamet edip bırakmaya hiç de niyeti yoktu. Moğollarından bazıları düşmanlarını yüzerek takip etmeye kalktılarsa da Han buna izin vermedi. Akıntının ve dalgaların aksine olarak Celâleddin'in karşı sahile ulaşmasına baktı. Ertesi gün prensin takibi için nehrin öbür sahiline bir tümen gönderdi. Bu görev, sarp keçi yollarından Harzemilerin ordugâhına kadar bir kıta sevk eden subaya, Bela Noyan'a verilmişti.

Bela Noyan, Multon ve Lahor'u alt üst etti, firarinin izini tekrar buldu, fakat Delhi yolunda kalabalıkta onu yine kaybetti. Gobi yaylasında boğucu bir sıcakla karşılaştılar ve nihayet Noyan geri döndü. Han'a:

"Bu memleketin sıcağı insanları öldürür ve suyu da sıcak ve bulanıktır." dedi.

Bu şekilde, kuzey kısmı dışında bütün Hindistan Moğol istilâsından kurtuldu. Celâleddin bir süre daha yaşadı. Fakat ihtiyarlamıştı. Mülksüz bir maceracı, bir asker gibi gene göçebeyle çarpıştı.

Endüs üzerindeki muharebe, Harzem süvarisinin son bir gayreti oldu. Tibet'ten Hazar denizine kadar direniş kırılmıştı ve İslâm nüfusundan arda kalanlar, fatihin esiri oldular. Savaş bittikten sonra ihtiyar Moğol artık düşüncelerini vatanı üzerinde yoğunlaştırdı:

"Oğullarım bunlar gibi şehirler ve memleketler arzu etmek için yaşayacaklardır, fakat benden geçti." dedi.

Aslında uzak doğuda ona ihtiyaçları vardı. Mukuli, Çinlilerin üzerine Moğol boyunduruğunu kuvvetle geçirdikten sonra ölmüştü. Gobi'de meclisin Hanları harekete geçmişler ve kavga ediyorlardı. Hia krallıklarında isyanlar vardı. Cengiz Han, göçebesiyle beraber tekrar Endüs vadisine çıktı. Biliyordu ki Keşmir'in uzun vadilerine girerse, Tibet'in uzak meyillerindeki Hia'ya ancak bir iki yüz kilometre kalacaktı. Fakat kendisinden önce İskender'in görmüş olduğu gibi, yolu aşılmaz kayalarla kapatılmış bir hâlde buldu. Ümitsiz olduğu zaman İskender'den daha akıllı davranarak hiç tereddüt etmeden geri döndü ve Haerzm'i istilâ etmek için açtığı kervan yoluna ulaşmak üzere ilerledi. Peşaver'i hücumla zaptetti ve Semerkant için yola koyuldu. İlk defa olmak üzere 1220 ilkbaharında Semerkant'ın duvarlarını ve bahçelerini gördü ve 1221 sonbaharında gök kubbenin altındaki görevi sona erdi.

Hakim, "katliama son verme zamanıdır" diye onu tasdik etmişti.

Göçebe arkasında güneyin son harabesini bıraktığı zaman, Han, her zamanki gibi bütün tutsakları öldürmek için emir verdi. Böylece bedevileri takip eden sayısız zavallı öldürüldü. Moğolların Gobi'ye götürecekleri Müslüman hükümdarlarının karıları son bir defa daha ağlayarak ana vatanlarını seyretmek için yolun kenarına yerleştirildi.

İhtiyar Moğol'un bir an için fetihlerini anlamını sorguladığı söylenir.

Bir İslâm âlimine:

"Benden sonra gelenler döktüğüm kandan dolayı bana lânet edecek mi?" diye sordu.

Anlamak için uğraştığı ve sonra artık merak etmeyerek düşüncesinden uzaklaştırdığı Katay'ın ve İslâmiyet'in daha yüksek dirayeti aklına geldi:

"Âlimlerin pirini düşündüm.Şimdi görüyorum ki, ben harekâtımın iyi olup olmadığını düşünmeden adam öldürmüştüm. Fakat bu adamlar umurumda olmadı!"

Semerkant'ta toplanmış olan ve hediyeler getirerek onu karşılamak için korkuyla çıkan mültecilere iltifatkâr göründü. Kendileriyle konuştu. Ne halkı müdafaa eden, ne de vaadini tutan şahlarının hatalarını tekrar onlara anlattı.

Aralarından seçilen reisleri çağırdı ve onlara Moğol İmparatorluğundaki haklarını verdi: Yasanın koruması altında bir hisse. Bu adamlar Cengiz'in oğulları tarafından idare edileceklerdi.

Eski yaraların acısını hisseden ve hayatının sonuna yaklaştığını anlayan fatih, işlerini düzene koymak istedi. İtaatsizliği ortadan kaldırmak, yasayı takviye etmek ve hâkimiyeti oğullarına bırakmak...

Konak yollarından, yüksek rütbeli subaylara Sir üzerinde, ilk defa Harzem'e girdiği yerin yakınında toplanacak olan büyük bir toplantıda hazır bulunmaları için emir gönderdi.

ON ÜÇÜNCÜ BÖLÜM

Reisler Divanı

Heyetin toplanacağı yer, otuz kilometreden fazla alanı olan bir araziydi. Nehri kuşatan bataklıkları su kuşları dolduruyorlardı. Yaldız renkli sülünler rutubetli otlar arasında uçuşuyorlardı. Otlaklar boldu. Kum tepeleri üzerinde pek çok av vardı. İlkbaharın başlangıcı, her zamanki kurultay ayı idi.

Davete derhal uyan göçebe reisleri geliyorlardı. Yalnız Avrupa'dan çağrılan Subotay biraz geç kalmıştı.

İmparatorluğun bayrakları, uzak sınırlardan gelen kumandanlar, başına buyruk Tarhanlar, Han'ın kral tebaası ve elçiler, dünyanın dört bir yanından geliyorlardı. Uzun zaman seyahat etmişler ve beraberlerinde heybetli maiyetler getirmişlerdi. Katay'dan gelen Kibikoslar, ipeklerle örtülü eş ve çifte öküzlerle çekilen arabalarda geliyorlardı. Arabaların önlerinde düşmanlardan alınmış sancaklar dalgalanıyordu.

Tibet sırtlarından gelen subayların üzeri örtülü, yaldızlı ve sıra sıra uzun tüylü, büyük boynuzlu ve ipek gibi beyaz kuyruklu yaklar tarafından çekilen arabaları vardı. Bu hayvanlar Moğollar için çok kıymetliydi. Horasan'dan gelen Tulu, savaş ustası, sürülerle beyaz deve getiriyordu. Çağatay, beraberinde yüz bin hayvanla karlı dağ sıralarından iniyordu. Göçebenin bu subayları altın ve gümüş kumaşlar giymişler, değerli harmaniyeler örtmüşler ve ziynetlerini muhafaza için de gümüş kurt derilerine sarmışlardı.

Thian-Chan'dan Idikutlar, üstün tutulan müttefikler, Uygurlar, İsevî Han Almalik, fatihe hizmet etmeye gelen geniş yüzlü Kırgız reisleri, haşmetli elbiseler giymiş uzun bacaklı Türkmenler geliyorlardı.

Artık atların üzerlerinde havaların düzensizliği altında pislenmiş meşin zırhlar yoktu. Onların yerine baştan aşağı demir zırhlar bulunuyor, ve hayvanlar bu zırhların örgülerini şakırdatıyorlardı. Silâhların üzerinde takılmış gümüş parlıyor ve mücevherat göz kamaştırıyordu.

Gobi'den çok hürmet gören küçük bir çocuk, Tulu'nun dokuz yaşındaki oğlu Kubilay geldi. İlk defa olmak üzere bir ava katılmasına izin verilmişti. İmparator'un torunu için bu önemli bir olaydı ve bu başlangıç törenini bizzat Cengiz Han yönetti.

O zaman göçebenin reisleri kurultay yerinde toplandılar: Kurultay iki bin kişiyi kapsayacak kadar büyük bir otağdı. Bir giriş yalnız Han'a tahsis edilmişti. Kalkanlarla donanmış ve ortadaki büyük girişin önünde yerini alan savaşçılar, sadece gösteriş yapıyorlardı. Göçebede düzen o kadar sertti ve İmparatorluğun teşkilâtı o kadar sıklıkla meydana getirilmişti ki, hiç bir kimse Han'ın yerinde izinsiz dolaşamazdı.

Göçebenin reisleri eskiden düşmandan alınan kadın ve silâhları, Gobi'ye, Han'a nasıl getirirlerse, şimdi de ona dünyanın yarısından toplanmış hazinelerin en seçkinlerini, yeni hediyeleri takdim ediyorlardı. O zamanın vakanüvisi, "Böyle bir ihtişam daha önce hiç görülmemişti." demektedir.

İmparatorluğun prensleri kımız yerine bal şerbetleri ve Basra'nın kırmızı ve beyaz şaraplarını içiyorlardı. Han'ın bizzat Şiraz şaraplarına karşı zaafı vardı.

O zaman Semerkant'tan getirilmiş olan Muhammed'in altın tahtı üzerinde oturuyordu; bu tahtın yanında, hükümdarlık asası ve ölen İslâm imparatorunun tacı duruyordu. Meclis toplanınca, Şah'ın annesi bileklerinde iki zincir olduğu hâlde içeri alındı. Tahtın altına, Han'ın Gobi'deki eski hâkimiyetinin timsali, hayvan kılından dokunmuş kare şeklinde gümüşî bir keçe konmuştu.

Doğudan gelen ve toplanma hâlinde bulunan reislerin karşısında son üç senenin savaşlarını anlattı ve ciddiyetle dedi ki:

"Yasa'nın büyüklüğü sayesinde büyük bir hükümdar oldum. Siz de kanunlara itaat ederek yaşayınız."

Zeki Moğol, lüzumsuz hiç bir kelime telâffuz etmedi. Fetihlerinden dolayı kendisini methetmedi. Elde etmek istediği şey kanunlara itaatti. Artık ne nasihat vermeye, ne de subaylarını kendisinin yönetmesine gerek vardı.

Subayların gücü savaşmaya yeterdi ve Han, onlar arasında ayrılığın büyük bir tehlike olacağını açık olarak görüyordu. Fetihlerinin gücünü göstermek için ziyarete gelen elçileri birbiri arkasına huzuruna çağırıyordu. Üç oğluna şu nasihatte bulunuyordu:

"Aranızda kavga çıkmasına meydan vermeyiniz. Ögeday'a sıkı bir surette sadık olunuz."

Bundan sonra kurultayda bir ay devam eden bayram yapıldı ve bu toplantıya iyi karşılanan iki davetli daha katıldı: Cüci'yi getiren ve Lehistan sınırlarından gelen Subotay. Eski orhon Cüci'yi aramış ve ona toplantıda bulunmasını tavsiye etmişti. Cüci, Han'ın huzuruna çıktı ve babasının elini alnı üzerinde sıkmak için diz çöktü. Onu çok seven ve ona sıkı bir bağlılık duyan babası hiç bir sevgi belirtisi göstermediği hâlde memnun oldu. Steplerin fatihi, Hanına hediye olarak Kıpçak hayvanı getirmişti. Cüci merasimi sevmediğinden Volga'ya geri dönmek için izin istedi, bu izin kendisine verildi.

Ve toplantı son buldu. Çağatay, dağlarına geri döndü. Öteki göçebeler de Karakurum yoluna koyuldular. Vakanüvisin anlattığına göre bu seyahat esnasında Cengiz Han, orhon tarafından batı memleketlerinde, yapılan harekâtı kendisine anlatması için her gün Subotay'ı yanına çağırırmış.

ON DÖRDÜNCÜ BÖLÜM

Eserin Taçlanması

Kader, Cengiz Han'ın hayatının son senelerini vatanında geçirmesine izin vermişti. Oğulları için her şey hazırdı. Yalnız iki şey dışında. İhtiyar Han'ın tanıdığı yerlerde hâlâ iki düşman devlet yaşıyordu. Tibet'in yanında bulunan ve her zaman savaş durumunda bulunulan Hia Krallığı ve Güney Çin'deki eski Sung. Cengiz Han, Karakurum'da tebaasının arasında Bourta'nın yanında bir gün kaldıktan sonra eyere atladı.

Subotay'ı Sung memleketini istilâ etmek üzere gönderdi ve kendisi de Hia çölünün kabilelerini dize getirmek görevini üstlendi. Bunu başardı da. Kışın buz tutmuş bataklıkları geçti ve kendisini yakalamak üzere itilâf eden eski düşmanlarına rast geldi. Katay sürülerinin bakiyesi Güney Çin orduları, Türkler ve Hia'nın bütün kuvvetleri tarihî tahribatının korkunç sahnesini bize anlatmaktadır.

Kürklere sarınmış Moğollar, buz tutmuş nehir üzerinde dövüşüyorlar, görünüşte galip olan müttefikler, Han ordusunun merkezini, göçebenin kalbini teşkil eden kocamış askerlere karşı kütle hâlinde hücum ediyorlardı. Bu mücadelede belki üç yüz bin insan zayi oldu.

Sonra intikam. Tuzağa düşürülmüş, bozgun ve mahsur müttefik savaşçılar, kaçmaya başladılar. Göçebenin geçtiği yerlerde silâh taşıyabilecek yaşta olan bütün adamlar ölüme mahkûm edildiler.

Bir dağ hisarına sığınan ve karların kapadığı boğazlar tarafından korunan Hia kralı, dostluk maskesi altında kinini ve ümitsizliğini saklayıp geçmişin unutulmasını dileyerek sert Han'a boyun eğdi.

Cengiz Han, gönderilen adamlara şu cevabı verdi:

"Efendinize söyleyin ki, maziyi hatırlamasını hiç bir zaman arzu etmiyorum. Onu bir dost gibi tutacağım."

Fakat Han, hiç bir zaman silâhları bırakmak istemedi. Müttefiklere yaptığı gibi Sung ahalisini de kırmaya devam etti. Göçebe kış ortasında eski Çin sınırları yönünde yola çıktı. Akıllı Lui Tch'ou Tsai, Sung'un mahvedilmesini protesto etmek cüretini gösterdi.

"Eğer bu adamları öldürürsen sonra onlar senin ne işine yarar? Nasıl oğullarına servet temin edebilirler?" dedi.

İhtiyar fatih düşündü, belki de eskiden meskûn olan bir memleketi çöl yaptığı zaman, dirayetli Katayların düzeni tekrar sağlamak için kendisine yardım ettiklerini hatırlayarak şu beklenmedik cevabı verdi:

"Peki, imparatorluğun tebaası olan ahalinin başı ol ve sadakatle oğullarıma hizmet et!"

Sung'un askerî fethini bırakmak istemiyordu. Sonuna kadar bu fethi yürütmek istiyordu. Atın üstünde ordusuna Sarı nehri geçirtti. Bu esnada Han, Cüci'nin stepte öldüğünü öğrendi. Çadırda yalnız kalmak arzusunu bildirdi ve ilk doğan oğlu için sessizce, acı acı ağladı. Bir zaman Bamiyan'da Ögeday'ın küçük oğlu, yanında öldürüldüğü zaman, çocuğunu almaya gelen babasına, kederlenmemesini emretmişti:

"Bu konuda bana itaat et. Oğlun öldü. Ağlamanı men ediyorum."

Kendisi de Cüci'nin ölümünden duyduğu derin ıstırabı göstermedi. Göçebeler ilerliyordu, orduda her şey her zamanki gibiydi, fakat Han daha az konuşuyordu ve Hazar'ın sahilinde kazanılan bir zafer haberinin onda ne bir dikkat, ne de bir şükür uyandırmadığını gördüler.

Göçebe, sık bir çam ormanına girdi. Güneşin sıcağına rağmen ağaçların altında kar vardı. Han, konaklanmasını emretti.

Karargâhı oradan çok uzakta olmayan oğlu Tulu'yu acele gidip bulması için posta memurlarına emir verdi. O zaman tam bir adam olan savaş ustası, ayağını yere bastığı ve Hanı'n yurduna girdiği zaman babasını keçe elbiselerine sarılmış olduğu hâlde, ateşin yanında bir halının üzerinde yatar buldu.

İhtiyar Moğol, prensi kabul ederken dedi ki:

"Açıkça görüyorum ki her şeyi bırakmam ve senden uzaklara gitmem gerekiyor."

Bir süredir hastaydı ve bu saatte biliyordu ki bu hastalık, onu mezara götürüyordu. Göçebenin generallerine yanına gelmelerini emretti. Onlar da Tulu gibi diz çöktüler ve Han'ın sözlerini dikkatle dinlemeye başladılar. Han, Sung'a karşı başladığı fakat bitiremeyeceği savaşa nasıl devam edeceklerine dair onlara bilgi verdi. Tulu'nun bütün doğu ve Çağatay'ın batı memleketlerine hâkim olmalarını emretti. Ögeday ise Karakurum'daki Hakan gibi, sultanî hakimiyetini tatbik edecekti.

Cengiz Han, bir göçebeydi ve bir göçebe gibi şikayetsiz öldü. Çocuklarına en büyük imparatorluğu ve en yenilmez orduları bırakarak, yalnız sürüleri ve çadırlarından başka bir şeyi yokmuş gibi gitti. Bu olay, Zodyak takviminde L'aneede la Souris diye kaydedilen 1227 tarihinde olmuştu. Cengiz Han'ın o zaman göçebeye doğru yol alan eski düşmanı Hia Kralını yok etmek için, son hastalığı esnasında bunların yaşandığını tarih bize anlatmaktadır. Han, emirleri yerine getirilinceye kadar ölümünün saklanmasını emretmişti.

Ordugâhtan uzak bir yerde yükselen fatihin beyaz yurdunun önüne sivri ucu yere gelmek üzere bir kargı diktiler.

Muhafızlar, Han'ın hastalığına koşan müneccimlere ve hekimlere girişi kapıyorlardı; yalnız yüksek rütbeli subaylar, reisleri rahatsızmış ve yatağından emirler veriyormuş gibi, yurdun eşiğini aşıyorlardı. Hia Kralı ve maiyeti, Moğolların yanına vardıkları zaman, Moğollar onları bir ziyafete davet ettiler, kendilerine ağır ve şanlı elbiseler verdiler, göçebenin subayları arasına oturttular. Sonra hiç kimse kalmayıncaya kadar hepsi öldürüldü.

Cengiz Han'dan kalan ve kendilerinin bütün arzu edebilecekleri şeylere sahip kılan, görünüşte yenilmesi imkânsız olan adamın ölümüyle, korku ve dehşete düşmüş orhonlar ve göçebenin prensleri, cesedi Gobi'ye kadar uğurlamak için geri döndüler. Cesedi gömmeden önce tebaasına göstermek ve ilk karısı Burta'nın evine tekrar götürmek gerekiyordu.

Cengiz Han, Sung memleketinde ölmüştü ve düşmanlarını bu durumu öğrenmekten men etmek için, cenaze arabasını taşıyan savaşçılar, çölün sınırına kadar rast geldikleri bütün insanları öldürdüler.

Göçebenin adamları, uzun savaşların gazileri oraya geldikleri zaman, cenaze arabasının yanında at oynatarak yüksek sesle ah vah etmeğe başladılar. Büyük Han'ın sancak önünde yürüyememesi ve onları canının istediği yere gönderememesi kendilerine inanılmaz bir olay gibi geliyordu.

Saçı sakalı kır bir tarhan haykırıyordu:

"Ey ulu Bogdo, bizi böyle terkedecek misin? Ana vatanın ve nehri, etrafı kahramanlarınla kuşatılmış altın evinin bulunduğu zengin vatanın seni bekliyor! Niçin bizi bu kadar düşman barındıran sıcak memlekette terk ettin?"

Cenaze tenha çölde ilerledikçe başkaları da matem sözleri söylüyorlardı. Vakanüvis şu cümlelerle onların feryadı figanlarını yazmıştır:

"Eskiden bir şahin gibi avının üzerine atılırdın; şimdi gürültüyle yuvarlanan alay arabası seni taşıyor... Ey benim Hanım, sahiden, karını, çocuklarını ve halkını, meclisini terkettin mi? Ey benim Hanım, eskiden bir kartal gibi mağrurca atılarak bize yol gösterirdin, şimdi harap oldun, yıkıldın. Ey benim Hanım!"

Fatih, yerine, Karakurum'a değil, fakat çocukken bırakmak istemediği miras için hayatla mücadeleye başladığı vadilere götürüldü. Göçöbenin memurları, Cengiz Han'ın ölüm haberini orhonlara, prenslere ve uzaktaki kumandanlara götürecek çayırlardan dört nala gittiler.

En son subay vardığı ve ölünün yurdunun önünde ayağını yere bastığı zaman, cesedi son dinlenme yerine götürdüler.

Bu mezarın, bizzat kendi seçtiği bir ormanda olması büyük bir ihtimaldir. Kimse kabrinin nerede olduğunu katiyetle bilmez. Mezar büyük bir ağacın dibinde kazılmıştır.

Moğolların söylediklerine göre, bir aşiret askerî hizmetten muaf tutulmuş, o yeri beklemeye memur edilmişti ve yakınındaki orman sıklaşıp o büyük ağaç ötekiler arasında kayboluncaya kadar, korulukta sabaha kadar aralıksız ödağacı yakılmıştı. Sonra mezarın bütün izleri kayboldu.

SON

Matem içinde iki sene geçti. Tulu, hükümet naibi olarak Karakurum'da ikamet ediyordu. Fakat süresi sona erdiğinden, Cengiz Han'ın arzusuna uygun olarak yeni bir hakan, bir imparator seçmek için, prensler ve kumandanlar Gobi'ye döndüler.

Cengiz Han'ın isteğine uyup, miraslarına sahip çıkarak reislerinin kralları hâline geldiler. Şimdi Han'ın en büyük oğlu olan Çağatay, Orta Asya'dan ve Müslüman memleketlerinden, Ögeday Gobi ovalarından, Cüci'nin oğlu Muhteşem Batu, Rusya steplerinden geliyordu.

Moğol göçebelerinin hayatını yaşayarak gençlikten orta yaşlılığa geçmişlerdi; her biri toprakların bir kısmının hâkimi ve varlığını bilmedikleri zenginliklerin sahibi bulunuyorlardı. Han'ın savaşçılar arasında yetiştirilen Asyalı oğulları, kudretli ordulara sahiptiler. Yeni memleketlerinde zevk ve sefanın şarabını tatmışlardı.

Cengiz Han demişti ki:

"Benim sülâlem altınla işlenmiş kumaşlar giyecekler; seçkin yemeklerle beslenecekler ve muhteşem atlara bineceklerdir. Kollarının arasına güzel ve genç kadınları alacaklar ve bu nimetlerin kimin tarafından kendilerine ihsan edildiğini unutacaklardır."

Gerçekten Tulu'nun vekilliğinden iki sene sonra Cengiz Han'ın mirası çocukları için hemen hemen kaçınılmaz bir kavga ve mücadele kaynağı olabilirdi. Büyük oğlu Çağatay, Moğol âdetlerine göre Han unvanını istemek hakkına sahipti. Fakat Han'ın arzusu, sayısız adamlarının içine işlemişti. Demir bir el tarafından tesis edilen düzen, hâlâ birlik bağı idi. İtaat; kardeşlerin birbirine sadakati, kavga olmaması, işte yasanın esası buydu.

Cengiz Han, birçok defa oğullarına eğer aralarında iyi geçinemezlerse, imparatorluğun mahvolacağını, kendilerinin de ziyan olacağını bildirmişti. Bu yepyeni imparatorluğun ancak bir kişinin hâkimiyetine herkesin itaat etmesiyle yaşayabileceğini anlatmıştı ve kendisine halef olarak ne savaşçı Tulu'yu, ne de katı yürekli Çağatay'ı değil, fakat sade ve alçak gönüllü Ögeday'ı seçmişti. Oğulları hakkındaki derin sezgisi, onun bu seçiminde etkin olmuştu. Hiçbir zaman Çağatay en küçük oğlu Tulu'ya itaat etmeyecek ve savaş ustası, sert ağabeyine uzun süre hizmette bulunmayacaktı.

Prensler Karakurum'da toplandıkları zaman, asillerin en büyüğü olan Tulu, Ulu Noyon, hükümet idaresinden istifa etti ve Ögeday'dan tahtı kabul etmesi istendi. Seçilen kişi, amcalarından ve ağabeyinden yüksek mevkide olmanın kendisine yakışmayacağım söyleyerek bunu reddetti. Ya Ögeday fazla ısrar ettiğinden, ya da kâhinler izin vermediğinden, kırk gün endişe ve kararsızlıkta geçti. O zaman orhonlar ve ihtiyarlar Ögeday'ın yanına gittiler ve hiddetle:

"Ne yapıyorsun?" dediler, "bizzat Han seni halef olarak seçti!"

Tulu da babasının sözlerini tekrar ederek onlara katıldı ve Ye Liu, Tch'on Ts'a'i, Çinli hâkim, hazine bakanı, her hangi felâketin önüne geçmek için bütün ustalığını gösterdi. Tulu, şaşırmış bir hâlde bakana günün uğursuz olup olmadığını sordu.

Çinli derhal:

"Bundan sonra hiçbir gün bu kadar iyi olmayacaktır." diye cevap verdi.

Ögeday'ı keçelerle örtülmüş yolun üzerindeki altın tahta çıkmaya sevketti. Yeni imparator tahta çıkınca, Ye Liu Tch'ou, Ts'a'i, Çağatay'a yaklaştı ve dedi ki:

"Sen en büyük evlâtsın, fakat imparatorun bir tebaasısın. Sen büyük olduğundan tahtın önünde ilk secdeye kapanan olmak için bu andan yararlan."

Bir anlık tereddütten sonra Çağatay kardeşinin ayaklarına kapandı. Toplantı otağında hazır bulunan bütün subaylar ve asiller de onun gibi yaptılar ve Ögeday, hakan ilân edildi. Hepsi çıktılar ve güneşe, güneye doğru eğildiler ve ordugâhtaki sayısız insanlar da aynı şeyi yaptılar. Bunu sevinç günleri takip etti. Cengiz Han'ın bıraktığı hazineler, tanınmayan memleketlerden toplanan servetler, öteki prenslere, zabitlere ve ordunun Moğollarına dağıtıldı. Ögeday, ülkeyi o zamanın bir Moğol'u için müsamahayla idare etti ve Ye Liu Tch'ou Ts'ai'in nasihatlerini dinledi.

Ye Liu Thcu Ts'a'i bir taraftan efendilerinin imparatorluğunu kuvvetlendirmek için, diğer taraftan Moğolların insanları yerlerinden püskürtmelerinin önüne geçmek için, kahramanca bir metanetle çalıştı. Bir gün müthiş Subotay'a kafa tutmağa cüret etti. O zaman, bu orhon Sung memleketinde bir savaştaydı; büyük bir şehrin ahalisini öldürmek istiyordu. Hâkim bakan şu uyarıda bulundu:

"Katay'da, bu son seneler zarfında ordularımız bu adamların mahsulleri ve servetleri ile yaşadılar. Eğer biz onları yok edersek, çıplak toprak ne işimize yarar?"

Ögeday bu uyarının doğruluğunu takdir etti ve şehirde toplanan Çinliler bırakıldı. Vergi tahsildarlığını düzenleyen Ye Liu Tch'ou Ts'a'i oldu. Moğollar'a yüzde bir baş hayvan, ve Katay'ın her ailesi gümüşten veya ipekten belirli bir meblâğ vereceklerdi. Ye Liu Tch'ou Tsai, idarenin ve hazinenin yüksek işlerine eğitimli Çinlilerin tayin etmesini söyledi. Ögeday'a:

"Bir vazo yapmak için çömlekçiye müracaat edersin," dedi. "Sicilleri ve hesapları tutmak için bilgili adamlar kullanmalı."

Moğol:

"Peki," dedi, "bunu yapmaktan seni kim men ediyor?"

Ögeday kendisine yeni bir saray yaptırırken, Ye Liu Tch'ou Ts'ai genç Moğollar için okullar kuruyordu. O zaman Ordu Balık, yani hükümet şehri adıyla bilinen olan Karakurum'a her gün beş yüz yük arabası geliyordu. Bu arabalar, erzak, hububat ve imparatorun hazinesine ve mağazalara kıymetli eşya getiriyordu. Çöldeki Hanların hakimiyeti dünyanın yarısında sıkıca sağlanmıştı.

İskender imparatorluğunun aksine, Moğol fatihinin nüfuz alanı ölümünden sonra da olduğu gibi kalmıştı. Moğol aşiretlerini bir tek reisin hakimiyetine itaat ettirmişti. Han onlara şiddetli, sert fakat istediği gayeye en iyi şekilde uyan bir kanunlar derlemesi bırakmıştı. Askerî hakimiyeti esnasında imparatorluğun idare esaslarını vazetmişti. Bu son görevde Liu Tch'ou Ts'a'i, ona çok büyük desteklerde bulunmuştu.

Belki de Han'ın çocuklarına bıraktığı miras, Moğol ordusu olmuştu. Han'ın vasiyetine göre Ögeday, Çağatay, Tulu, onun başlıca göçebesini, yani insanları paylaşmışlardı. Fakat seferberlik, sevkıyat ve savaş sırasındaki manevra sistemleri, Cengiz Han'ın vücuda getirdiği şekilde kalmıştı. Subotay ve öteki kumandanlardan başka, Han'ın oğulları imparatorluğun genişlemesi vazifesini mükemmel şekilde takip etmeye gücü yeten reislere sahiptiler.

Cengiz Han, oğullarına ve tebaasına yanlış bir fikir olarak Moğolların dünyanın doğal hâkimleri olduklarını öğretmişti. En büyük imparatorlukların direnişini tamamıyla kırmıştı; eserin tamamlanması, Subotay ve Han'ın oğulları için çok rahat bir görev olmuştu. Sadece Han'ın ektiğini biçmek gerekiyordu.

Ögeday idaresinin başlangıcında Tarmagan isminde bir Moğol kumandan, Celâleddin'i mağlûp etti ve onu ortadan kaldırdı. Aynı kumandan, imparatorluğun Hazar denizinin güneyindeki bölgelerini kuvvetlendirdi. Aynı tarihte Subotay ve Tulu, Hovan-go Ho'un güneyine doğru ilerliyorlar ve Çin'in bakiyesini kendilerine itaat ettiriyorlardı.

1235'te Ögeday bir meclis topladı ve ikinci Moğol fetihlerinin büyük dalgası ortaya atıldı. Batu, Altın Göçebenin ilk Hanı, Avrupa'nın felâketi için Subotay'la beraber batıya gönderildi. Adriyatik'e ve Viyana kapılarına kadar gitti. Başka ordular Kore'de, Çin'de ve Basra'nın güneyinde savaştılar.

Bu dalga 1241'de Ögeday'ın ölümüyle çekildi. Subotay, bir defa daha büyük bir davet üzerine gayesi olan Avrupa'dan koparılıp çekildi.

Bunu takip eden on sene olaylarla doluydu. Çağatay'ın evi ile Ögeday'ın evinin daima büyüyen husumeti vardı. Bir ihtimal İsevî bir Nesturi olan ve İsevî bakanlarla kuşatılmış bulunan Kiyuk, taht üzerinde kısa bir süre için görünmüştü; İsevî nazırlardan birisi de Ye-Liu Tch'ou Ts'ai'nin oğluydu. Kiyuk, çadırının önünde bir kilise inşa ettirmişti. Daha sonra hakimiyet Ögeday'ın evinden Tulu'nunkine, oğulları Mengü ve Kubilay Han'ın şahıslarına geçti ve fütuhatın daha uzağa yayılacak olan üçüncü dalgası yayıldı. Kubilay'ın kardeşi Hülagü, Subotay'ın oğlundan yardım görerek El-cezire'yi istilâ etti. Halifelerin nüfuzunu her zaman için kırarak Bağdat ve Şam'ı zaptetti ve Kudüs'ün yakınına kadar geldi.

Haçlılar tarafından işgal edilen Antakya, Moğol tahtının nüfuzuna geçti. Moğollar İzmir'e kadar Asya'ya girdiler ve İstanbul'a yaya olarak bir haftalık mesafeye geldiler.

Hemen hemen bu sıralarda Kubilay ordusunu Japonya'ya karşı sevkediyor ve sınırlarını Malezya hükümetlerine, Tibet'in ötelerine kadar yayıyordu. Onun hâkimiyeti (1259 -1294) Moğolların saadet devri olmuştur.

Kubilay, babalarının âdetlerini terk etti ve sarayını Çin'e naklederek âdetlerinde Moğol'dan çok Çinli oldu. Ülkeyi yumuşak huylulukla yönetti ve itaat eden halka iyi davrandı. Marco Polo, onun sarayından bize canlı bir tasvir bırakmıştır. Sarayın Çin'e nakli, merkezî imparatorluğun parçalanmasına bir delildi.

1300 senesine doğru Gazan Han zamanında nüfuzlarının son sınırına ulaşan Hülagü sülâlesinden İran ilhanları, Hakan'la temas edebilmek için çok uzak mesafede bulunuyorlardı. Bununla birlikte hızla Müslüman oluyorlardı. Rusya sınırında bulunan Altın Göçebe'nin de durumu farklı değildi. Kubilay Moğolları ise Buda inancına geçiyorlardı. Cengiz'in bu küçük torununun ölümünü, din ve siyaset kavgaları takip etti. Moğol İmparatorluğu süratle ayrı ayrı krallıklara ayrıldı.

1400 senesine doğru bir Türk fatihi, Timurlenk, eskiden imparatorluğun parçalarını oluşturan Orta Asya ve İran topraklarını birleştirdi. Cüci'nin oğlu Batu tarafından kurulan Altın Ordu'yu mağlûp etti.

1368 tarihine kadar Moğollar, Çin'in hâkimi olarak kaldılar ve yalnız 1555'te müthiş İvan tarafından Rusya'daki son kaleleri alındı. Hazar Denizi kıyılarındaki sülâlelerinden Özbekler 1500'de Şeybanî Han idaresinin altında çok kudretli oldular. Büyük Moğolların birincisi olan Cengiz Han'ın sülâlesinden Kaplan Bâbür'ü Hindistan'a püskürttüler.

XVIII. asrın ortasında Cengiz Han'ın doğumundan altı yüz sene sonra, Han'ın son halefleri de kalelerini terk ettiler. O zaman Hindistan'da yerlerini İngilizlere bıraktılar. Doğuda, Moğollar meşhur Çin imparatoru Kien Lung'un ordularına mağlûp oldular. Kırım'ın Tatar Hanları, büyük Katherina'nın tebaası oldular. Aynı tarihte bedbaht Kalmuk veya Torgout göçebesi, Volga'daki otlaklarını bırakarak doğuya, asıl memleketlerine doğru uzun ve müthiş bir yürüyüşe başladı. De Luincez, bu göçü "Fuite d'un tribu Tartare"de kuvvetli bir tarzda tasvir etmiştir.

XVIII. asrın ortasında Asya haritasına bir bakılırsa, Cengiz Han savaşçılarının sülâleleri olan son göçebelerin en son sığınağını görürüz. Aral suyu ile fırtınalı Baykal gölünün arasında bulunan geniş mıntıkalar, o tarihteki haritalarda, Tataristan veya müstakil Tataristan adı altında gösterilebilmiştir. Kıtanın bu merkezî dağ sıralarında Kalmuklar, Moğollar, Kerayitler yazlık otlaklarından kışlığa dolaşıp duruyorlardı. Eskiden aynı vadilerin, Jean le Pretre d'Asie'yi ölüme giderken, ve Cengiz Han'ın kuyruklarından tuğlu sancağını dünyaya dehşet vermek için ilerlediğini gördüklerinden şüphe etmeden, Keçe yurtlarında yaşıyorlar ve sürülerini güdüyorlardı.

Moğol İmparatorluğu böylece son buldu, parçalandı ve imparatorluğun içinden çıktığı göçmen aşiretleri yeniden teşekkül etti. Bir zamanlar savaşçıların toplandığı vadilerde bir avuç sakin sürü bekçileri kaldı.

Moğol süvarilerinin kısa ve müthiş yürüyüşleri hemen hemen ardında hiç bir iz bırakmadan geçti gitti. Çöl şehri olan Karakurum, kum dalgaları arasına gömülmüştür. Cengiz Han'ın mezarı, ana vatanının bir nehrinin yakınındaki bir ormanda saklı duruyor. Fetihlerinden topladığı servetler, kendisine hizmet eden adamlara dağıtıldı. Gençlik arkadaşı Burta'nın gömüldüğü yeri bildirecek hiçbir mezar kalıntısı yok. Moğollarından hiç biri, hayatının olaylarını bir destan hâlinde toplamamıştır. Fetihlerin bir çok kısmı bize kadar düşmanları tarafından getirilmiştir.

Cengiz Han medeniyete öyle büyük bir darbe indirmişti ki, gerçekten de dünyanın yarısında her şeyin yeni baştan yapılması gerekmiştir. Çin, Jean le Pretre, Katay, Noire, Harzem İmparatorlukları ve Cengiz Han'ın ölümünden sonra Bağdat Halifeliği, Rusya ve bir zaman için Polonya'nın birçok prenslikleri mahvolmuşlardı. Han, bir memleket fethettiği zaman, başka savaşların hepsi son bulurdu. İyi ya da kötü, bütün olayların gidişatı değişmişti ve bu Moğol fethinin bakiyeleri, devam eden bir barışa sahip oluyorlardı.

Eski Rusya'nın büyük prensleri Vladmir ve Susdal'ın kanlı mücadeleleri, büyük afete gömüldü. Cengiz Han'ın etki alanında olmayan bu adamlar, bizim için birer hayaldir. İmparatorluklar Moğol çığı altında yıkıldı ve hükümdarlar delice bir dehşetle ölüme koştular. Eğer Cengiz Han mevcut olmamış olsaydı, ne olacaktı? Bunu bilmiyoruz. Fakat şu oldu: Roma barışı gibi, Moğol barışı da ilim ve fende ilerlemeyi getirdi. Milletler, daha doğrusu millet kırıntıları, birbirlerine karışmışlardı ve Müslüman ilmi Orta Asya'ya kadar gitmiş, Çinlilerin icat ve keşif gücüne sahip fikirleri ve yönetim ustalıkları batıya etki etmişti. Moğol ilhanları devlet yönetiminde bulundukları zaman, İslâmiyet'in harap olmuş bahçelerinde, bir saadet devri olmasa da, ona yakın bir devir yaşatıyorlardı ve XIII. asır Çin'de edebiyatın, özellikle de tiyatro piyeslerinin ihtişamlı devri olmuştur.

Moğol göçebeleri çekildikten sonra, siyasî toplanmalar tekrar gerçekleştiği zaman, çok doğal, fakat hiç beklenmeyen bir şey oldu: Savaşçı Rus prensliklerinin harabesi üzerinde Büyük İvan'ın imparatorluğu meydana geldi ve Moğollar tarafından birleştirilen Çin, bir tek imparatorluk şeklinde ortaya çıktı. Moğollar ve onların düşmanları olan Memlukların ortaya çıkması, Haçlıların uzun süren devrini kapadı. Moğolların hükümranlığı esnasında Müslümanlar, Süleyman mabedini ve İsevî hacıları da Kutsal Toprakları bir zaman için rahat rahat ziyaret edebildiler.

İlk defa olarak Avrupalı papazlar Orta Asya'da maceracılık yapabildiler. İnsanlığın bu büyük kargaşasının en önemli sonuçları belki de, daima büyüyen İslâm nüfuzunu mahvetmek olmuştur.

Harzem ordusuyla Müslümanların başlıca askerî kuvveti, Bağdat ve Buhara ile Halife ve imamların eski ilim ve fenni de kayboldu. Arapça, dünyanın yarısında konuşulan tek dil olma özelliğini kaybetti. Türkler batıya doğru püskürtüldüler ve Osmanlılar denilen bir hanedan daha sonra İstanbul'un hâkimi oldu. Kubilay, taç giyme törenine başkanlık etmek için Tibet'ten çağrılan kırmızı şapkalı bir lama, rahiplerin tören usullerini beraber getirdi.

Cengiz Han, zulmet devrinin engellerini kırmıştı. Yollar açmıştı. Avrupa, Çin'in sanatlarıyla temas etti. Oğlunun sarayında Ermeni prensleri ve İran uleması, Rus prensleriyle temas ediyordu.

Yolların açılmasını, düşüncelerde genel bir değişim takip etti. Avrupa'da, Uzak Doğu hakkında büyük bir merak uyandı. Marco Polo, Frere Rubriguis'u Kambalqu'ya kadar takip etti. İki asır sonra Vasco de Gama, denizden Hindistan yolunu bulmak için hareket ediyordu ve Christophe Colomb da Amerika'ya ulaşmak üzere, fakat Büyük Han'ın İmparatorluğuna erişmek amacıyla gemiye biniyordu.

EK-1

Katliamlar

Moğol atlılarının adımlarını takip eden uğursuz ölüm makinesini, bu kitapta devamlı ve etraflı bir şekilde tarif edemedik.

Milletleri baştan aşağı ölüm kâbusuna atan kasaplık, Avrupalılar, Müslümanlar ve Çinliler tarafından yazılan genel Moğol tarihlerinde tasvir edilmiştir. Biz burada ancak Kiev'in imhası gibi, Altın Başlar Avlusu gibi - Moğollar kubbeleri yaldızlı kadîm Bizans kalelerine bu ismi vermişlerdi - boğazlama sahnelerini işaret ettik. Bu yerde ihtiyarları öldürdüler. Genç kadınların ırzlarına geçtiler, çocukları hırpaladılar ve bütün bunlar kıtlık ve veba dolayısıyla daha müthiş bir hâl aldı. Çürüyen cesetlerden çıkan koku, öyle korkunç ve tahammül edilemez hâldeydi ki Moğollar bile "Mubalig" dedikleri bu dehşet diyarına uğramıyorlardı.

Tarihi inceleyenler, insan ırklarının bu emsalsiz imhası ile sonradan teşekkülünü son derece anlamlı bulur...

Moğolların Cengiz Han sebebiyle medeniyete vurdukları darbe "Cambridge Ortaçağ Tarihi" tarihçileri tarafından çok güzel özetlenmiştir.

"İnsan hayatına hiç bir kıymet vermemekle beraber, korkunç genişlikteki çölleri, dağlardan ve denizlerden engelleri, iklimin zorluğunu, açlığın ve vebanın tahribatını kahretmeye muktedirdiler. Hiçbir tehlike onları korkutamazdı, hiç bir kale onlara karşı koyamazdı, merhamet dileyen hiç bir feryat yüreklerine etki etmezdi. Biz tarihte yeni bir devletin, ya bir çıkmaza girmesi veya sonuna kadar uzayıp gitmesi muhtemel bir çok facialara bir darbede son vermiş bir kuvvetin karşısında bulunuyoruz."

Tarihte bu yeni devlet, medeniyetin gidişini değiştirmeye muktedir bir adamın kurduğu bu devlet, Cengiz Han'la beraber meydana çıktı ve torunu Kubilay Han'la beraber, Moğol imparatorluğunun dağılması başladığı zaman, ortadan kayboldu. O zamandan beri de bir daha meydana çıkmadı.

Bu kitapta Cengiz Han'ın savunması yapılmış değildir. Fakat Cengiz Han da büsbütün kana boğulmuş değildir. Bu fatih hakkındaki bilgilerimizin büyük bir kısmı, Çinlilerle beraber Moğolların katil kudretlerine kurban olmuş Orta Çağ Avrupalıları, Acemleri, Suriyelileri tarafından nakledilmiş hikâyelere dayanıyor.

Etrafındakilerden büyük bir hürmet ve itibar gören Cengiz Han, bize ne oğullarından, nazırlarından ne de kumandanlarından hiç birini öldürtmeyen bir hükümdar hâlinde görünüyor. Cüci ve Han'ın kardeşi Kassar, Cengiz'e zulmünü tatbik edecek fırsatlar vermişlerdi. Savaşta mağlûp olan Moğol subaylarının idamı, hayret edilecek bir tedbir olamaz. Çünkü o hiç bir zaman böyle bir emir vermemişti. Bütün milletlerin elçileri gelip kendisiyle görüştüler ve sağ salim döndüler. Olağanüstü hâller dışında, emirleriyle hiç bir esire işkence edilmiş olduğunu bilmiyoruz.

Keraitler, Uygurlar, Liyatunglar, Demir Adamlar gibi hemcins ve savaşa istekli milletlere Cengiz Han bağışlayıcılıkla muamele etti. Oğulları babaları gibi Ermenilere, Gürcülere, Filistin'de kalan Haçlılara aynı muameleyi yapmışlardı. Cengiz Han, kendisine ve milletine faydalı gördüklerini alıkoyar, geriye kalanı imha ederdi. Doğduğu memleketten uzaklaşıp yabancı medeniyetlerine dahil oldukça, bu imha daha kapsamlı bir hâl aldı.

Çağdaş tarihçiler, insan hayat ve eserlerinin bu emsalsiz imhasından dolayı, neden Müslümanların hiddetle andıklarını, buna karşılık Budistlerin neden Cengiz'in özel dehası önünde saygıyla boyun eğdiklerini artık anlamaya başladılar.

Çünkü Cengiz Han, ne Peygamber Muhammed Aleyhisselâm gibi dinî gayelerde, ne de İskender ve Napoléon gibi tebaasını ve politikasını büyütmek için, milletlere savaş ilân etmiş değildi. Hata buradan ileri geliyor. Bu sırrı, ancak Moğol karakterinin iptidaî sadeliği izah edebilir.

Cengiz Han, yer yüzünden oğulları ve milleti için ne arzu ettiyse aldı. Fakat savaşla aldı, çünkü başka bir yol bilmiyordu. İstemediği şeyi, ne işe yarayacağını bilmediğini, imha ederdi.

EK-2

Asya Keşişi Jan

On ikinci asır ortalarında Avrupa, Asyalı - Johannes Presbyter Rex Armenioe, Indioe -bir Hristiyan hükümdarın galibiyetlerini gördü. Son araştırmalar gösteriyor ki, Kudüs'ün doğusunda saltanat süren bir Hristiyan krala ait rivayetler, o zamanlar Ermenistan ve Hint ile şöyle böyle ilgili bir bölgede, Gürcistan'daki Jan tarafından Müslümanlara karşı elde edilen galibiyetlerden ileri gelmektedir.

Mecusî krallarının da bu memleketten çıktıkları hatırlara geldi. Bu sırada Haçlı ruhu Avrupa'yı tutuşturmaya başlamıştı. Ermenistan'dan Katay'a kadar dağılan Nesturi Hristiyanlar, Papa III. Aleksandr'a hitaben bir mektup yazıp göndermişlerdi. İfade tarzına göre, bu mektubun Asyalı keşiş Jan'dan geldiğine hükmedilebilirdi. Bu mektupta azametlerden, harikalardan, çölde ruhanî tören alaylarından, etek öpen yetmiş kraldan, emsalsiz hayvanlardan, çölde kurulmuş bir şehirden, kısacası o günün masal yaratıklarından bahsediliyordu.

Bu mektuptaki tariflerin içinde, gerçek olarak büyük bölümü Hristiyan olan Keraitlerden, Vang Han'dan da bahsediliyordu. Nesturîler ona "Ung Han" ya da "Kral Jan" derlerdi.

Bulunduğu Karakurum, uzun zamanlar ihmal edilmiş Nesturîlerin kalesi gibi gösteriliyordu. Burası bir çöl şehri, kendisi de hanları, kralları hâkimiyeti altında tutan bir imparatordu. Bir çok tarihî kayıtlar Keritlerden bir kraldan bahseder. Marco Polo, bu efsanedeki Keşiş Jan'ın, Vang Han olduğunu keşfetmiştir.

EK-3

Cengiz Yasası

1. Yeri ve göğü yaratan, ölümü, hayatı, serveti, fakirliği istediği gibi dağıtan, her şeyde mutlaka hükmünü yürüten bir tek Tanrı'nın varlığına iman etmenizi emrederim.

2. Dinî reisler, vaizler, rahipler, ruhanî hayata bağlı kimseler, müezzinler, doktorlar ve cenaze yıkayıcıları, genel hizmetlerden muaftırlar.

3. Her kim olursa olsun, prensler, hanlar, subaylar ve genel heyet hâlinde toplanmış diğer Moğol asilzadeleri tarafından seçilmedikçe imparator ilân edilemez. Aksi hareket edenler idam edilirler.

4. Moğol tebaasından aşiret ve milletlerin reisleri başka bir nam, unvan taşıyamazlar.

5. İtaat etmemiş bir millet, bir prens veya bir hükümdarla barış anlaşması yapmak, katiyen yasaktır.

6. Bir orduyu on, yüz, bin, on bin kişilik gruplara taksim eden talimatname bakidir.

7. Savaş başladı mı, her nefer silahlarını kendisine komuta eden subayın elinden alacaktır. Nefer silahlarını iyi durumda muhafazaya ve savaştan önce subayına teftiş ettirmeye mecburdur.

8. Başkumandan emir vermedikçe, düşman malını yağma etmek yasaktır. Aksi hareket edenler idam edilir. Bu emir verilirse nefer de, subayı da istifade edecek ve imparatorun tahsildarına hakkını verdikten sonra ele geçirdiği eşyayı muhafaza edecektir.

9. Ordudaki neferlerin idmanlara devamını temin için, her kış büyük bir av düzenlenecektir. Bunun için Mart ve Ekim ayları arasında geyik, karaca, dağ keçisi, tavşan ve bazı kuşları öldürmek yasaktır.

10. Yenecek hayvanları enselerinden kesmek yasaktır. Kasap, hayvanı bağlamaya ve göğsünü açarak kendi elleriyle kalbini çıkarmaya mecburdur.

11. Şimdiye kadar yasak olmakla beraber, bundan sonra hayvanların bağırsak ve kanlarının kullanılmasına izin verilmiştir.

12. Yeni imparatorluğun subay ve reislerine ayrıcalık ve dokunulmazlıkları temin edilmiştir.

13. Savaşa gitmeyen her erkek, belirli bir zaman için, itirazsız memleket için çalışmaya mecburdur.

14. Bir at, bir sığır veya kıymetli eşya çalanlar idamla cezalandırılırlar ve vücutları ikiye ayrılır. Daha az öneme sahip mallara yönelik hırsızlıklar için, ceza, çalınan eşyanın kıymetine göre sopadır; yedi, on yedi, yirmi yedi, yedi yüz kadar sopa! Fakat çalınan eşyanın kıymetinin dokuz misli iade edilirse, ceza affedilir.

15. İmparatorluğun hiç bir tebaası bir Moğol'u hizmetçi veya esir olarak kullanamaz.

16. İstisnalar haricinde her erkek orduya dâhildir.

17. Yabancı esirlerin kaçmasının önüne geçmek için, bunlara yatacak yer, yiyecek yemek, giyecek elbise vermek yasaktır. Aksi hareket edenler idam edilirler. Rast geldiği esiri yakalayıp da amirine teslim etmeyen her erkek aynı şekilde ceza görür.

18. Evlenme yasası her erkeğin karısını satın almasını emreder. Birinci ve ikinci derecede akraba arasında nikâh yasaktır.

19. Bir erkek iki kardeş ile evlenebilir, bir çok cariye kullanabilir. Kadınlar emlâk işleriyle meşgul olabilirler, istedikleri gibi satın alıp, satabilirler. Erkekler ancak av ve savaşla meşgul olacaklardır. İlk eşin çocukları diğerlerine göre üstünlük sahibidirler ve bütün emlâke onlar varistirler.

20. Zinanın cezası ölümdür. Böyle bir suç işleyenler derhal idam edilirler.

21. Eğer küçük çocuklardan başka kimseleri olmayan iki aile birleşmek isterse, bu çocuklardan biri erkek, diğeri kız ise evlenebilirler. Çocuklar ölmüş olsalar bile nikâhları kıyılabilir.

22. Fırtına zamanında akar su kenarında yıkanmak ve çamaşır yıkamak yasaktır.

23. Casuslar, yalancı şahitler, sefahate düşkün adamlar, büyücüler idam edilirler.

24. Görevlerini yerine getirmeyen ve Han tarafından davet edildikleri zaman gelmeyenler, özellikle uzak vilâyetlerdekiler idam edilirler. Eğer kusurları o kadar ağır değilse, bizzat Han'ın huzuruna gelmelidirler.

Bu yirmi dört madde muhtelif kaynaklardan alınmıştır. Bundan dolayı eksiktir.

Çok dikkati çeken yenilecek av hayvanları hakkındaki yasanın onuncu maddesi, o devrin dinî hurafeleriyle izah edilebilir. Yasanın on birinci maddesiyle, tatbik zamanlarında uzak membalarının muhafazasının hedeflendiği anlaşılıyor. Yirmi ikinci maddedeki sudan ve şimşekten bahseden yasa ise, Rubrikisn'in açıklamasına göre, şimşekten dehşetle korkan Moğolları fırtına zamanlarında nehirlere ve göllere atılmaktan men etmek gayesine yöneliktir.

Petis de la Croix'ya göre, Timurlenk de Cengiz Han'ın yasasını muhafaza etmiştir.

Moğolların Hint Moğolları Serdarı Babür der ki:

"Cetlerim ve ailem, biz her zaman Cengiz Han'ın yasalarına saygıyla riayet ettik. Bizler toplanışlarımızda, bayram ve şenliklerimizde, oturuş ve kalkışlarımızda Cengiz'in koyduğu usullerden hiç dışarı çıkmadık."

EK-4

Moğol Ordusunun Sayısal Kuvveti

Tarihçilerin Moğol ordusunu düzensiz bir kütle olarak tarif etmeleri kadar doğal ve ortak bir hata olamaz. En tanınmış çağdaş tarihçilerden Dr. Stanlay Lane-Poole bile bu "nihayetsizliğe" karşı koyamamıştır. O, der ki: "Cengiz Han'ın arkasından, deniz kumlarına benzeyen nihayetsiz göçebe orduları geliyordu." (Turkey, Stories of the Nations)

Moğollar hakkındaki bilginiz, Maühieu Parislin ve ortaçağ rahiplerinin bunlar hakkında ortaya koydukları fikirlerin üzerinden yeteri derecede geçmiş olduğu için, Cengiz Han ordusunun Hunlar gibi bir göçebe kütlesi değil, düzenli bir istilâ ordusu olduğuna emin olabiliriz.

Ordu üyelerinin listesi Sir Henry Hozvart tarafından şu şekilde düzenlenmiştir:

Han'ın muhafızları	1.000
Tulu'nun kumanda ettiği merkez	101.000
Sağ kanat	47.000
Sol kanat	52.000
Diğer müfrezeler	29.000
Toplam	*230.000*

Ordunun Doğu ve Batı âlemine karşı savaştığı zamanlardaki miktar ve değeri buydu. Görülüyor ki, Cengiz Han en önemli orduyu toplamıştı. Diğer müfrezeler 10.000 Kataylaların, Uygurlardan İdikut'un ve Han Elmalik'in kuvvetlerinden oluşmuştu. Zaten bu son ikincisi istilânın başlarında geri gönderilmişlerdi.

Tanınmış büyük âlimlerden Leon Cahun, bir Moğol ordusu askerinin 30.000 kişiyi geçmediğini söyler. Halbuki Cuci'nin 200.000 kişilik kuvveti ile müttefikler hesaba katılmazsa, bu savaşa üç kolordu iştirak etmişti. Böylece bu hesaba göre 150.000 savaşçıdan oluşuyordu. Gerçekten yukarı Asya'nın kurak vadilerinde bu miktardan fazla ordu bir kışı geçiremezdi.

Ölümüne yakın zamanlarda Cengiz Han'ın kumanda ettiği ordunun dört kolordudan, muhafızlardan, hepsi 130.000 kişiden ibaret olduğunu biliyoruz. Gobi'deki nüfusa gelince, hepsini tahminen nihayet 1.500.000 olarak tespit edebiliriz.

Bu adet üzerinden, filen savaşa girebilecek 200.000 kişi çıkabilirdi. İran isimli eserinde Sir Percy Sykes, Moğollardan bahsederken "sayıca zayıf olduklarını, fakat hareket üslerinden binlerce kilometre uzaklarda savaştıklarını" söyler.

O devrin Müslüman tarihçileri, düzenli ordunun miktarını abartılı olarak 500.000'den 800.000'e kadar çıkarıyorlardı. Fakat güvenilir tanıklıklar, Cengiz Han'ın 1219 ve 1225 seneleri arasında Tibet'ten Hazar denizine kadar olan memleketlerin hayret verici bir surette itaat altına almayı en çok 100.000 kişilik ve Dinyeper'den Çin denizine kadar olan kıtayı da 250.000 kişilik bir ordu ile temin ettiğini göstermektedir. Bu rakamdan ancak yarısının Moğol olması muhtemeldir. Tarihçiler, savaşların sonunda 50.000 Türkmen müttefikten bahsederler. Cüci'nin kuvvetleri ise yabanî Kıpçaklar ve çöl adamları tarafından takviye edilmişti. Çin'de şimdiki Koreli ve Mançurililerin ataları, Moğol bayrakları altında savaşırlardı.

Cengiz Han'ın oğlu Ögeday'ın saltanat devrinde Orta Asya'nın diğer Türk aşiretleri de, kendilerine savaşma fırsatı vermiş olan Moğollarla birleşmişlerdi. Bu aşiretler, Subotay ile Batu'nun Doğu Avrupa'yı fethettikleri ordunun büyük kısmını teşkil ediyorlardı.

Ögeday'ın ordularında muhakkak fiilen savaşçı olan yarım milyon kişi vardı. Mengü ve Kubilay, bu miktarı iki katına çıkardılar.

EK-5

MOĞOLLARIN İSTİLÂ PLANI

Cengiz Han'ın ordusu, bir düşman memleketini istilâ ettiği zaman, belirli bir plân izlerdi. Bu usul, Moğollar 1270 senesine doğru Mısır'a doğru yürüyüşlerinde Memlûklar tarafından durduruldukları zamana kadar mutlak başarılarla sonuçlandı.

- Hanın genel karargâhında bir kurultay toplantıya davet edilirdi. Filî hizmette kalmalarına izin verilen yüksek rütbeli subaylar dışında, bütün diğerleri bu mecliste hazır bulunmakla yükümlüydüler. Burada durum görüşülür ve savaş plânı yapılırdı. Yollar belirlenir ve muhtelif fırkalara şu veya bu görev verilirdi.

- Casuslar gönderilir, bilgi alınabilecek adamlar yakalanıp getirilirdi.

- Kastedilen memleket aynı zamanda bir çok noktalarından istilâ edilirdi. Ayrılan fırkaların, muhtelif kolorduların her birinin belirli bir hedefe yürüyen başkumandanları vardı. İstediği manevrayı yapmakta, nasıl isterse düşmana o şekilde hücum etmekte serbesttiler. Fakat haberciler vasıtasıyla Han'ın veya Orhonun genel karargâhıyla daima temasta bulunmaya mecburdular.

- Ayrılan fırkalar, memleket tahrip edilirken, korunaklı büyük şehirlerin önüne gözcü birlikleri yerleştirirlerdi. Memleketten erzak toplanır ve eğer savaş uzun süre devam edecekse, geçici menzil teşkilâtı kurulurdu. Moğollar arkalarında nadiren korunaklı bir şehir bırakırlardı. Genellikle şehri kuşatırlar, bir iki fırka esirler ve savaş aletleriyle geride kalır, ordunun büyük kısmı yoluna devam ederdi.

Eğer düz ve çıplak bir yerde düşman ordusuyla karşılaşırlarsa, Moğollar bir veya iki usul takip ederlerdi. Eğer mümkünse bir gün, bir gecelik seri yürüyüşle, iki veya daha fazla Moğol fırkası, belirli bir saatte savaş yerinde toplanmak suretiyle düşmana baskın verirlerdi. 1241'de Peşte civarında Macarlara karşı da böyle hareket ettiler. Eğer bu hızı sağlayamazlarsa, seri hareketlerinde düşmanı veya kanatlarından birini saralardı.

Başka tedbirleri de vardı: Kaçıyor gibi görünürler ve düşman kuvvetleri dağılıncaya kadar geri çekilirlerdi. Düşman dağıldığı zaman bineklerini değiştirirler ve geri dönerek hücuma geçerlerdi. Bu manevra Dinyeper civarında koca bir Rus ordusunu hezimete uğrattı.

Bu görünürde geri çekilmelerde genellikle saflarını açarlardı ve böylelikle düşman farkına varmadan kuşatılmış olurdu. Eğer düşman ordusu toplu kalır ve mertçe savaşırsa, Moğolların kuşatma hattı, düşmanın geri çekilmesine yol bırakmak için açılırdı. O zaman da düşmana geri çekilirlerken taarruz ederlerdi. Buhara ordusunun kaderi de bu olmuştu. Bu tedbirlerin çoğunu hünerleri onlardan eksik olmayan Türkler ve Moğolların kısmen ataları olan Hunlar da kullanmışlardı. Kataylar süvari kolları hâlinde manevraya alışmışlardı. Çinliler ise savaş düzenlerini çok iyi biliyorlardı. Cengiz Han şüphesiz ki, bu tecrübelerden faydalandı, fakat mücadelede en büyük etken yenilmez kararı, yerinde harekete geçmek gibi özel bir yeteneğe sahip olması ve adamlarını demir gibi bir düzene tâbi tutması olmuştur.

Bizzat Çinliler bile Cengiz'in ordusunu Tanrı gibi idare ettiğini söylüyorlardı. Önemli kuvvetlerini, görünürde hiç zahmetsiz geniş arazi üzerinde bir yerden bir yere sevk edişi, birbirinden çok uzak meçhul kıtalarda, birçok savaşları aynı zamanda idare edişinde gösterdiği zekâ ve beceri, daima olumlu sonuçlar veren kuşatmaları, parlak zaferleri, bütün bunlar bir araya geldiği zaman bütün Avrupa'nın görülmeyecek bir insanla karşı karşıya olduğumuzu anlarız"

Demetrius Boulger, Büyük Moğol Serdarı'nı işte böyle tarif ediyor.

EK-6

Moğollar ve top barutu

Cengiz Han ile Moğollarının Çin gibi kapalı bir imparatorluğu açtıkları zamandan çok önce, Çinliler tarafından yapılan o zamana ait keşifler hakkındaki kesin bilgilerimiz çok azdır. Daha sonradan, yani 1211 senesinde Çin'de top barutundan bahsedildiğini sık sık işitiyoruz. Bu barutu Çinliler Ho- Pao dedikleri savaş makinelerinde kullanırlardı.

Bir kuşatma olduğu zaman, Ho - Paoların ahşap kuleleri tahrip ettiğinden bahsedilir. Bu barut bir defa patladı mı, gök gürültüsüne benzeyen bir gürültü meydana gelirdi ve bu ses takriben kırk sekiz kilometreden işitilirdi. Bunda abartı olsa gerektir. 1232'de Kai-Fong kuşatmasından bahseden bir Çinli tarihçi şunları söyler:

"Moğollar güllelerden sakınmak için yer altında kazdıkları çukurlara kapandıkları için, Şin-Iiyenli dediğimiz ateş püskürme makinelerini, Moğol istihkâmcılarının bulundukları yerlere zincirler vasıtasıyla indirmeye mecbur olduk. Bunlar patladılar, insanları da, kalkanlarını da parça parça ettiler."

Muhakkak ki, Çinliler de, Moğollar da top barutunun tutuşma özelliğini biliyorlardı. Fakat Moğollar top dökmesini bilmiyorlardı. Onun için gülle kullanmakta fazla ilerleme de göstermediler. Gene gergin kirişli kuşatma aletleri kullanmaya devam ettiler. Oysa aynı Moğollar, 1238 ile 1240 arasında Orta Avrupa'yı bir baştan öbür başa geçtiler ve Rus Polon-yası'nda bulundular. Fribourg-en-Brisgau da onların istilâ sahaları dahilindeydi. (Schwartz'ın yazdıklarına karşı söylemek gerekir ki, Moğollar Avrupa'da top barutu kullanmamışlardır.)

Roger Bacon'a gelince, görünüşe göre o da, herkesin kullanması için top barutu imal etmiş değildir. O yalnız böyle bir maddenin varlığından ve yanıcı çzelliğinden bahsetmiştir. Roger Bacon, sadece Saint Louis'nin Moğollar nezdine elçi olarak gönderdiği rahip Guillaume de Rubriquis ile buluşmuş, konuşmuş ve onun coğrafî bilgilerinden faydalanmıştır.

Roger Bacon, Opus Majus'da Gillaume de Rubriquis'in kitabından bahsederken der ki:

"Bu kitabı gördüm ve yazarı ile görüştüm."

(Buna verilecek cevap şu olabilir: Rubriquis, kitabında top barutundan hiç bahsetmemiştir. Moğol sarayındaki altı aylık ikameti esnasında, kitabın yazarının barut hakkında bilgi edindiğine emin değiliz. Zaten Bacon, Rubriquis'in dönüşünden kısa bir süre önce, barutun özel terkibinden - güherçile ve kükürt - ilk defa bahsetmiştir.

Dikkate değerdir ki, top barutunun Avrupa'da görünen iki mucidi, Moğol istilâsından fikirlerin heyecana düştüğü ve istilacıların kullandıkları silahlarla alâkadar oldukları sürece, takriben yetmiş beş sene yaşadılar ve her ikisi de Moğollarla az çok münasebette bulundular. Herkes bu noktaya az ya da çok önem vermekte gene serbesttir.

Fakat şurası muhakkaktır ki, ateşli silah ilk olarak Rahip Schzvart zamanında Almanya'da görünmüştür. Toplar olgunlaştılar ve bunların kullanımı Avrupa'da süratle ilerledi. İstanbul'u ve Türkler'i geçerek Asya'ya girdiler. Bu suretledir ki biz Babür'ü 1525'te Türklerin kullandıkları büyük bir topla silahlanmış görüyoruz. İlk madenî top sekizinci asırda Çinde dökülmüştür.

Çok ilginçtir, 1581'de biz Avrupalı Kazakların ellerinde fitilli tüfeklerle Tatar imparatorluğunu istilâ ettiklerini görüyoruz. Halbuki Asyalıların kullanmasını bilmedikleri boş bir topu düşmanı yıldırımla vurulmuşa çevireceğini bekleyerek boş yere sürükleyip taşıdıklarını da görüyoruz.

Özetle, Çinliler top barutunu imal etmişler ve Bacon kardeşlerle Schwartz'dan çok önce yanıcı özelliğe sahip olduğunu anlamışlardır. Fakat savaşta barutu çok az kullanmışlardır. Avrupalılar ise barut yapımını öğrenmişler, belki de barutu kendileri icat etmişlerdir. Bu konu tartışmalıdır. Yalnız kullanılması mümkün ilk topu onların imal ettikleri kesindir.

Bu konu hakkındaki gerçeği şüphesiz ki hiç bir zaman öğrenemeyeceğiz. Yalnız Mathieu Paris ile Thomas de Spalato ve diğer ortaçağ tarihçilerinin savaşta duman ve ateş çıkaran Moğolların saldıkları korkudan bahsetmeleri de ayrıca dikkat çekicidir. Büyük olasılıkla bu, o tarihte Avrupa'da bilinmeyen top barutunun Moğollar tarafından toprak çanaklarda kullandıklarını gösteriyor. Carpin, Moğolların kullandığı ve ateşinin bir tür körükle parlatıldığı ateş saçan aletlerden bahseder. Her hâlde Moğollar arasında dumanın ve ateşin bu suretle görünüşü, ortaçağ tarihçilerince Moğolların birer cin olduklarına alâmet sayılmıştır.

EK-7

Büyücüler ve haç

Moğol fırkaları Subotay ile Cebe Noyan'ın kumandası altında Kafkasya'yı geçtikleri zaman rast geldikleri bir Hristiyan Gürcü ordusunu bozmuşlardı. Gürcü kraliçesi Rusudan Ani piskoposu David aracılığıyla Papa'ya bir mektup gönderdi. Bu mektubunda Moğolların Gürcü safları önünde haçlı bayrak açtıklarından bahsetmişti. Bu olaydır ki, hatalı olarak Gürcüleri, Moğolların Hristiyan oldukları yanılgısına düşürmüştür.

Leh tarihçileri de Leignitz savaşından bahsederlerken Moğolların Yunanca X harfine benzeyen bir işarete sahip koca bir bayrakla çıkageldiklerinden bahseder. Bir tarihçi, bunun haçı küçük görmek için, koyunun haç şekline konulmuş uyluk kemiklerinden yapılmış olması ihtimalinden bahseder. Bunu icat eden şamanlar, büyü için koyunların uyluk kemiklerini sık sık kullanırlardı. Bu manzara bayrağın etrafında uzun etekli adamların taşıdıkları çömleklerden kasırga gibi çıkan dumanlarla daha korkunç bir hâl alıyordu.

Moğol orhonları gibi zeki kumandanların düşmanı aldatmak için haç kullanmış olmalarına pek o kadar da ihtimal verilemez. Yalnız Moğol ordusuna mensup Nesturi Hristiyanların haç arkasından yürümüş olmaları ve Leignitz'te bu haçın yanında rahiplerin ellerinde buhurdanlarla giderken görülmüş olmaları muhtemeldir.

EK-8

Orta Avrupa'ya karşı Subotay Bahadır

Moğollar ve Avrupalılar, Cengiz Han sağken boy ölçüşmemişlerdi. Ancak 1235'te Ögeday'ın idaresi zamanında, büyük şûranın kararından sonra karşılaştılar. Olup bitenler özetle şunlardır:

Cüci'nin oğlu Batu, 1223'te Subotay'ın geçtiği araziye sahip olmak için, Altın Ordunun başında batıya doğru yürüdü. Batu, 1238'den 1240 sonbaharına kadar, Volga'yı, Rus şehirlerini, Karedeniz steplerini istilâ etti. Kiev'i ele geçirdi. Lehistan'ın güneyinde akınlar yapmak için kollar gönderdi. Lehistan o zamanlar birtakım prensliklere ayrılmıştı.

1241 Martında karlar erimeye başladığı zaman, Moğolların genel karargâhı Karpatlar'ın kuzeyinde, şimdiki Lemberg şehrinin bulunduğu yerle Kiev arasında kurulmuştu. Savaşın ruhunu teşkil eden Subotay'ın karşısında şu düşmanlar vardı: Tam karşıda Lehistan hükümdarı Afif Boleslas, bir ordu toplamıştı. Biraz daha kuzeyde, Silezyada, Hanri le Pieux Lehlerden, Bavyeralılardan, Tötonya şövalyelerinden, bu barbar istilasını defetmek üzere Fransa'dan gelen Templiersler'den oluşan 30.000 kişilik bir ordu toplamıştı. Boleslas'ın takriben yüz elli kilometre arkasında, Bohemya Kralı, Avusturya'dan, Saks'tan, Bramdeburg'dan müfrezeler alan, daha kuvvetli bir orduyu seferber ediyordu.

Moğolların soldaki cephelerinde Galiçyalı Miyeseslas ve diğer asilzadeler, Karpatlar dahilindeki topraklarını savunmaya hazırlanıyorlardı.

Moğolların solunda ve daha ileride, yüz bin kişiden oluşan Macar ordusu, Kral IV. Belâ'nın bayrağı altında, Karpatlar'ın öte tarafında toplanmaktaydılar.

Eğer Batu ve Subotay güneye yönelip Macaristan'a girselerdi, Leh ordusunu arkalarında bırakırlardı. Eğer batıya, Lehlerin üzerine yürüseydiler, Macarları ordularının kanatlarında bırakmış olacaklardı.

Görünüşe bakılırsa Subotay ve Batu, Hristiyan ordularının hazırlıklarından tamamen haberdardılar. Bir sene önce yaptırdıkları keşifler, hücum edecekleri memleketler hakkında kendilerine değerli bilgiler temin etmişlerdi. Oysa Hristiyan Kralları, Moğollar'ın hareketi hakkında çok az bilgi sahibiydiler.

Yer, atların tutunmasına kâfi gelecek derecede kuruyunca, Batu, Pripet boyunca uzanan bataklıklara ve Karpat sıra dağlarını çerçeveleyen rutubetli ormanlara aldırış etmeyerek yürüyüşe başladı. Ordusunu dörde böldü ve Lehlere karşı güvenini kazanmış iki kumandanın idaresinde en kuvvetli birliklerini sevk etti. Bu kumandanlar Cengiz Han'ın hafitleri Kaydu ve Baybar idiler.

Bu ordu süratle batıya yürüdü ve Bohslasın Lehlerine, bir kaç Moğol keşif kolunu takip ettiği sırada rastladı. Lehler her zamanki kahramanlıklarıyla hücum ettiler, fakat mağlûp oldular. Boleslas, Moravya'ya kaçtı ve ordusunun bakiyesi de kuzeye çekildi. Moğollar bunları takip etmediler. Bu olay 18 Mart'ta vuku buldu. Krakova yakıldı ve Kaydu ile Baybar'ın Moğolları, kuvvetlerini Bohemlerle birleştirmeye vakit bırakmadan Silezya Düküne hücum etmek için, aceleyle yollarına devam ettiler.

9 Nisan'da, Laygniç ovasında Hanrile Pieuxn'nün ordusuna tesadüf ettiler. Bu karşılaşmayı takip eden savaş hakkında çok şey bilmiyoruz. Yalnız şunu biliyoruz ki, Alman ve Leh kuvvetleri Moğol hücumu karşısında hezimete uğradılar ve neredeyse tamamen imha oldular. Hanriv ve Baronlarının kuvvetleri son askerlerine kadar öldürüldüler.

Laygniç, savunmacıları tarafından yakıldı ve savaşın ertesi günü Kaydu ve Baybar, buradan seksen kilometre mesafede, Bohemya Kralı Wenceslas'ın daha büyük ordusuyla karşılaştılar.

Wenceslas, yavaş yer değiştiriyor, oysa Moğollar bir görünüp bir kayboluyorlardı. Ordusu muazzam ve idaresi güçlü, Moğol fırkasının saldıramayacağı kadar kuvvetliydi. Fakat Katay atlılarına yetişemiyordu. Kataylılar bundan yararlanarak atlarını dinlendirdiler, aynı zamanda Silezya'yı ve güzel Moravya'yı Wenceslasın gözleri önünde tahrip ve yağma ettiler. Nihayet hileye başvurarak kendileri Batu'ya katılmak üzere güneye dönerlerken, onları kuzeye göndermenin yolunu buldular.

Ponce d' Aubon, Saint Louis'ye şunları yazmıştı:

"Biliniz ki, Almanya'nın bütün baronları ve kral ile bütün ruhanîler ve Macar rahipleri Tatarlara karşı yürümek için, haçları ellerine aldılar. Kardeşlerimizin söylediklerine bakılırsa, eğer Tanrı'nın emir ve iradesiyle Hristiyanlar mağlûp olurlarsa, bu Tatarlar, kendilerini durdurabilecek kimse olmadan, memleketimize kadar gelebileceklerdir."

Bu mektup yazıldığı sırada, Macar ordusu çoktan mağlûp edilmişti. Subotay ve Batu, üç fırkayla Karpatlar'a geçiyorlardı. Sağ kanat Galiçya'dan Macaristan'a girdi. Subotay'ın kumandasındaki sol kanat Moldavya'ya iniyordu. Yollarına çıkan önemsiz ordular mahvedildiler ve üç kol, kuvvetlerini, Pesth civarında, Belâ'nın ve Macarlarının karşısına çıkardılar.

Nisan başlarında, tam Leigniç savaşından önceydi. Subotay ve Batu, kuzeyde ne olup bittiğini bilmiyorlardı. Öder üzerinde bulunan Cengiz Han'ın küçük hafitleri ile irtibat sağlamak için bir fırka gönderdiler.

Rahip Ugolin'in küçük ordusu bunlara karşı yürüyordu. Bataklık bir yere kadar gerilediler ve pervasız Macarları sardılar. Rahip hayatta kalan üç arkadaşı ile kaçtı.

Bu sırada ordu Tuna'yı geçmeye başlamıştı. Macarlar, Hırvatlar, Almanlar ve Macaristanda kalmış bazı Fransız Tamplierslerı, hepsi yüz bin kişi... Moğollar bunların karşısında yavaşça gerilediler.

Batu, Subotay, ve Kiev fatihi Mengü, orduyu bırakmışlar, savaş için seçilecek yeri araştırıyorlardı.

Burası, dört tarafı Sayo nehri, bağlarla örtülü Tokay tepeleri, karanlık ormanlar ve büyük Lomniç dağları ile çevrilmiş Mohi mevkiiydi.

Moğollar nehri geçtiler, geniş bir taş köprüyü bozmadan bıraktılar ve sahilden sekiz kilometre mesafede bir ormana daldılar.

Beldenin ordusu körü körüne geldi, ağır yükleri, silah hamalları ile Mohi'de ordugâh kurdu. Köprünün öte tarafına bin kişi koydu. Ormanlarda keşfe çıktılar ve düşmanın izine tesadüf etmediler.

Geceleyin Subotay, Moğolların sağ kanat kumandasını aldı ve geniş bir çember çevirerek, kuvvetlerini nehir kenarına, daha önce gördüğü geçit yerine getirdi. Kuvvetlerinin nehri geçişlerini kolaylaştırmak için, bir köprü inşasına başladı.

Şafakla beraber, Batu'nun ileri kolları, taş köprü istikametinde geri döndü ve birdenbire baskın vererek köprüyü bekleyen müfrezeyi imha ettiler.

Batu, kuvvetlerinin önemli bir kısmını öbür sahile sevk etti. Köprüyü geçen atlıların hamlelerini durdurmaya çalışan Belâ süvarilerine karşı yedi mancınık işliyordu.

Fakat Moğol dalgası, düşman saflarına girdikçe büyüyor ve dokuz at kuyruklu müthiş bayrak, dumanlar arasında ilerliyordu. "Uzun, sakallı, geniş ve beyaz bir çehre, etrafa kötü bir koku dağıtarak gidiyordu." Avrupalılardan biri bayrağı böyle tarif eder...

Muhakkak, Belâ'nın askerleri kahraman insanlardı. Savaş, aralıksız ve inatla öğleye kadar devam etti. Bu sırada Subotay, kuşatma manevrasını bitirdi ve Belâ'nın ordusunun arkasında göründü. Moğollar saldırıya geçtiler ve Macarları perişan ettiler. Onlar da Alman şövalyeleri gibi savaş meydanında neredeyse son neferine kadar öldüler.

O zaman Moğol safları boğazlar yolunu serbest bırakarak batıya doğru açıldılar. Macarlar bu taraftan kaçtılar ve Moğollar peşlerine düştüler. İki gün devam eden yol, Avrupalı neferlerin cesetleriyle doldu. Kırk bin kişi ölmüştü. Belâ, geriye kalan taraftarlarından ayrıldı. Hatta ihtiyar kardeşini dahi bırakmıştı. Atının sürati sayesinde takip edenlerden yakayı kurtardı. Tuna sahilinde saklandı. Oraya kadar takip edildiği için Kar-patlar'a kaçtı. Oradan, Lehistan kralı ve felâket arkadaşı Boleslas'ın kapandığı manastıra sığındı.

Moğollar Peşte'yi zaptettiler ve Gran mahallelerini ateşe verdiler. Neyştat'a kadar Avusturya'ya girdiler. Alman ve Bohem orduları ile karşılaşmaktan kaçınarak Raguza dışında sahildeki şehirleri yakaraktan Adriyatik'e kadar gittiler. İki aydan kısa sürede Elbe kaynağından denize kadar Avrupa'yı dolaştılar, üç muazzam ve on iki kadar küçük orduyu tarumar ettiler. On iki bin kişilik bir kuvvetle Laroslav de Sternberg'in kumandasında savunulan Olmutz dışında bütün şehirleri zaptettiler. Batı Avrupa'yı kaçınılmaz afetten hiçbir şeyin kurtarması ihtimali olmadığı anlaşılıyordu.

Belâ ve Sen Lui gibi idaresiz hükümdarların sevk ve idare ettiği Avrupa orduları, muhakkak kahramanca çarpıştılar. Fakat Subotay, Mengü, Kaydu gibi hayatlarını savaş içinde geçirmiş kumandanların sevk ettikleri Moğol ordularının serî manevralarıyla başa çıkacak kabiliyette değildiler.

Savaş bitmemişti. Karakurum'dan gelen postacı, Moğollara Ögeday'ın ölümü haberini ve Gobi'ye dönüş emrini getirdi. Ertesi sene toplanan büyük bir şûrada Mohi savaşının acayip bir yansıması oldu. Batu, Subotay'ı savaş meydanına geç gelmekle ve bu suretle birçok Moğol'un ölümüne sebebiyet vermekle suçladı. İhtiyar general sert bir sesle şu cevabı verdi:

"Hatırla ki senin önündeki nehir derin değildi ve bir köprü vardı. Benim geçtiğim yerde nehir derindi ve ben bir köprü inşa ettirmek zorunda kaldım."

Batu, sözün doğruluğunu onayladı ve artık Subotay'ı suçlu görmedi.

EK-9

Avrupalıların Moğollar hakkında düşündükleri

Bu kitapta, Moğol ordularının o tarihte Avrupa ordularına açıkça üstün olduklarını yeteri derecede izah edebildiğimizi zannediyoruz. Moğollar daha hızlı hareket kabiliyetindeydiler. Subotay kendi fırkasıyla Macaristan'ı istilâ ederken üç günde 450 kilometre mesafe kat etmişti. D'Auban, Moğolların bir günde Şartr ile daire arasındaki mesafeye denk bir mesafe kat ettiklerini söyler.

Çağdaş Avrupa tarihçilerinden Thomas de Spalaton, Moğollardan bahsederken, yer yüzünde hiçbir milletin onlar kadar düşmanı, özellikle düzlük yerlerde kahramanlık kuvveti ve askerî strateji sayesinde perişan edemeyeceğini söyler.

Bu fikri, müthiş 1238 -1242 istilâsından kısa süre sonra Moğol Han'Ina gönderilen Rahip Karpen tarafından da desteklenmektedir:

"Hiçbir krallık, hiçbir eyalet, Tatarlara karşı koyamaz, diye yazar ve devam eder, "Tatarlar savaşta sadece kuvvete değil, hile ve aldatmacaya da müracaat ederler."

Askerî işlerden anladığı görünen bu cesur rahip, Tatarların sayıca Avrupalılardan az olduğuna, kuvvetli ve iri yarı olmadıklarına işaret eder ve daima ordularının kumandalarını ellerine alan Avrupalı hükümdarlara ne kadar kabiliyetsiz de olsalar savaş zamanlarında Tatarların askerî teşkilâtlarını aynen almalarını tavsiye eder. Der ki:

"Ordularımız Tatarlarda olduğu gibi idare edilmeli ve şiddetli düzene tâbi tutulmalıydı. Savaş meydanları, mümkün olduğu kadar dört tarafı kapalı düzlük sahalardan seçilmeliydi. Ordu hiç bir zaman tek parça bir kütle hâlinde yığılmamalı, aksine çeşitli fırkalara ayrılmış olmalıydı. Her yöne keşif müfrezeleri göndermeliydi. Generaller kıtalarını gece günüz tetikte bulundurmalı ve ordular daima savaşa hazır bulunmalıydılar. Zira Tatarlar cin gibi uyanıktır.

Eğer Hristiyan prensleri ve hükümdarları Moğolların ileri hareketlerini durdurmak isterlerse, bir dava etrafında birleşmeli ve ortak hareket etmelidirler."

Karpen, Moğolların silahlarına da dikkat etmiş ve Avrupalı askerlere kendi silahlarını düzeltmelerini tavsiye etmiştir.

"Hristiyan prenslerinde de yaylar, mancınıklar ve Tatarların o korkunç toplarından olmalıydı. Bundan başka demir topuz ve uzun saplı baltalarla donatılmış askerleri de olmalıydı. Çelik ok uçları Tatarlarınki gibi ıslatılmalı, yani sıcakken tuzlu suya batırılmış olmalıydı. Bu suretle oklar, zırhlara daha iyi işlerdi."

Moğolların ok kullanışları da Karpen üzerinde derin bir etki bırakmıştır:

"Moğollar, önce oklarıyla savaşçıları ve atlarını yaralar veya öldürürler, bu suretle askeri de atı da sarstıktan sonra, göğüs göğse dövüşe başlarlardı."

O tarihte, Papa'ya karşı meşhur mücadeleye girişen İmparator II. Frederik, diğer prenslerden yardım isterken, İngiltere kralına şunları yazmıştı:

"Tatarlar kısa boylu adamlardır, fakat adaleleri kuvvetlidir. Mağrurdurlar, cesur ve cüretkârdırlar ve âmirlerinin birer işareti üzerine her zaman kendilerini tehlikeye atmaya hazırdırlar. Fakat içimizi çekerek itiraf etmelidir ki, daha önce bunların sırtlarında deriden ve demir parçalarından elbise varken, şimdi hepsi öldürdükleri Hristiyanlardan aldıkları daha mükemmel zırhlarla donanmıştır. Üstelik bunların bizimkilerden daha iyi binekleri vardır."

Bu satırları yazdığı tarihte İmparator Frederik galip Moğol istilâ ordusu tarafından Büyük Han'ın tebaası olmaya davet edildi. Moğollar kendi açılarından çok yumuşak şartlar teklif ediyorlardı: İmparatorla milletinin teslim olmalarını istiyorlardı. Kendisini sağ bırakacaklardı[3] ve İmparator kendisine verilecek bir memuriyete geçmesi için Karakurum'a davet ediliyordu. Fredrik, bu tekliflere sadelikle, yırtıcı kuşları pek iyi tanıdığı için, Han'ın kuşçu başılığı görevini çok iyi yapabileceğini cevaben bildirmişti.

---

[3] Boyun eğme, bazen de arka arkaya toplanan ağır bir vergi, bu durumda izlenilen yoldu. Cengiz Han, haklı ve iyi bir sebep olmadıkça asla savaşa girmezdi.

EK-10

Moğollarla Avrupalı hükümdarlar arasında haberleşmeler

Batu ile Subotay 1242'de Avrupa'yı terk ettikleri zaman, yeni bir Moğol istilâsı korkusu, Hristiyan hükümdarlarını çeşitli tedbirler almaya sevketti. IV. İnnosan, Hristiyanlığı kurtarma çarelerini araştırmak üzere Lion meclisi ruhanîsini toplantıya davet etti. Sen Lui, yeteri derecede şaşkınca bir dille, Tatarlar bir daha göründükleri takdirde Fransa atlılarının kiliseyi savunmak için can vereceklerini söyledi. Bundan sonra da felâketlerle sonuçlanan Mısır Haçlı seferlerine başladı. Hazar denizinin güneyinde Baysun Han'ın kumandasında bulunan Moğollara çok defalar rahipler ve posta Tatarları gönderdi.

Bu giden elçilerden biri, Karakurum'da Han'ın nezdine gönderilmişti ve tuhaf bir olay yaşandı. Joinville'in bize anlattığına göre, elçiler ellerinde hediyelerle içeriye girdikleri zaman Han, etrafındaki olan asilzadelere dönerek demiş ki:

"İşte Fransa itaat ediyor ve işte bize gönderdiği cizye!"

Moğollar birçok defalar Sen Lui'yi Han'a itaat etmeye, cizye vermeye ve diğer hükümdarlar gibi Han'ın himayesi altına girmeye teşvik ettiler. Sen Lui'ye, o zaman mücadele hâlinde bulundukları Selçuklularla Anadolu'da savaşa girişmesini tavsiye ettiler.

Sen Lui, bir kaç sene sonra, zeki ve iri yarı Rabruquis'i Han'ın sarayına gönderdi ve ona elçi gibi gitmemesini ve hareketinin bir itaat şeklinde yorumlanmasına meydan vermemesini tavsiye etti.

Sen Lui'nin ordudan aldığı mektuplardan birinde, Moğollar arasında bir çok Hristiyan bulunduğu zikredilmektedir.

"Biz kuvvet ve vazifeyle arz etmeye geldik ki, bütün Hristiyanlar Müslüman memleketlerinde esaretten ve cizyeden kurtulmalı, hürmet ve itibarla muamele görmelidirler. Hiç kimse onların mallarını ellerinden almamalı. Yıkılan kiliseler yeniden yapılmalı ve Hristiyanların çan çalmalarına müsaade edilmelidir."

Filistin'deki Hristiyanlara karşı tutumları ne olursa olsun, Moğollar, Avrupa ordularının Müslümanlara karşı yardımlarını samimiyetle istiyorlardı. 1274'te Papa'ya, sonra İngiltere Kralı I. Edvard'a on altı kişiden oluşan bir heyet gönderdiler. İngiltere Kralı belirsiz bir cevap verdi, çünkü Kudüs'e gitmeye hiç de niyeti yoktu:

"Kutsal toprakları Hristiyan düşmanlarının elinden kurtarmak konusundaki kararı sevinçle öğrendik. Sizlere çok minnettarız ve teşekkürler ederiz. Fakat şimdilik Kutsal Topraklar'a ulaşma tarihimiz hakkında sizlere hiç bir bilgi veremeyiz."

Bu esnada Papa, Hazar denizi civarında Han'a elçiler gönderdi. Bu adamlar Han'ın ismini bilmediklerinden Moğolları gücendirdiler ve kan döktükleri için, Moğollara cani diyerek hakaret ettiler. Moğollar da bütün dünyayı idare eden bir adamın ismini bilmediği için Papa'yı cahillikle itham ettiler. Düşmanları öldürmeye gelince, bunu bizzat Gök'ün oğlunun emriyle yaptıklarını söylediler. Bayşu bir ara rahipleri öldürmek istedi, fakat nihayet elçi olduklarını düşünerek, hepsini de sağ salim geri gönderdi.

Bayşu'nun, IV. İnnosa'nın elçilerine verdiği mektup kaydedilmeğe değerdir:

"Büyük Han'ın emriyle, Noyan Bayşu şu kelimeleri gönderir:

Papa, adamlarının bizi bulup mektuplarını teslim ettiklerini biliyor musun? Gönderdiğin adamlar hakaret içeren sözler söylediler. Bunu senin emrinle mi yaptıklarını bilmiyoruz. Onun için sana bu haberi gönderdik. Eğer yerde ve suda hüküm sürmek istersen, bizzat buraya kadar gelmelisin, bizi bulmalısın ve bütün dünyanın üstünde hüküm süren adamın huzuruna varmalısın. Eğer gelmezsen, ne olacağını kestiremeyiz. Orasını Allah bilir. Yalnız gelip gelmeyeceğine, gelirsen dostça mı, düşmanca mı geleceğine dair bize bir haber ilet!"[4]

---

[4] Bu mektupta gene şu tehditkâr cümle görünüyor: "Ne olacağını kestiremeyiz. Orasını Allah bilir." Moğollar, harbe karar verdikleri zaman bu cümleyi kullanmaları âdettendi. Moğollar daima Cengiz Han'ın adına önce elçiler gönderirler ve şartlarını bildirirlerdi. Eğer bu şartlar reddedilirse, ihtarda bulunurlar ve savaşa hazırlanırlardı.

EK-11

Cengiz Han'ın mezarı

Londra gazetelerinden birinde, Profesör Fierre Kozloff'un Moğol fatihinin mezarının yerini bulduğuna dair yazılmış bir makale, büyük bir ilgi uyandırmıştı. Profesör Kozloff, 11 Kasım 1927'de Leningrad'dan gönderdiği telgrafla New York Times'da bu yazıyı tekzip etti.

Profesör Kozloff, 1925 - 1926 senelerinde Güney Gobi'de, Karakotoda yaptığı son seyahatin sonuçlarından bahsederken, orada bulunan eski bir belgeye dayanarak, Cengiz Han'ın mezarının bulunduğu yerin henüz bilinmediğini beyan etmiştir. Bu kaybolmuş mezar için, birbirinden farklı bir çok emareler vardır.

Reşidin, Cengiz Han'ın, Urga civarında, Yaka Kuruk denilen bir tepede yakıldığından bahseder. Quatremetre ve diğerleri, bu tepenin Urga civarında Kamula tepesi olduğunu söylerlerse de, bütün bunlar da şüpheleri ortadan kaldıracak mahiyette değildir.

Arhimandrit Palladüis der ki:

"Moğol devrinden kalan belgeler arasında, Cengiz Han'ın kabrinin bulunduğu yeri gösteren açık bir bilgi mevcut değildir."

Daha sonradan işitilen ve E.T.C, Werner tarafından zikredilen bir rivayete göre, Cengiz Han'ın kabri Etjen Koroda, Ordos memleketindedir. Üçüncü ayın yirmi birinci gününde, Moğol prenslerinin burada bir törende hazır bulunmaları âdet olmuştur. Büyük Han'dan kalan eşya - bir eyer, bir yay ve diğer eşyalar - bir kabir değil, fakat birbiri üzerine yığılmış duvarla çevrilmiş bir arsaya getirilmiş. Buraya beyaz keçeden iki çadır kurulmuş. Zannedildiğine göre burada taştan bir sanduka var. Fakat bu sandukanın içinde ne olduğunu kimse bilmiyor.

M. Wernern, Moğolların, hâlâ özel imtiyazlara sahip beş yüz aile tarafından muhafaza altında bulundurulan bu arsada büyük fatihin kemikleri bulunduğunu söylemekte hakları olduğunu düşünmektedir. Bu yer Çin Seddi'nin öte tarafında, Hoang'ın güneyinde, 40 derece kuzey ve 109 derece doğudadır.

Bu fikre göre, Cengiz Han'ın neslinden Moğol prensi bir tanıklığı nakleder. Bu tanıklık belki de belirsiz raporlardan ve birbirine uymayan bilgilerden daha önemlidir.

EK-12

Kataylı âlim Ye Lui Tchou Tsaî

Cengiz Han'ın dikkatini çeken bu genç Kataylı kadar, çok az kişi hayatında, bu derece güç bir rolü oynamak mecburiyetinde kalmıştır. Çin filozofları içinde birinci olmakla beraber, ordu nereye gittiyse o da gitti ve Moğollar felsefe, yıldız ilmi ve tıp tahsil eden bu gencin ağır mesaisini kolaylaştırmadılar. Yay imalinde ustalığıyla tanınan bir subay, bir gün, uzun sakallı büyük Katay'lı ile eğleniyordu:

"Bir ilim adamının savaş yoldaşları arasında işi ne?"

Ye Lui Chou Tsa'i, ona şu cevabı verdi:

"Güzel yay yapmak için ağacı işlemesini iyi bilen bir adam lazımdır. Fakat koca bir ülkeyi idare için, hâkim bir adam olmak gerekir."

Genç filozof ihtiyar fatihin sohbet arkadaşı oldu ve Batıya doğru uzun yürüyüş süresince Moğollar kıymetli talan eşyalarını toplarlarken, o da kitapları, yıldız ilmi masalarını şahsen kullanmak üzere topladı. Ordunun geçtiği memleketlerin coğrafyasını kaydediyor ve orduda salgın bir hastalık çıktı mı, kendisiyle alay eden subaylardan bir filozof intikamı almaktan zevk duyuyordu, çünkü onlara Ravent özü şırınga ediyor ve iyileştiriyordu.

Cengiz Han kendisini çok takdir ettiği için, o da ordunun geçişini gösteren katliama engel olmak için hiç bir fırsat kaçırmıyordu.

Bir rivayete göre, aşağı Himalaya boğazlarında Cengiz Han, karacaya benzeyen, fakat yemyeşil ve tek boynuzlu acayip bir mahlûk görmüş ve Ye Lui Tchou Tsai'yi çağırarak bu hayvan hakkında izahat istemiştir.

Kataylı ağır bir sesle şu cevabı vermiştir:

"Bu garip hayvana Kiyo-Tuan derler. Yer yüzünün bütün dillerini bilir, yaşayanları sever ve katliamdan nefret eder. Bize görünüşü hiç şüphesiz senin için bir uyarı olacak. Ey benim Han'ım, gel bu yoldan dön!"

Cengiz'in oğlu Ögeday'ın saltanatı zamanında Kataylı, imparatorluğu bilfiil idare etti ve Moğol zabitlerinin doğrudan doğruya ceza uygulamalarına engel oldu. Bunun için hâkimler ve hazineyle meşgul olmak üzere vergi tahsil memurları tayin etti. Canlı zekâsı ve sakinlikle gösterdiği cesaret, göçebe fatihlerin hoşuna gidiyor ve kendisi de onlar üzerinde etki yapmasını biliyordu. Ögeday içki kullanıyordu. Halbuki hükümdarın mümkün olduğu kadar fazla yaşaması Ye Lui Tchou Tsai'nin menfaatineydi.

Serzenişleri Han'ın üzerinde hiçbir etkide bulunmayınca, Kataylı bir gün kendisine içinde uzun süre şarap durmuş bir kâse getirdi. Şarap, kâsesinin iç duvarını aşındırmıştı:

"Eğer şarap demiri böyle aşındırırsa, bağırsaklarınızı ne hâle getirdiğini bir düşünün!" dedi. Ögeday bundan sonra içki konusunda ileri gitmedi. Fakat gene ifratıdır ki, ölümüne sebep oldu.

Bir gün danışmanının bir hareketine hiddetlenerek, Ye Liu Chou Tsai'yi hapse attırdı. Sonra fikrini değiştirerek, onun hapisten çıkarılmasını emretti. Fakat Kataylı hapishanedeki hücresini bırakmadı. Ögeday, danışmanın neden tekrar saraya gelmediğini öğrenmek için bir memur gönderdi. Kataylı şu cevabı gönderdi:

"Sen beni danışman tayin ettin. Sonra beni hapse attın. Demek ki kabahatim vardı. Şimdi beni hapisten çıkarıyorsun, demek ki, masumum. Senin için beni oyuncak gibi kullanmak güç bir iş değildir. Fakat bu durumda memleket işlerini nasıl idare edersin?"

Kendisini eski vazifesine iade ettiler ve bu milyonlarca halkın hesabına iyi bir şey oldu.

Ögeday öldükten sonra ihtiyar Kataylının elinden geniş yetkilerini aldılar ve onun görevini Abdürrahman isminde bir Müslüman'a verdiler. Yeni danışmanın sert tedbirlerinden kederlenen Ye Lui Chou Tsai, kısa bir süre sonra öldü.

Bazı Moğol subayları, Hanların sarayında senelerce büyük bir servet yığdığını düşünerek, Kataylı'nın ikametgâhını yağma ettiler. Müzik aletleri, el yazmaları, haritalar, kitabeler kazılı taşlardan oluşan gerçek bir müzeden başka bir şey bulamadılar.

EK-13

Ögeday ve serveti

Cengiz'in oğlu ve tahtın varisi iş başına geldiğinde, dünyanın neredeyse yarısına sahipti. Ögeday kardeşleri gibi zalim değildi. İyi huylu ve hoşgörülüydü. Karakurum'daki çadırdan sarayında oturur ve Han tahtının önünde boyun eğen halkın söylediklerini dinlerdi. Kardeşleri savaşlara devam ediyorlar, Ye Lui Chou Tsai de vergi işlerini idare ediyordu.

Ögeday sakinliği ve şişmanlığıyla, sadeliğiyle, elinin altında Katay'ın hazineleri ve memleketten seçilmiş bir düzine kadınla, sınırsız otlaklara dağılmış at sürüleriyle bize ilginç bir Moğol tipi sunar. Hareketleri şahanelikten uzak olmakla beraber, hoştu. Yanındakiler, her gözüne ilişeni vermek konusundaki cömertliğine itiraz ettikleri zaman, bu dünyadan nasıl olsa yakında gideceğini ve ondan sonra ancak insanların hatırasında yaşayacağını söyleyerek karşılık verirdi.

Acem ve Hint hükümdarlarının servet yığmalarına anlam veremezdi:

"Bunlar budalalık yapıyorlar. Servetleri bir işe yaramadı. Birlikte mezara götürecek hiçbir şeyleri yok!" derdi.

Cömertliğini bilen kurnaz tacirler, çeşit çeşit mallarla akın akın saraya gelirler ve mallarını değerinin çok üzerine satarlardı. Bu hesaplar her akşam, Han maiyeti ile otururken getirilirdi.

Bir gün maiyetindekiler alayla bu tacirlerin gülünç denecek derecede fazla para istediklerini söylediler. Ögeday onları onayladı:

"Benden faydalanmak ümidiyle geliyorlar. Kendilerini gücenmiş göndermek istemem." dedi.

Bir yerden bir yere gidişi, çölün Harun Reşidi'ne benzerdi.

Tesadüfen karşısına çıkan serserilerle konuşmasını severdi. Bir gün kendisine üç kavun takdim eden bir ihtiyarın fukaralığı dikkatini çekti. O sırada elinin altında ne para, ne de yeni elbise olan Han, karılarından birine ihtiyara mükâfat olarak büyük kıymetteki incileriyle küpelerini vermesini emretti.

Kadın;

"Han'ım," dedi, "yarın saraya gelip para alsa daha iyi olmaz mı? Para onun işine bu inciden daha çok yarar."

Pratik bir adam olan Moğol serdarı şu cevabı verdi:

"Çok fakir olanlar ertesi günü bekleyemezler. Zaten bu inciler gene benim hazineme dönecek."

Ögeday, her Moğol gibi, avı, güreşi ve at koşusunu severdi. Uzak Katay'dan ve Acem şehirlerinden saraya pehlivanlar gelirdi. Bu tarihte, sonradan Moğol hanedanını bölünmeye uğratan kavgalar, Budistlerle Müslümanlar, Acemlerle Çinliler arasında mücadele başladı. Bu gürültü patırtı, Cengiz Han'ın oğlunun canını sıkıyordu. Sadeliği bozan, entrika çevirenleri şaşırtmıştı.

Budist'in biri Moğol serdarının yanına gelerek, Cengiz Han'ın rüyada kendisine görünerek şu emri verdiğini söyledi:

"Git, oğluma tarafımdan emret, Muhammed'e iman edenlerin kökünü kurutsun. Zira bunlar sapkın ve günahkârdırlar."

İhtiyar fatihin İslâm milletlerine karşı gösterdiği şiddeti herkes biliyordu. Bu emri müthiş bir şeydi. Ögeday bir an düşündü ve sordu:

"Cengiz Han seninle konuşmak için tercüman kullandı mı?"

"Hayır, büyük Han'ım. Bizzat kendisi söyledi."

"Ya sen Moğolların dilinden anlar mısın?"

"Hayır."

O zaman Han şu cevabı verdi:

"O hâlde sen yalan söylüyorsun. Cengiz Han Moğolca'dan başka dil bilmezdi."

Ve Müslüman düşmanı Budist'in öldürülmesini emretti.

Bir defasında da Çinli oyuncular, Ögeday'ı eğlendirmek için kukla oynatıyorlardı. Han, kuklaların arasında uzun bıyıklı ve sarıklı bir ihtiyarın at kuyruğunda sürüklendiğini gördü ve Çinlilere bu adamın kimi temsil ettiğini sordu. Oyuncu başı şu cevabı verdi:

"Moğol cengâveri esir Müslümanları arkalarında böyle sürüklerler."

Ögeday oyunu durdurdu ve hizmetçilerine hazinesinde bulunan Çin'in ve İran'ın en pahalı kumaş ve halılarını getirtti. Bunları Çinlilere göstererek, onların yaptıkları malların batı mallarından aşağı kalitede olduğunu gösterdi. Dedi ki:

"Benim memleketimde birçok Çinli esiri olmayan bir tek zengin Müslüman yoktur. Halbuki hiç bir zengin Çinlinin Müslüman esiri yok! Bilirsiniz ki Cengiz Han, bir Müslüman'ı öldürene kırk altın mükâfat verilmesini emretmişti. Fakat bir Çinlinin hayatının bu değerde olduğuna hükmetmedi. O hâlde nasıl oluyor da siz Müslümanlarla eğlenmeye cesaret edebiliyorsunuz?"

Ve oyuncularla kuklalarını sarayından kovdu.

EK-14

Göçebelerin son töreni

Hanların sarayları Katay'a nakledilmeden önce, yalnız iki Avrupalı bize Moğolların bir tarifini bırakmışlardır. Bunlardan biri Rahip Capsin, diğeri de iri cüsseli Rubruquis'tir. Rubruquis, işkence içinde öleceğine neredeyse ikna olmuş bir hâlde ata binerek büyük bir cesaretle Tataristan'a hareket etmişti. Kral Saint Louis adına bir elçi gibi değil, göçebe fatihleri Avrupa'ya karşı mücadeleden vazgeçirmek için bir barış elçisi gibi gitmişti.

Tek yoldaşı, son derece korku içinde bulunan başka bir rahipti. İstanbul'u arkalarında bıraktılar. Asya yaylalarına girdiler.

Rubruquis, iliklerine kadar donarak, açlıktan yarı ölü bir hâlde takriben beş bin kilo metre yol gitmişti. Sonra Moğollar kendisini koyun derilerine sardılar, aba çorap, çizme ve deriden başlık verdiler. Şişman ve ağır olduğu için Moğollar, Volga sınırından başlayan seyahat süresince kendisine her gün dayanıklı bir at seçtiler.

Rubruquis, Moğolların gözünde esrarengiz bir adamdı. Uzun etekli, yalınayak, uzak Frank memleketlerinden gelmiş, ne tacir, ne elçi, silâhsız, hediye vermeyen, hediye kabul etmeyen bir adam... Meşhur Han'ı görmek için, dehşete düşmüş Avrupa'dan dışarı çıkmış, gösterişli, ağır başlı, fakir, fakat çölden doğuya doğru giden kafilede konumunun önemi göze çarpan Rubruquis'nin durumu bir tezat örneğiydi. Bu kafilenin içinde Jaroslav, Rusya dukası, Katay ve Türk asilzadeleri, Gürcistan kralının oğlu, Bağdat halifesinin ve büyük Serhasî sultanlarının elçileri vardı.

Rubruquis, bize göçebe fatihlerin sarayını büyük bir dikkatle tarif eder. Bu sarayda asiller mücevherat işlenmiş kâselerden süt içerler. Koyun derilerine bürünerek altın kakmalı eyerler üzerinde dolaşırlar.

Mengü Han'ın sarayına girişini şöyle anlatır:

"Aralık ayında, Saint Etienne yortusunda büyük bir ovaya geldik. Buradan bir küçük tümsek bile görünmüyordu. Ertesi gün büyük Han'ın sarayına vardık. Kılavuzumuza bir büyük ev tahsis ettiler. Bizim üçümüzü de eşyamızı, yataklarımızı koyacak ve bir küçük ateş yakacak kadar dar bir kulübeye soktular. Kılavuzumuza tepesi uzun bir şişe içinde pirinçten yapılmış bir içki getirdiler. Bu içki bizim en iyi şaraplarımıza benziyor. Yalnız tadı farklı!

Bizi üstlendiğimiz görevi sormak için çağırdılar. Bir memur bize, Serhasîlere karşı bir Tatar ordusunun yardımını istediğimizi söyledi. Bu cevap beni şaşırttı. Çünkü Haşmetli Efendimiz mektuplarında ordu istemediğini, yalnız Hristiyanlarla dost kalmasını Han'a tavsiye ettiklerini bildiriyordu.

O zaman Moğollar kendileriyle barış isteyip istemediğimizi sordular. Buna cevaben dedim ki:

"Moğollara bir kusurumuz olmadığından, Fransa kralı hiçbir savaş fırsatı çıkarmadı. Biz sebepsiz hücuma uğradıkça, kendimizi Tanrı'ya emanet ederiz."

Bu cevaba çok şaşırdılar ve "barış yapmaya gelmediniz mi?" diye bağırdılar.

Ertesi gün halkın hayran bakışları arasında saraya gittim. Aralarında bulunan ve inancımızı bilen genç bir Macar, halka bunun sebebini anlattı. Ondan sonra sarayın baş nazırı olan bir Nesturi bize dair birçok sualler sordu. Ondan sonra da yattığımız yere döndük.

Yolumuzda sarayın doğusuna tesadüf eden kısmın ucunda, üzerine haç konmuş bir küçük ev gördüm. Orada herhangi bir Hristiyan var diye bu manzaradan hoşlandım. Ulu orta içeriye girdim. Altın örtü ile örtülmüş ve güzelce süslenmiş bir mihrap gördüm. Üzerinde Mesih'in, Hazreti Meryem'in, Saint Jean-

Baptiste'in ve iki meleğin resimleri vardı. Vücutlarının ve elbiselerinin hatları küçük incilerle resmedilmişti.

Mihrabın üstünde gümüşten büyük bir haç vardı. Türlü süslemeler ve kıymetli mücevherler içinde parıl parıl parlıyordu. Mihrabın önünde de bir kandil yanıyordu. Yanına oturdum. Biraz esmerce, zayıf, sert kıldan elbise giymiş, elbisesinin altında demir kemer olan bir Ermeni rahibi gördüm.

Rahibi selâmlamadan önce, toprağa atılarak Ave Regina'yı ve diğer ilâhileri okuduk. Rahip dualarımıza iştirak etti. Ondan sonra yanına oturduk, önündeki mangalda biraz ateş vardı. Bizden bir ay önce Moğolların nezdine gelen Kudüslü bir keşiş olduğunu söyledi. biraz konuştuktan sonra, yerimize gittik, akşam yemeği için etli ve darılı bir çorba pişirdik. Moğol kılavuzumuz ve arkadaşları sarayda içiyorlardı, bizi düşünen yoktu. Hava o kadar soğuktu ki, ertesi sabah ayaklarımın ucu dondu ve artık yalınayak yürüyemedim.

Soğuk başladıktan sonra Mayısa kadar sürüyor. Hatta senenin o zamanlarında bile, her sabah ortalık buz tutuyordu. Biz oradayken bir fırtına çıktı, pek çok hayvanı öldürdü.

Sarayın adamları[5] bize teke derisinden elbiseler getirdiler. Ayakkabılar getirdiler. Arkadaşımla tercüman bu getirilen şeyleri kabul ettiler. 5 Aralık'ta saraya kabul edildik.

Han'a nasıl saygıda bulunabileceğimizi sordular. Uzak memleketten geldiğimizi, eğer müsaade ederlerse, bizi sağ salim oraya kadar ulaştıran Tanrı için ilâhiler söyleyeceğimizi ve ondan sonra Han ne isterse onu yapacağımızı söyledim. Han'ın yanına girdiler ve sözlerimizi naklettiler. Tekrar gelerek bizi divan odasının kapısına götürdüler. Kapının keçe perdesi kaldırıldı ve biz de "A Solis ortu cardine" ilâhisini söyledik.

---

5 Rubruquis saraydan bahsederken, Mang Ku Handaki evleri, kadınları, yüksek rütbeli subayları kastediyor. Mang Ku'nun amcazadesi Volga'daki Batu karargâhından bahsederken der ki: "Bu karargâhın güzelliğine hayret ettik. Evler, çadırlar uzaklara kadar gidiyordu Etrafta üç dört sıra üzerinde birçok insan toplanmıştı.

Saklı silahımız olmasın diye üstümüzü aradılar. Tercümanımıza kemerini ve bıçağını, kapının önünde duran muhafıza teslim etmesini emrettiler.

İçeriye girdiğimiz zaman, tercümanımız üstü katır sütü dolu bir masaya götürüldü ve bizi de hatunların önünde bir sıraya oturttular.

Her tarafa altın işlemeli kumaşlar gerilmişti ve ortadaki ocakta biraz diken, misk kökü ve tezek yanıyordu. Han, fok balığına benzeyen parlak tüylü bir hayvan derisinin üstüne oturmuştu. Basık burunlu, orta yaşlı takriben kırk beş yaşlarında bir adamdı. Karılarından biri, küçük, güzel bir kadın yanı başına oturmuştu. Kızlarından biri, sert çehreli genç bir kadın, yanı başındaki başka bir şiltenin üzerinde oturuyordu. Bu ev, bu kızın Hristiyan anesine aitti ve kız her şeye hükmediyordu.

Pirinç şarabı, katır sütü, ya da bal şerbeti içip içmediğimizi sordular. Zira Moğollar kışın bu üç içeceği kullanırlar. İçkiden hoşlanmadığımızı, Han'ın emirleriyle yetineceğimizi söyledim. O zaman pirinç şarabı verdiler. Han'a karşı saygısızlık olmasın diye biraz tattım.

Han şahinleri ve diğer kuşlarıyla biraz eğlendikten sonra, konuşmaya izin verdi ve biz de diz çökmeye mecbur olduk. Han'ın yanında Nesturi bir tercümanı vardı. Bizimki ise ikram edilen o kadar içkiden tamamıyla sarhoş olmuştu.

Han'a şu sözlerle hitap ettim:

"Tanrıya şükürler olsun ki, bizi dünyanın uzak diyarlarından, kendisine o kadar kudret ve devlet bahşettiği Mengü Han Hazretlerinin huzurlarına kadar getirdi. Mağrib Hristiyanları ve özellikle Fransa kralı, mektuplarını taşıdığımız hâlde, bizleri bu tarafa gönderdi. Bu mektuplarıyla Han Hazretlerinden memleketlerinde ikametimize müsaade buyurmasını rica ediyor. Zira biz Tanrı'nın kanunlarını insanlarına öğretmekle görevliyiz. Onun için Haşmetli Han Hazretlerinden burada kalmamıza müsaade buyurmalarını rica ediyoruz.

Takdim edecek ne paramız, ne altınımız, ne mücevherimiz var. Fakat faydalı olmak emeliyle hizmet sunuyoruz."

Han, bu sözlerime şu cevabı verdi:

"Güneş ışıklarını nasıl her tarafa yayarsa, Batu'nun azamet ve kudreti de öylece her tarafa yayılıyor. Onun için ne sizin altınınıza ne de gümüşünüze ihtiyacım var."

Han Hazretlerinden, altın ve gümüşten bahsettiğim için, bana gücenmemelerini istirham ettim. Zira bunu sadece faydalı olmak arzumuzu daha açık izah etmek maksadıyla söylemiştim.

O zamana kadar tercümanın söylediklerini anlıyordum. Fakat ondan sonra öyle sarhoş oldu ki, artık anlaşılacak bir cümle söylemiyordu. Bana öyle geldi ki, Han da sarhoştu. Bunun üzerine sustum.

O zaman bizi kaldırdılar ve tekrar oturttular ve saygılarımızı sunduktan sonra Han'ın huzurundan çekildik. Nazırlardan ve tercümanlardan biri de bizimle beraber çıktı ve nazır bize Fransa krallığı hakkında birçok sualler sordu. Özellikle bizde çok koyun, sığır ve at bulunup bulunmadığını öğrenmek istiyordu. Moğollar sanki bütün bunlara sahip olmak istiyormuş gibiydiler. Bizimle meşgul olmak üzere birini memur ettiler. Ermeni keşişin yanına gittik. Tercüman gelip bizi orada buldu ve Han'ın iki ay, yani soğuklar bitinceye kadar kalmamıza müsaade ettiğini bildirdi.

Buna cevaben:

"Tanrı Mengü Han Hazretlerini korusun ve kendilerine uzun ömürler ihsan buyursun. Bir aziz diye baktığımız bu keşişi bulduk, memnuniyetle kalacağız ve birlikte Han'ın refah ve saadetine dualar edeceğiz." dedim.

(Zira yortu günlerinde Hristiyanlar oraya gelir, dua eder ve çanağını takdis ederler. Ondan sonra Serhasî keşişleri, arkasından putperest rahipler[6] gelip aynı tarzda hareket ederler. Rahip Sergius, Han'ın ancak Hristiyanlara güveni olduğunu söy-

---

6 O zaman kadar Rubruquis'in hiç temas etmediği Budistler.

ler. Fakat Rahip Sergius burada yalan söylüyor. Han'ın kimseye emniyeti yoktu. Fakat herkes, bala gelen sinekler gibi saraya üşüşüyordu. Han, herkese ihsan bahşediyor ve onlar da kendilerini Han'ın yakını addediyorlar, onun saadetine dualar ediyorlardı.)

O zaman yerimize döndük. Burası çok soğuktu. Yakacak odunumuz yoktu. Gece indiği hâlde henüz bir şey yememiştik. Nihayet bizimle ilgilenmeye memur edilen adam biraz odun ve yiyecek getirdi.

Seyahatimizde bize refakat eden kılavuz Batu'nun yanına dönecekti. Bizden bir halı istedi. Verdik ve memnun olarak gitti. Soğuk son derece arttı.

Mengü Han, bize tüyleri dışarıda üç kürklü hırka gönderdi, bunları minnetle kabul ettik. Fakat Han için dua edecek müsait bir yerimiz olmadığını, kulübemizin ancak ayakta durabilecek kadar dar olduğunu, ateşi yaktıktan sonra dumandan kitaplarımızı açmakta fayda olmadığını açıkladık. Han, refakatimizin hoşuna gidip gitmeyeceğini keşişten sordurdu. O da bizi sevinçle kabul edince, daha iyi bir yere geçmiş olduk.

Biz yokken Mengü Han bizzat manastıra gelmiş. Altın bir yatak getirmişler. Han ve Sultan bu yatağın üzerinde mihraba karşı oturmuşlar. Bizi çağırdılar ve bir muhafız, gizli silah olmasın diye üzerimizi aradı. İncili ve dua kitabını göğsümde tutarak içeriye girdim. Önce mihrabın önünde diz çöktüm. Sonra Mengü Han Hazretlerini saygıyla selâmladım. Kitaplarımızı istedi ve bunları tezyin eden minyatürlerin ne anlama geldiklerini sordu. Nesturîler ne uygun gördülerse, o cevabı verdiler. Zira bizim yanımızda tercümanımız yoktu. Bizden, başka bir şey söylememizi istedi, biz de "Veni, Sancte Spisitus"u taganni ettik. Bundan sonra Han gitti, fakat hatunu hediye dağıtmak için kaldı.

Rahip Sergiusn'u başpapazım gibi takdis ediyordum. Yine de birçok noktalarda hiç hoşuma gitmeyen hareketleri vardı. Meselâ tavuk tüyünden bir şapka yapmış ve bunu altın bir haçla süslemişti. Diğer taraftan haç çok hoşuma gidiyordu. Tavsiyem üzerine keşiş, haçı bir kargı üzerinde taşımaya izin verilmesini istedi. Mengü Han da nasıl istersek o şekilde taşıyabileceğimizi bildirdi.

Haça saygı için, Sergius ile beraber karargâhı dolaştık. Sergius, bir sancak yapmış ve bunu kargı boyunda bir odunun ucuna takmıştı. Bunu "Vexilla Regis Prodeunt" ilâhisini söyleye söyleye Tatarların çadırları arasında dolaştırdık. Gördüğümüz müsamahayı kıskanan Müslümanlarla, keşişin sağladığı menfaati kıskanan Nesturî rahipleri, buna son derece içlendiler.

Karakurum civarında, Mengü'nün bizim manastırlarımız gibi etrafı tuğla denizi ile çevrilmiş bir sarayı vardır. Han, burada senede iki defa tören düzenler. Paskalyada ve bir de yazın ihtişamını göstermek isterken...

Sarayın divan odasında, bir tavernadaki gibi şişelerin dolaşması ayıp olacağından, Paris kuyumcularından Guillaume Bouchier, tam divan odasına girilecek yere gümüşten büyük bir ağaç yapmıştı. Bu ağacın dibinde temiz inek sütü akan gümüşten dört aslan vardı. Ağacın dört dalına altın yılanlar dolanıyor ve bu yılanlardan muhtelif cinste şaraplar dökülüyordu.

Saray üç köşeli ve iki sıra sütunlu bir kiliseye benziyor. Han, kuzey duvarına karşı huzurdakileri görebilecek yüksekçe bir yerde oturuyor. Hanla gümüş ağaç arasındaki mesafe, sakilerin ve hediye getiren görevlilerin gidip gelmeleri için serbest bırakılmıştır. Han'ın sağında erkekler, solunda kadınlar otururlar. Yanı başında ve biraz alçakta bir tek kadın oturur.

Han'ın sarayı dışında, Karakurum, Saint-Denis'den güzel bir şehir değildir.

Başlıca iki sokağı var. Biri Serhasîlerin bulunduğu sokak ki, burada pazarlar kurulur. Öteki zanaat erbabının bulunduğu Kataylıların sokağıdır. Bundan başka Han'ın nazırlarının sarayları da var. Darı satan, hububat satan, koyun satanlar, çarşılarda mevcut. Karakurum'da putperestlerin on iki mabedi, Müslümanların iki camii, Nesturîlerin bir kilisesi var.

Bir pazar gününe doğru, Han çadırlarıyla beraber Karakurum'a hareket etti. Keşiş de bizimle beraber geldi. Bu seyahat esnasında dağlık bir havaliyi geçmeye mecbur olduk. Büyük fırtınalarla, şiddetli soğuklarla, karlarla uğraştık. Gece yarısı Han bize ve keşişe haber gönderip fırtınayı dindirmek için Tanrı'ya dua etmemizi emretti. Çünkü pek çoğu yeni doğmuş sürüler ölmek üzereydi. Keşiş kömürde yakılmak üzere Han'a günlük gönderdi. Yaktı mı, yakmadı mı, bilmiyorum, fakat iki gündür devam eden kar ve fırtına dindi.

Bir pazar Karakurum'a geldik. Saat dokuza doğru şehre girdik. Haçı yükseğe kaldırarak, Serhasîlerin sokağından geçtik. Kiliseye doğru yürüdük. Burada Nesturîler bizi ayin alayı ile karşıladılar. Ayinden sonra artık akşam olduğu için kuyumcu Guillaume Bouchier bizi evine yemeğe götürdü. Karısı Macaristan'da doğmuştu. Bir İngiliz'in oğlu olan Basilicus'u da orada bulduk.

Yemekten sonra kulübemize çekildik. Burası Nesturî kilisesinin yanındaydı. Güzel, geniş, çok iyi yapılmış, tavanı altın işlemeli ipeklerle kaplı bir kiliseydi.

Paskalya yortularını kutlamak için şehirde kaldık. Macarlardan, Rumen veya Ruslardan, Gürcülerden ve Ermenilerden büyük bir cemaat vardı. Nesturîler benden ayine başkanlık etmemi rica ettiler. Halbuki elbisem yoktu. Mihrap da yoktu. Fakat kuyumcu ayin elbisesi bulup getirdi ve bir arabanın üzerinde mihrap kurdu. Mihrabı İncil sahnelerini temsil eden resimlerle süsledi. Gümüşten bir kutu ile Hazreti Meryem'in resmini de yaptı.

O ana kadar Ermenistan kralı ile varması beklenen bir Alman rahibinin geleceklerini ümit ediyordum. Kraldan haber gelmeyince ve yeni bir kışın şiddetini de düşünerek, kalmak mı, gitmek mi gerektiğini sormak için Han'a haber gönderdim.

Ertesi gün Han'ın nazırlarından birkaçı beni görmeğe geldiler. İçlerinden biri, Han'ın şerbettarı bir Moğoldu, diğerleri de Serhasîler...Bu adamlar, Han tarafından, ne maksatla gelmiş olduğumu sordular. Bu soruya cevaben, Batu'nun, beni Han'ın nezdine göndermek üzere emir verdiğini, Han'a hiç kimse adına söyleyecek sözüm bulunmadığını, fakat dinlemek isterse, kendisine Tanrı'nın sözlerini tekrar edebileceğini söyledim.

O zaman, benim de başkalarının yaptığı gibi Han'ın refah ve saadeti için fal bakacağımı zannederek, ne söylediğimi sordular.

Cevap verdim:

"Mengü'ye diyeceğim ki, Tanrı ona çok çok ihsanda bulunmuş. Zira elindeki servet ve kudret, Budistlerin putlarından gelmiyor."

O zaman Tanrı'nın emirlerini almak için, göğe çıkıp çıkmadığımı sordular. Bu adamlar Mengü'ye gittiler ve kendini putperest ve Budist yerine koyduğumu ve Tanrı'nın emirlerine riayet etmediğini söylemiş olduğumu naklettiler. Ertesi gün Han bana gönderdiği iki tercümanla, kendisi için hiçbir haber getirmediğimizi ve hakkında dua etmeğe geldiğimizi bildiğini, yine de kendi nezdine memleketimizden hiçbir elçi gelip gelmediğini öğrenmek istediğini bildirdi. O zaman David ile Andri hakkında ne biliyorsam söyledim. Bütün bunlar yazılı olarak Mengü'ye bildirildi.

Hamsin yortusunda Han'ın huzuruna çağırıldım. İçeriye girmeden önce, o zaman tercümanlık eden kuyumcunun oğlu, Moğollar'ın beni memleketime iadeye karar verdiklerini söyledi ve itiraz etmememi tavsiye etti. Han'ın huzuruna girdiğim zaman diz çöktüm. Han benden, kendisi hakkında nazırlarına Budist olduğumu söyleyip söylemediğimi sordu:

"Asla böyle bir şey söylemedim," dedim.

"Ben de böyle düşünüyordum," dedi. "Çünkü bu söylenecek bir söz değildir."

Sonra dayandığı bastonunu bana doğru uzatarak:

"Korkma!" dedi.

Buna gülümseyerek:

"Korkmuş olsaydım, buralara kadar gelmezdim," dedim.

O zaman:

"Biz Moğollar bir tek Tanrı'nın varlığına inanırız ve ona karşı doğru bir kalp taşırız."

Dedim ki:

"O hâlde Tanrı sizi bu hâlde tutsun. Çünkü onsuz bu hâlde olunmaz."

Han şöyle devam etti:

"Tanrı bir ele birçok parmaklar verdiği gibi insanlara da çeşit çeşit düşünce tarzları verdi. Sizde Kutsal Kitap var. Fakat siz ona uygun davranmıyorsunuz. Muhakkak bu Kutsal Kitap'ta insanların birbirlerini zarar vermeleri yazılı değildir."

"Elbette hayır! Saygıdeğer Han'a daha en başta kimseyle kavga etmeyeceğimi söylemiştim."

"Ben sizden bahsetmiyorum. Gene sizin kitabınızda, bir adamın kendi çıkarı için adaletten sapacağı da yazılı değildir."

Bu cevaba karşı para aramaya gelmediğimi, hatta bana verilen parayı bile reddettiğimi söyledim. Hazır bulunan nazırlardan birisi, bir gümüş külçesini ve bir ipek kumaşı reddettiğimi onayladı. Han:

"Ben bundan bahsetmiyorum," dedi, "Tanrı size ayetler göndermiş, siz bunlara riayet etmiyorsunuz. Fakat bize de hakimler bahşetti, biz onların emirlerini yerine getiriyoruz ve sükûnet içinde yaşıyoruz."

Bu sözleri söylemeden önce, dört defa içtiğini zannediyorum. İmanı hakkında çok şeyler söyleyeceği ümidiyle beklerken, o sadece dedi ki:

"Uzun süre burada kaldınız, ama artık giderseniz, beni memnun edersiniz. Elçimle beraber gitmeye cesaretiniz olmadığını söylediniz. O hâlde size mektup ve haberlerimi emanet edeyim mi?"

Eğer Han diyeceklerini yazılı olarak bana verirlerse, elimden geleni memnuniyetle yapacağımı söyledim.

O zaman altın, gümüş, ya da değerli elbiseler isteyip istemediğimizi sordu. Böyle şeyleri kabul etmek âdetimiz olmadığını, bununla birlikte memleketinden yardımı olmadıkça çıkamayacağımızı söyledim. Bize ne gerekirse vereceğini söyledi ve nereye kadar götürülmek istediğimizi sordu. Bize Ermenistan'a kadar refakat ederlerse, kâfi geleceği cevabını verdim.

"Sizi oraya kadar göndereceğim," dedi "ondan sonra kendinize bakınız. Bir tek kafada iki göz vardır, fakat ikisi de bir tek şeyi görür. Batu, sizi buraya gönderdi. Bundan dolayı gene onun yanına döneceksiniz."

Kısa bir sessizlikten sonra, dalgın dalgın dedi ki:

"Gideceğiniz yol uzundur, yolculuğa tahammül edebilmek için, kuvvet veren yemekler yeyiniz."

Bana içecek bir şey verilmesini emretti ve bir daha dönmemek üzere huzurundan çıktım."

EK-15

Cengiz Han'ın torunu Kutsal Topraklarda

Tarihin az bilinen kısımlarından biri de, Cengiz Han'ın vefatından sonra, Moğolların Ermenilerle ve Filistin'deki Hristiyanlarla olan münasebetleridir. O zaman Hanlık konumunda bulunan Cengiz'in torunu ve Mengü'nün kardeşi Hülagü on üçüncü asır ortalarında İran'da, El-cezire'de, Suriye'de saltanat sürdü. Aşağıda yazdıklarımız, Cambridge Mediaeval History'nin dördüncü cildinin, 175. sayfasından alınmış güzel bir özettir:

"Bir asırdan fazla devam eden tecrübelerden sonra, Latin komşularına güvenemiyorlar, onları müttefik olarak kabul edemiyorlardı. Ermenilerin kralı Haüt Han, Hristiyanlara değil, yarım asır Ermenistan'ın görmediği en iyi dostluğu gösteren göçebe Moğollara daha fazla güven duyuyordu.

Haüt Han'ın saltanatının ilk zamanlarında, Moğollar, Selçuklulara karşı kazandıkları zaferlerle Ermenilere büyük hizmetlerde bulundular. Haüt Han Bayçu[7] ile savunma ve savaş konularında ittifak imzaladı. Hatta 1244'te Ögeday Han'ın hizmetinde bile bulundu. On sene sonra Mengü Han'a bizzat saygı sunmaya geldi ve Moğol sarayında uzun süre kalarak, iki millet arasındaki dostluk bağını güçlendirdi.

Saltanatının son zamanları Memlûklarla savaş içinde geçti. Memlûkların bu sırada kuzeye doğru yürüyüşlerini, Moğollar durdurmuşlardı. Haüt Han ile Hülagü, Kudüs'ü Selçukîlerden almak için kuvvetlerini birleştirmişlerdir."

---

[7] Bayçu, çoğu kez Cengiz Han'ın torunu olan ve Rusya'daki Altın ordunun başkumandanlığına geçen Batu ile karıştırılmıştır.

KAYNAKÇA

En eski kaynak bugün kaybolmuş olan Moğolca *Altın Defter* adlı kayıttır. Çince *Yuan-Si* ya da *Moğollar'ın Tarihi* ve Raşiddeddin'in *Tarih*'i (aşağıda görüleceklerdir) bu asıl belgeye dayanmaktadır.

Gizli Tarih denilen bir başka Moğol eserinin bugün yalnız Çince tercümesi olan *Yuan chao mi shi* mevcuttur; bu eser asıl büyük Han'ın bir çağdaşı tarafından Moğol dili ve Uygur harfleriyle yazılmıştır.

On yedinci asrın ortalarında en tanınmış Moğol vakanüvislerinden biri olan Ssanangm Setzen, Cengiz Han'ın soyuna ve fatihin hayatına ait efsanevî tarihi *Chung toishi* (Khadım Toghudji) adlı eseri kaleme aldı.

Bu tarih Budist masallarıyla tahrif olundu. Fakat bugün ilk Moğollardan elimizde kalan yegâne sadık tasvir budur. Bu eser Başpiskopos Hycinthe tarafından Rusça'ya ve onun tercümesinden de 1829'da Isac Jakop Schmidt tarafından, hiç olmazsa kısım kısım, Almanca'ya tercüme edilmiştir. (aşağıda görülecektir).

En önemli Çin kaynakları şunlardır:

Ssi Ma Kouang tarafından telif edilen *Toug Kien Kang Mou* yahut *Büyük Hanedanlar Tarihi*. Bu kitap bize ilk Moğol sultanları hakkında çok az bilgi verir. Kıymeti bugün şüpheli görülen bu eserin Fransızca tercümesine dikkat edilebilir. Tong Kieri Kang Mou'dan Perejoseph Anne Marie de Meyriac de Mailla tarafından M. Roux des Hautesrayes'in gözetimi altında tercüme edilen *Genel Çin Tarihi*. Paris 1777 - 1778.

İsmi meçhul bir müellif tarafından yazılan Ch'in cheng lu Yesugey'den itibaren başlayan ve Ögeday'ın ölümü ile biten Moğollar tarihini göstermektedir.

Bu belgelerden ve Yuan ch'ao Mi Shi'den sonra bu konu üzerindeki Çin eserlerinin en önemlisi, *Yuan shi* yahut *Moğolların Tarihi* 1370'te telif edilmiştir. Bu eser Ssanang Setzeri'ninkinden daha doğrudur, fakat bütün Moğol efsaneleri gibi batı memleketlerine ilişkin verdiği bilgilerin doğruluğu şüphedir. Eser Antoine Gaubil tarafından *Histoire de Gentchiscan de toute la dynastie des Mongous, tiree de l'histoire chinoise* adı altında Fransızca'ya tercüme edilmiştir. (Paris 1739.)

En kıymetli kaynak, on üçüncü asrın sonlarında İran'da Gazan Han zamanında nazırlık yapan Fadlullah Raşiddedin adında bir İranlı tarafından yazılan *Camiüttevarih*'tir. Raşit giriş kısmında "İran'ın Moğol Hanı hazine-i evrakında, Moğol lisanı ve harfleriyle yazılmış kıymeti belli tarihî eserlerin bazı kısımları bulunuyor." demektedir. Bu belgeyi tercüme ve açıklama hususunda Raşid'e, bu çok zeki tarihçiye, Çin, Uygur ve Türk, hatta Moğol tarihçilerinden oluşan bir heyet tarafından yardım edilmiştir. Ne yazık ki *Camiüttevarih* henüz tercüme edilmemiş, fakat Vrosset tarafından Leiden ve Londra'da Gibbs Memorial Series'de neşrolunmuştur.

Juvaini denilen Alâeddin Ata Malik tarafından 1257 yahut 1260'ta yazılan *Tarih-i Cihan Güşa* (Gibbs Memorial Series, Londra 1912 - 1914) oldukça büyük bir kıymete sahiptir. Fakat bu eser, Cengiz Han'ın biyografisi için büyük bir önemi haiz değildir. Zira Cengiz saltanatının son on senelerine ait hikâyeden başka dolaysız bir şey anlatmamaktadır.

Çağdaş başka bir kaynak, İbni Athir Nissavi'nin *Camiüitevarih*'idir (1231). Bu daha çok Celâleddin'in ve İran savaşlarının bir tarihidir.

Khzuandamir'in Habiba Siyar (1553) ve Raudata Saja (1470) ve büyük babası Mirkhwand'ın sonraki döneme ait eserleri Cengiz Han'a ilişkin anekdotlardan ibaret notlardan başka bir şey içermemektedir. Abulcair tarafından yazılan *Fatihname-i tevarih-i âl-i Osman* (1550) da aynı şekildedir.

•••

Cengiz Han tarihi ve kaynaklara göre ilk Moğollar[8]

Ebul'Faroj Gregorius (Bar Hebreus)
- Historia Dynastiorun

Suriyeli Gregorius, 13. yüzyılın ortalarında yaşamış ve Moğollarla temas etmiştir. Hanedan tarihi kıymetlidir ve anlattığı hikâyeler başka yerde bulunmaz. Latince'ye Pocock tarafından 1639'da tercüme edilmiştir.

Ebulgazi Bahadır Han
- Hisorie genealogîque des Tartares, Leiden 1726.

Müellif bir Uzeg Hanıdır. 17. yüzyılda yazmıştır. Aktardığı bilgilerin çoğu Raşit'ten alınmıştır. Kitap dikkate değerdir, fakat müellifin kendi yaşadığı zamana ait verdiği bilgiler çıkartılırsa bu önemini yitirir.

---

[8] Cengiz Han'ın hayatına ait asıl belgelerin çoğu sadece tercüme edilmemiş el yazıları şeklinde mevcuttur.

Douglas (RobertKennaway)
- *The Life of Jenghiz Han*
Çince'den tercüme, Londra, 1877. Encyclopoedia Britannica'da özetlenmiştir.

Erdmann (Franzvor)
- *Volstandige Uebersicht der altesten Türkischen, Tatarischen und Mogolischen Völkorstamme nach Raschid ed Din a Vorgange.* Kazan 1841.
- *Temudschin der Unerschütterliche* Leipsig, 1862.

Krause (F.E.A.).
- *Cingis Han. Die Geschichte seines Lebens nach der Chinesischen Reichsannalen*, Heidelberg, 1922.
Han'ın Çin tarihlerine göre kısa tarihi.
- *Geschichte Ostasiens*, Göttingen 1925.
Moğol fütuhatının mükemmel bir özeti

Petis de La Groix
- *Histoire du Grand Geng-hiy-can, Premier Empereur des anciens Mogols, traduite de plusieurs autres orientaux et ed voyogeurs europeens* Paris 1710.
Müellif, Acem ve Arap kaynaklarını tercüme etmek için on sene harcamıştır. Çin tarihlerine müracaat etmemiştir. Kitabının başlıca önemi, bugün İran anlaşmasına ait menkıbelere ve detaylara dayanır.

Schmidt (Isaac Jacob)
- *Geschichte der Ost-Mongolen, U.S.V. verfasst von Ssanang Setzen Çhung-taidshi* St. Petersburg, 1829.
Moğol efsanelerinin değerli bir tercümesi olmakla birlikte ne yazık ki zor bulunur.

Vladimirtzov (B. J.).
- *Jenghis Khan* Berlin ve Moskova, 1922.
Bilgi almak için sık sık Yuen Cao Mi Si'ye müracaat eden 179 sayfalık Rusça bir kitap.

•••

Moğolların genel tarihi
Barthold (Wilhelm)
- *Turkestan im Zeitalter der Mongoleneinfalls*, St. Petersburg, 1900.
Büyük bir kısmı Cengiz Han'a tahsis edilen ve henüz dağılmamış kaynaklardan alınmış esasları içeren bir eserdir.

- *Die Entstehung der Reiches Tchinghiz chans*, St. Petersburg, 1896.

Cahun (Leon)
- *Introduction â l'histoire de l'Asie: Turcs et Mongols, des origines â 1405*, Paris 1896.

İlmî diller uzmanı olan müellif, esaslarını farklı kaynaklardan almış, Türklerin efsaneleri ve Moğolların askerî icraatlarından çok etkilenmiştir.

Cordier (Henri)
- *Histoire generale de la Chine et ae ses relations ovec les pay s etrangers*, Paris, 1920.

Batı ile Çin arasındaki temasın tarihini yazmasından dolayı kayda değerdir. Cengiz Han'ın ikinci ciltte resmedilen portresi bilhassa Mailla ve Ohsson'a göre çizilmiştir.

Curtin (Jeremiah)
- *The Mongols*, Boston, 1908,

Moğol efsanelerinin şüpheli kaynaklardan halka yönelik tercümesi.

De Guignes (J.)
- *Histoire Generales des Huns, Turcs des Mongols* Paris 1756

Oldukça kapsamlı bir eser; müellif Çin kaynaklarından ve daha başkalarından istifade etmiştir. Bugün az değer atfedilen bir eserdir.

Howorth (Sir Henry H.)
- *History of the Mongols*, Londra 1876-1888

Büyük öneme sahip kapsamlı bir eserdir; özellikle Erdmann ve Ohsson'a dayanır.

Hauradga d'Ohsson
- *Histoire des Mongols depuis Tcihniguiz - Khan Jusqu'â Timour Bey*. La Hague ve Amsterdam, 1834-1835.

Arap ve Acem müelliflerine göre yazılmış, tam ve Moğollara ait bilgilerle dolu bir tarih. Müellif M. Cordier gibi Gaubil'e müracaat etmiştir, Karon d'Ohsson Cengiz Han'a iltifat etmez ve onu Moğolların askerî reislerinden başka bir çerçeve dâhilinde göstermez.

•••

İlk seyyahların hikâyeleri

Bergeron (Pierre)
- *Relation des voyages en Tartdries de Fr. Guillaume de Rubruquis, Fr, Jean du Plan Carvin. Plus'un traicte des "tartares*, Paris, 1634.

Tatarlar'a ilişkin kısmî tarih için kayda değerdir.
Carpini (John of Plano)
- *Hakluyt Society,* Londres, 1900
2. seri, Cilt IV. Cengiz Han'ın ölümünden bir kaç sene sonra Moğolları ziyaret eden ilk Avrupalı.

İbnBatuta
Defremery ve Sanguinetti tarafından tercüme edilmiştir. Paris, 1853. Moğol hâkimiyetinin sonlarında Asya'nın en büyük kısmını geçen meşhur Arap'ın seyahatleri.

Marco Polo
- *The book of Marco Polo*
Sir Henry Yule tarafından tercüme edilmiş ve Henri Cordier tarafından basılmıştır. Londra, 1921.

Rubruquis (William of Mubruk)
- *The Journey of William of Rubruk to the eastern parts of the World Hakluyt,* Society, Londres, 1900. Seri II, Cilt IV.

•••

Bazın (M.)
- *Le siecle des Youenun tableau historique de la litterature chinoise depuis l'avenement des empereurs mongols* Paris 1850.

Bretschneider (E.)
- *Medioeval Researches from Eastern Asiatic Sources,* Londra, 1888.

Ye Liu Tch'ou Ts'ai'in coğrafyasının kısımları ve Cengiz Han'ın batıdaki savaşlarına ilişkindir.

Browne (Edward Granville)
- *A Literary history of Persia.* Cilt 2 from *Firdav vsi to Sa'di.* Cilt 3 under Tartar Dominion Cambridge 1906-1920

Moğollar hakkında yeni bir tartışmayı içermektedir.

Cambridge Medieval History. Cilt IV, the Eastern Roman Empire, New-York 1923.

Önemini yeni bir değerlendirmeyle alan, Moğol fetihlerinin bir özeti.

Cordier (Henri)
- *Me'langes d'Histoire et de Geographie orientales.* Cilt II Paris, 1920

Avrupa'da Moğol istilâsı

Dubeux (Louis)
- *Tartane,* Paris 1840.
Dulaurier (Edouard)
- *Les mongols d'apres les historiens armeniens. Journal asiatique.* 5. seri, 1858, sayfa 192-255. Aynı şekilde 1860, sayfa 295-306.
Feer (Leon)
- *La Puissance et la civilisation mongoles au XIII e siecle* Paris.
Joinville
Francisque Michel tarafından yayınlanmıştır. Paris, 1867.
Jardain (Catalini P.)
- *Mirabilia Descripta sequitur de Magnol Tartaro.*
Ortaçağ bakış açısı için buna, Roger Windover ve Mathieu Paris'in Rurchas'tan çıkarılan *Relations*'unu da eklemek mümkündür.
Julg(Bernhard)
- *On the Present State of Mongolian Researches.* J. R. A. S. Ocak, 1882.
Lone-Poole (Stanley)
- *The Mohammedan Dynasties.* Westminster, 1894.
Montgomery (James A.)
- *The History of Yaballaha III* Newyork 1927
Süryani vakayinamelerinin 13.yüzyıl sonunda Moğol papazının Roma'ya seyahatini anlatan tercümesi.
Werner (E.T.C)
- *The Burial Place of Gen-gis Khan, Journal of the North China Branch of the Royal Asiatic Society.* Cilt. LVI, 1925.
Mosheim (Y.L.
- *Historia Tartarorum ecclesiastica,* Helmstadt, 1741
Parker (E.H.)
- *A thousand years of the Tatars,* New York, 1924
Cengiz Han'a kadar Tatar kavminin mükemmel bir tarihi
Petis de la Croix (François) (Cengiz Han'ın Hayatı'nın müellifi de la Croix'ı oğlu)
- *Abrege chronologique de V Histoire Ottomane,* Paris, 1768.
Cengiz Han'dan 17.yüzyıla kadar olan Moğol kavimleri hükümdarlarına ilişkin kısa bilgiler.
Quatremere (M.)
- *Histoire des Mongols de la Perse par Raschid ed-Din traduites, accompagnee de notes.* Paris, 1836.

Raşid'in tek tercümesi olmasa da, Raşid'in hayatını ve Moğollar'ın âdetleri hakkında ilgi çekici notları içermesi, bu esaslı esere önem vermeye yeterlidir. Bundan başka Camiüttevarih'in de bir kısmını kapsamaktadır.

Remusat (Jean Pierre Abel)
- *Nouvouk melanges asiatiques*, Paris, 1829.
Subotay, Ye Liu Tch'ou Ts'ai ve başkalarına ait portrelerin eskizleri.
- *Observations sur l'histoire des Mongols orientaux de Ssanang setzen*, Paris 1832.
- *Me'moires sur les relations politiques des prenices chre'tiens et particuliere. Ment des rois de France de avec les empereurs mongols-*Institut Royal, Memoires V Academie des Inscriptious et Belles- Lettres. Paris 1822.
Moğollarla Avrupa hükümdarları arasındaki münasebetin bir özeti.
- *Melamges posthumes de litterature orientales. — Analyese de l'histoire des Mongols de Ssanang Setzen*, Paris, 1843.

Stube(Rudolf)
- *Tchingiz chan: Seine Staatsbildung und seine Persönlichkeit. Dans Neue Jahrbücher für das klassische Altertum*'da, cilt 21, 1908, sahife. 532541.
Fatih hakkında kısa bir tefsir.

Trinkowski (İgor Fedorovitch)
- *Travels of the Russian mission throngh Mongolia to Shîna.* With correction and notes by Klaproth, Londres, 1827.
Ağlebi, belki de Fransızca'ya tercüme edilmiştir. Rus heyetlerinden birisinin bir üyesi tarafından yapılan, tarihî ve coğrafî kıymeti büyük bir eserdir.

Visdelon (Claude)
- *d'Herbelot'un bibliothique oriantale*'ine ek, Paris 1780.

Yule (Sir Henry)
- *Cathay and the Way thither*, Revised by Cordier, Hakluyt, Society, 2. seri M 33-37-38-41

İLGİ YAYINLARI KİTAP LİSTESİ

İNCELEME AŞTIRMA
İstanbul'a Adanmış Bir Hayat / *N. Özlem Çuhadar*
Küreselleşme Işığında Ulus Devlet (YENİ) / *Dr. Şahin Köksal*
Heil Hitler / *Kürşat Polat*
Fırtınaya Karşı Güç Kimde / *Ünal Bolat*
Atatürk'ün Kur'an Kültürü (YENİ BASKI) /
    Prof. Dr. Abdurrahman Kasapoğlu
Selanik'ten Gelibolu'ya / *Charles H. Sherrill*
Kimliğini Arayan Meşrutiyet / *Prof. Dr. Ayfer Özçelik*
İsa'nın Hain Çocukları / *Müjdat Öztürk*
Troçkist İmparatorluk / *İrfan Ülkü*
Amerika'nın İslam'ı / *Nazmi Çelenk*
Çankaya Akşamları / *Berthe G. Gaulis*
Bizans İmparatorluğu / *Charles Dıehl*
Moğolların Efendisi Cengiz Han / *Harold Lamb*
Emir Timur / *Harold Lamb*
Muhteşem Süleyman Kanuni / *Harold Lamb*
Tanrının Kırbacı Attila / *Marcel Brıon*

TARİHİ ROMAN
GİZLİ ÖRGÜTLER VE TEŞKİLAT SERİSİ
Stalin Hitler ve Gizemli Yahudi YENİ BASKI / *Wolf Messıng*
Bulgar Terör Örgütünün Anatomisi /
    Prof. Dr. Selahattin Özçelik
İzmirli Mesih / *Joseph Kasteın*
Masonluk / *Nesta H. Webster*

SİYASİ GÖRÜŞ ve HATIRAT DİZİSİ
Ordu Siyaset İlişkisi / *Dr. Gül Tuba Dağcı*
Siyasi Sürgünler / *Ahmet Uçar*

TASAVVUF
Mevlana'nın Yedi Sırrı / *İbrahim Murat*
Hacı Bektaşi Veli'nin 14 Sırrı / *İbrahim Murat*

İLGİ ÇOCUK YAYINLARI
Zeka Oyunları (YENİ) / *İbrahim İzci*
Anayurttan Masallar (YENİ) / *Anonim*